玛雅传说与
人类未来

苏 晓 / 编著

中央编译出版社
Central Compilation & Translation Press

图书在版编目 (CIP) 数据

玛雅传说与人类未来 / 苏晓编著．—北京：中央编译出版社，2017.4
ISBN 978-7-5117-3252-1

Ⅰ. ①玛… Ⅱ. ①苏… Ⅲ. ①玛雅文化－通俗读物 Ⅳ. ① K731.2-49

中国版本图书馆 CIP 数据核字 (2017) 第 015359 号

玛雅传说与人类未来

出 版 人：葛海彦
出版统筹：贾宇琰
责任编辑：程　彤　曲建文
责任印制：尹　珺
出版发行：中央编译出版社
地　　址：北京西城区车公庄大街乙 5 号鸿儒大厦 B 座 (100044)
电　　话：(010) 52612345（总编室）　　(010) 52612370（编辑室）
　　　　　(010) 52612316（发行部）　　(010) 52612317（网络销售）
　　　　　(010) 52612346（馆配部）　　(010) 55626985（读者服务部）
传　　真：(010) 66515838
经　　销：全国新华书店
印　　刷：北京紫瑞利印刷有限公司
开　　本：880 毫米 ×1230 毫米　1/32
字　　数：195 千字
印　　张：9.5
版　　次：2017 年 4 月第 1 版
印　　次：2017 年 9 月第 2 次印刷
定　　价：38.00 元

网　　址：www.cctphome.com　　　　　邮　　箱：cctp@cctphome.com
新浪微博：@中央编译出版社　　　　　微　　信：中央编译出版社（ID：cctphome）
淘宝店铺：中央编译出版社直销店 (http://shop108367160.taobao.com) (010) 55626985

本社常年法律顾问：北京市吴栾赵阎律师事务所律师　闫军　梁勤
凡有印装质量问题，本社负责调换，电话：(010) 55626985

目录 Contents

一 预言

1. 活在预言中的民族　　001
2. 上帝的启示　　003
3. 《推背图》　　008
4. 知道我这碗里是什么东西吗?　　009
5. 诸葛亮的《马前课》　　011
6. 《梅花诗》　　013

二 玛雅人来自何处

1. 玛雅文明　　017
2. 殷商大军的踪迹　　022
3. 外星来客　　038

三 玛雅人是怎么消失的

1. 惨烈的战争　　　　055
2. 花柳病、瘟疫　　　059
3. 人口大爆炸　　　　065
4. 自负与宿命观　　　066
5. 生态危机　　　　　067
6. 寻觅新的家园　　　069

四 与神在一起

1. 祸福相继、无常为常　071
2. 血腥人祭　　　　　080
3. 克星西班牙人　　　088

五 神话和传说

1. 玛雅人的神谱　　　　096
2. 诸神之战　　　　　　106
3. 黑狗变成一个漂亮姑娘　109
4. 抢夺火种的接力赛　　111

5. 灵猴祖珂　　　　　　　　113
6. 悲情的故事　　　　　　　115
7. 先知的金铃　　　　　　　118

六　玛雅人的四个等级

1. 贵族　　　　　　　　　　122
2. 祭司　　　　　　　　　　123
3. 平民　　　　　　　　　　124
4. 奴隶　　　　　　　　　　125

七　玛雅人的生活

1. 希望寄托在孩子身上　　　127
2. 起个好名字　　　　　　　130
3. 最不浪漫的婚姻　　　　　132
4. 永生不死　　　　　　　　137

八　伟大的创造

1. 象形文字梯道　　　　　　139

2. 为什么建造金字塔?   142
3. 密林中的沟渠网络   147
4. 纪年柱   149
5. 最引人注目的成就   153

九 早熟的抽象思维

1. 在计算中引入"0"   159
2. 奇布查天文台   162
3. 历法   165
4. 给宇宙排次序   172

十 历史的面相

1. 蒂卡尔玛雅遗址   175
2. 科潘玛雅遗址   181

十一 第五个太阳纪元

1. 屠杀与焚毁   186
2. 创世神话   193

目 录

3. 纪元的轮回 198
4. 文明的对应 205
5. 第四个太阳纪 207
6. 精神变革 213
7. 等待飞往太空的那一天 220

十二 人类的未来

1. 历史是一张普罗透斯的脸 225
2. 薛定谔的那只猫 238
3. 科学与真理并不能划等号 241

十三 人类将以何种方式灭绝？

1. 外星生命入侵 247
2. 不可预知的大地震 252
3. 超级火山爆发 260
4. 太空中的不速之客 265
5. 神秘的 Nibiru 行星 271
6. 核子大战 274

7. 吞噬一切的人造黑洞　　　　281
8. 病菌肆虐　　　　　　　　　285

尾声　深蓝儿童　　　　　　　289

一 预言

1. 活在预言中的民族

玛雅人是世界上最神秘的民族,他们在资源贫乏的中美洲热带雨林里创造出了让人惊叹的灿烂文化。他们创制了精密的历法,建起了高耸的金字塔,树立了众多的纪年碑。

玛雅人是按照预言为未来而活的民族。他们深深相信预言书中的记载,安然接受既定的未来。1519 年是欧洲殖民入侵者登陆之年,也是玛雅人的太阳终结之年。1696 年,殖民者派遣的神父抵达玛雅城邦时,玛雅部落的领袖说道:"根据预言,我们背离神的日子还未到,请四个月后再来吧!到时,我们将履行预言。"这种无条件服从预言的态度与做法,真是令人感到惊讶!无怪乎他们留存的文物中,都带有这种无畏、镇定而等待的神秘感了。古玛雅人无端消失于丛林中,以及西方人能够轻易征服玛雅,似乎都是出于玛雅人自身对预言的无上遵从。该生该灭,早已融入宇宙的变化规律,历法预言已写下了他们的命运,又何必挣扎呢?与其说是被消灭,不如说是玛雅人接受了被消灭的安排。玛

雅人等待的既非生，又非死，似乎只是等待。

历史的安排，使玛雅文明仅留下遗迹；入侵的西班牙人毁去绝大多数玛雅文字记载，仅留下三本玛雅古书，使后人已难以破译玛雅人的文化从何而来、为何而终。玛雅文明现在已不复见，但玛雅预言却流传至今。这篇预言的作者无法考究，但个中预言却是非常神秘的。其中年代记载最完整的，是《克奥第特兰年代记》。根据《克奥第特兰年代记》中所提供的玛雅预言内容显示，我们现在生活的时代，是属于预言中所谓的第五个太阳纪，而之前每一个太阳纪完结之时，都发生了惊心动魄的灾难。

第一个太阳纪名为"马特拉克堤利"，最后被滔天的洪水毁灭；第二个太阳纪名为"伊厄科特尔"，它是被"风蛇"所吹的狂风所灭；第三个太阳纪名为"托雷奎雅维"，它是因天降的大火灭亡的；第四个太阳纪名为"宗德里里克"，它是因火雨肆虐而导致灭亡的。玛雅预言最后一章多是年代纪录，这些记录全在第五个太阳纪结尾划上句号。这似乎意味着太阳一但经历了五纪就会灭亡，而用公历对照，第五太阳纪的结束时间是在2012年12月21日。

"地球并非人类所有，人类却是属于地球所有"，玛雅预言中的这句话道出了人类与地球的关系。人类虽然尊贵，却并非是地球上唯一的高等生物。人类只有完成灵魂的净化与升华，才能成为宇宙中真正的高级生命。茫茫宇宙，是否存在超人的智慧？浩瀚苍穹，斗转星移中是否蕴涵着伟大的意义？漫漫人生，坎坷浮沉，是否有着神秘的运数？生死之间，幽明殊途，是否也有着千丝万缕的联系？在科技昌明，理性之光如此明耀的今天，人类是否有能力脱离冥冥之中的一切安排？

2. 上帝的启示

除了玛雅人的预言外，世界上还有很多著名的关于人类未来的预言，其中影响最大的恐怕就是基督教《圣经》中的《启示录》。《启示录》是《圣经》中的最后一章，据说是由耶稣的门徒约翰写的，是基督传教士传教的重要依据，其中许多影像和元素，也是基督教艺术经久不衰的源泉。《启示录》也是《圣经》各卷中最难懂的一卷，充满了晦涩的比喻和暗示，但大多数人同意，内容主要是对世界未来的预警，和对世界末日的预言。

《启示录》主要讲的是上帝要赐给耶稣基督启示，叫他把必将实现的事指示给他的众仆人。于是耶稣派遣约翰，将他看到的记载下来告知大众，做这些预言的见证人。

约翰这时正被流放在拔摩的海岛上，他看见天上打开了一扇门，出现一个宝座，宝座中端座着一位老者。老者周围坐着二十四位身穿白衣、头戴黄金冠冕的长老。宝座中电闪雷鸣，宝座前燃着七盏火灯，照得宝座前波光粼粼，晶莹无比。接着，又出现了四个奇异的活物，这些生物周身布满眼睛，各有六个翅膀，第一个像狮子，第二个像牛犊，第三个有着人的脸面，第四个像飞鹰。

接着，约翰见宝座上的主神拿起用七印封严了的书卷，一只长着七角七眼的羔羊从主神手里接过书卷。羔羊揭开七印中的第一印，随着四活物中的一个说了声"你来"！一位手持弓箭、头戴冠冕的常胜者骑着一匹白马出现了；羔羊揭开第二印，随着一声"你来"，一位骑红马者出现了，并被赐与权柄和一把大刀，示意他可以从地上夺去太平，使人彼此相杀；这时第三印揭开了，一人手拿天秤，骑一匹黑马出现在约翰眼前，还可听见四活物中好像有声音说："一钱银子买一升麦子，一钱银子买三升大麦，油和酒不可糟蹋。"

第四印揭开了，第四个生灵又说了声"你来"！一个骑着灰马者显现了，这骑者名叫"死"，随着他一起来的是阴曹地府，他们得赐的权柄，是用刀剑、饥荒、瘟疫、野兽毁灭地上四分之一的人。

揭开第五印，一些灵魂在底下大声呼叫，他们是因拥护神的道、为神做见证而被杀害的，于是他们每人被赐予白衣，并让他们得到安息。

第六印一揭开，天地震动，日月无光。天移位了，山岭、岛屿也在漂移……地上的君王、臣子、将军、壮士、富户，一切为奴的、自主的，纷纷躲进山洞岩穴，以避开宝座上上帝的面目和羔羊的忿怒。

羔羊最后揭开第七个印，天上立即寂静下来。约二刻时分后，立于上帝面前的七位天使被赐予七支号，一位持金香炉的天使来到祭坛旁，将坛上的火盛满香炉倾倒在地上，顿时电闪雷鸣，大地震颤。

一 预言

这时七位天使分别吹起了手里拿着的号。第一位天使吹号时，冰雹混着火与血自天而降，树木青草等植被被烧去三分之一。第二位天使吹号时，燃烧着的大山滚滚沉入海中，海中的生灵死去了三分之一。第三位天使吹号时，一颗大星燃烧着自天降入江河中，江河中的水都变苦了，又有许多人死去。第四位天使吹响了号，日、月、星辰即有三分之一遭撞击而暗淡，白昼不再明亮，黑夜无星放光。

第五位天使吹号了，一颗星从天降下砸出一个无底坑，一阵阵浓烟从坑中冒出，遮天蔽日。一群群蝗虫随着浓烟涌出，它们形同准备出征的战马，头戴金冠，面如男子，发似妇人，长着狮子般的利齿，胸前佩有铁甲，拖着蝎子的尾巴，扇动翅膀，尤如万马奔腾。这就是地上人类的第一种灾祸。

第六位天使开始吹号，四位使者下到人间。只见他们兵马众多，骑兵胸前佩甲如火，伴着紫玛和硫磺，像在熊熊燃烧。马匹个个雄壮无比，头如狮，尾如蛇，马嘴中不断喷出火与烟，还带着一股股的硫磺。于是三分之一的人众死在他们的脚下，剩下的三分之二却仍不思悔改。

第七位天使吹号，二十四位长老伏于地面，敬拜全能的上帝，感谢他掌权为王。这时天上的殿门打开了，约柜出现了，随后有电闪雷轰，地震大雹。种种异象后，掌管七灾的七位天使身穿细麻衣从殿中走出，四活物中的一个把盛满上帝愤怒的七只金碗给七位天使，让他们倒在地上。

第一位天使把碗倒在地上，那些有兽印记且拜兽像的人身上生满毒疮。第二位天使把碗倒在海里，海水立即变成血水，海中一切生灵尽皆死去。第三位天使把碗倒于江河及众水之源，江河里的水也变成了血水。第四位天使把碗倒在日头上，顿时烈日烘烤，热浪袭人。第五位天使把碗倒在兽的王位上，兽国一片黑暗，国中众人的身上生满毒疮，疼痛无比，因而口吐秽语，啃咬自己的舌头。第六位天使把碗倒在伯拉大河上，河水干枯，现出道路；三个污秽的灵从青蛙、龙、兽和假先知的口中吐出，这三个鬼魔招普天下众王聚在哈米吉多顿进行争战。第七位天使把碗倒在空中，殿中宝座传出声音说"成了"，接着电闪雷鸣，地震城塌，海岛山峦都无踪影，特大冰雹降落下来，砸在人身上。

这时，另一位有大权柄的天使从天上来，大声宣布："巴比伦城倾倒了！成了魔鬼的住处和各样污秽之灵、可憎之雀鸟的巢穴。"一位大力天使举起一块巨石猛力投入海中，并说巴比伦城就如这石一般沉沦消失，永不再现。众人在天上大声赞美耶和华，那二十四位长老和四活物俯伏敬拜上帝，庆贺全能的上帝做王，准备赴羔羊的婚筵。

约翰这时见天开了，一位骑白马者出现了，他眼如火焰，头戴许多冠冕，穿着溅了血的衣服，他就是诚信真实、按公义行事的上帝之道。天上众军也骑白马，穿细白麻衣尾随着他。他们与那聚集起来的兽和地上的君王并众军士展开争战，将兽和拜兽像的假先知擒拿住，扔进燃着硫磺的火湖，众军士及有兽印记的民众皆被骑白马的众军口吐利剑剿灭干净。

在所有预言里，圣经《启示录》可能是对人类最后的这段

一 预言

时期讲得最精确、最详细的。其实,整个基督教差不多都是靠先知们预言的不断应验和对神迹的见证来发展的。西方社会流行的世界末日和最后审判的说法,也都是从《圣经》中来的。《启示录》描绘了一场规模巨大、代价沉重、无比惨烈而又波澜壮阔的正邪较量和人类劫难。其中提到了规模空前的火灾、地震、冰雹、烟雾和硫磺(可能指火山爆发)、蝗虫、瘟疫、异常的高温与战争、水变质害死人、海中生物的大量死亡,等等。本来这些灾难是惩戒人们不可作恶,要人们马上悔改其罪恶的,但《启示录》中也预见到了许多人不但不悔改,反而因为自己受到的灾难与痛苦而更加怨恨和亵渎神灵。当然,最终羔羊和圣徒们战胜了邪灵怪兽,之后是所有的罪人都会经历最后的审判而受到毁灭性的惩罚。而后,人类会进入一个新天新地、空前美好的太平盛世。《启示录》很长,讲的内容也完全像是神话故事,但在最后却非常肯定和严肃地告诫人们这是真实的,是一定会发生的。

整部《圣经》最后用了这么多的篇幅,认真地给后世留下了这个预言,确实是发人深省的。古今中外的预言家们几乎都是修炼有素的求道者,他们用预言的方式苦口婆心,都是为了使未来心地善良而有悟性的人不要迷失,以期最后的美好未来。这众多预言中所提到的事情就在发生着,而且只要是在这个世上的生命,就都不完全是旁观者。其实,如果每个人都要经历一场最后审判的话,如果你始终无法辨别正邪而做出正确的选择的话,那有什么资格去做未来美好世界的公民呢?

3.《推背图》

中国历史上也出现过很多预言，虽然这些预言多偏重王朝政治的兴衰，但有些也涉及人类的未来。其中最有名的要算唐朝李淳风和袁天罡所著的《推背图》了。推背图共六十个图像，每幅图像之下写有谶语，并附有"颂曰"诗四句，预言后世兴旺治乱之事。由于预言的准确，历朝统治者都把它列为禁书。与西方预言家诺查丹玛斯所著《诸世纪》不同的是，《推背图》并没有打乱历史的顺序，所以更有研究价值。

《推背图》的最后一象为第六十象，提纲携领式地对所预言的历史做了个总结。这一象画着一前一后的两个男子，后者在推前者的背部。下边谶语写着："一阴一阳，无终无始；终者自终的，始者自始。""颂曰：茫茫天数此中求，世道兴衰不自由；万万千千说不尽，不如推背去归休。"

所谓万物创造以来，自人眼看来，似乎是静止不动，无终无始，如同日月，万代如斯。但实际上，事物都有所始，亦有所终，终者自终，始者自始。这是万物的演变规律。

《推背图》和《启示录》的区别是，《推背图》不是一部基督教作品，里面没有宗教中的那些救赎、复活、报应、赏赐等概念，从《推背图》中读不出《启示录》那样强烈的宗教说教。《启示录》从宗教角度描绘了人类的末世，主要在于凸现《圣经》教义的真理，而《推背图》则立足于对客观现象的描述，描绘了人类的结局，描绘了世界终结时发生的各种事件。但两者对人类在末世的命运却有相似的描述。《推背图》预言：在人类的末世，将有一场旷古未有的世界性大战，每一个国家、每一块地域，天空、地上、海洋都会被卷入。《启示录》则预言：在人类的末世，将有一场全世界都卷入其中的善与恶的大战。

4. 知道我这碗里是什么东西吗？

刘伯温的《烧饼歌》是中国历史上负有盛名的"预言"，记载在中国传统的历书《通胜》中。传说有一天早上明太祖朱元璋在内殿里吃烧饼，刚咬了一口就听到内监汇报说刘伯温进见。朱元璋听说刘伯温精于历法天象，想测试他一下，就用碗盖住咬了一口的烧饼，然后召他入殿晋见。刘伯温入殿后，朱元璋就问道："先生深明数理，知道我这碗下是什么东西吗？"刘伯温掐指一算，答道："半似日兮半似月，曾被金龙咬一缺。"朱元璋心里一凛，刘伯温继续说道："依臣所见，碗中为一烧饼是也。"朱元璋心服口服，见刘伯温懂奇门之术，就继续向他请教明朝以后的国运，而接下来两人的对答就是流传至今的《烧饼歌》。

刘伯温说："我朝大明一统世界，南北已平，国事也步入正轨。虽然皇太子是直系血亲所传承下去的，但皇上仍应该慎防以后子孙手足相残，兄弟内斗。还有也要防国土内封侯王爷各据一方，且北方势力将强大，南方之王室将会被北方侯爷消灭。"朱元璋问道："朕今都城防守坚固，何防之有？"刘伯温答道："臣见都城虽属巩固，防守严密似觉无虞，只恐燕飞入京。"刘伯温随即作歌三首：

此城御驾尽亲征，一院山河永乐平，
秃顶人来文墨苑，英雄一半尽还乡。
北方胡虏残生灵，御驾亲征得太平，
失算功臣不敢谏，生灵遮掩主惊魂。
国压瑞云七载长，胡人不敢害贤良，
相送金龙复故旧，云开日月照边疆。

这一段预言了明朝从燕王夺位到英宗北狩的历史，当然朱元璋不可能理解其中的意思，所以他问道："此时天下若何？"刘伯温答道："天下大乱矣。"朱元璋问道："朕的天下谁敢捣乱？"刘伯温答道：

天下饥寒有怪异，栋梁龙德乘婴儿，
禁宫阔大任横走，长大金龙太平时，
老练金精龙壮旺，相传昆玉继龙堂，
谁人任用保社稷，八千女鬼乱朝纲。

这段预言了明朝英宗复辟和魏忠贤乱政。朱元璋问道："莫非是父子俩互争？"刘伯温答道："非也！树上挂曲尺，遇顺则止，至此天下未已。""树上挂曲尺"就是"朱"，暗示了清朝的顺治帝接替朱姓的明朝。朱元璋问道："何为未已？"刘伯温就预言了接下去的事情，重大的历史事件都有涉及。

《烧饼歌》用隐语写成"预言"的歌谣，所以在民间流传很广，影响极大。歌谣的每句话都像是一个谜语，非常隐晦，可以从不同的角度去诠释这些隐语的意思。有些研究者称《烧饼歌》非常灵验，但这些所谓灵验都是用"既已发生的事实"去套合歌谣里的谶语，而无法斩钉截铁地推断出未来会发生什么事件。也有人认为，没有任何史料能够证明这是刘伯温写的，此歌在民国以前也没有流行，所以可能是清末之人托刘伯温之名所作。无论如何，《烧饼歌》和《推背图》都是中国谶纬文化的代表之作。

5. 诸葛亮的《马前课》

《马前课》是中国历史上最有名的几部预言之一，"课"就是起卦的意思。相传诸葛亮有一次在出兵之前在马前占卜，写下了《马前课》，以预测天下大事。诸葛亮的《马前课》只有十四课，非常简洁明了。

《马前课》的第一课写道："无力回天，鞠躬尽瘁；阴居阳拂，八千女鬼。"这一课是诸葛亮对自己的预言，他早已知道汉朝气数已尽，一切努力都是"无力回天"，但他还是尽己之力辅佐蜀汉，不负刘备三顾之情、托孤之义，完成自己的历史使命。他先后共五次北伐曹魏，力图恢复中原，再兴大汉江山。结果在第五次北伐时，诸葛亮病逝于陕西渭水南岸五丈原。就如他在《出师表》中写的那样，为了再兴汉室耗尽心血"鞠躬尽瘁，死而后已"了。诸葛亮逝世后，后主刘禅身边的大奸臣宦官黄皓掌握大权，国事日乱，小人当道，可谓"阴居阳拂"，大将姜维也只能维持残局。

公元263年，曹魏大将钟会大举南征，姜维据守剑门关。曹魏的另一位大将邓艾却从阴平郡深入群山，直取蜀汉重镇江油，进入成都平原。后主刘禅听说敌军已距成都不远，根本没有心思抵抗，也没有想到姜维大军仍驻守前方，就迫不及待地投降曹魏，蜀汉至此终结。"八千女鬼"和起来就是一个"魏"字。

第二课写道："火上有火，光烛中土；称名不正，江东有虎。"这一课预言的是晋朝。司马家族在曹魏掌握大权后，大将军司马昭已成为实质上的统治者。公元265年，司马昭逝世，他的儿子司马炎让曹魏最后一任皇帝魏元帝禅位。司马炎建立晋朝，首都设在洛阳。"火上有火"就是"炎"字，指司马炎。

公元280年，晋朝军队攻陷建业，把东吴最后一任皇帝孙皓活捉了。晋朝一统天下，可谓"光烛中土"。因为司马炎的晋朝实质上是篡夺曹魏而建立的，因此"称名不正"。公元291年，"八王之乱"开始，中原被少数民族占据。公元317年，镇守建康的亲王司马睿宣布继位称帝，史称"东晋"。建康地处江东，所以是"江东有虎"。

《马前课》的每一课对应一个朝代，而且都按顺序排列，所以非常好破译。每一个历史时代过去后，人们回头一看就会发现诸葛亮的预言惊人地准确。

一　预言

6.《梅花诗》

要了解《梅花诗》，就不能不先了解一下作者邵雍其人。邵雍，字尧夫，谥号康节，生于北宋真宗四年，卒于神宗十年，享年67岁。他生于河北范阳，后随父移居共城，晚年隐居在洛阳。他虽然不像三国时的诸葛孔明那样家喻户晓，但是无论从才干还是品德来讲，都不亚于诸葛亮。只不过因为他长期隐居，所以名字不被后人知道而已。宋朝理学鼻祖之一的程颢在与邵雍切磋之后赞叹道："尧夫，内圣外王之学也！"邵雍少年时就胸怀大志，发愤刻苦读书。据《宋史·邵雍传》记载：邵雍"始为学，即坚苦自励，寒不炉，暑不扇，夜不就席者数年"。

邵雍为了增长见识，曾游学四方，越黄河、过汾河、涉淮水、渡汉水，到过齐、鲁、宋、郑等各地。回来后，有高人见他好学不倦，就传授了他《河图》、《洛书》、《伏羲八卦》等易学秘奥。邵雍融会贯通、妙悟自得，终于成为一代风靡遐迩的易学鸿儒。他有自己一套完整独特的宇宙观，对天地运化、阴阳消长的规律了如指掌。《宋史》记载，他对于"远而古今世变，微而走飞草木之性情"都能"深造曲畅"，通达不惑，而且"智虑绝人，遇事能前知"。北宋理学的另一位大家程颐说他"其心虚明，自能知之"。于是，他著书立说，撰写了《皇极经世》、《观物内外篇》等著作共十余万言。他认为历史是按照定数演化的。他以他的先天易数，用元、会、运、世等概念来推算天地的演化和历史

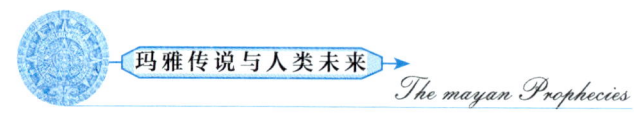

的循环。对后世易学影响很大的《铁板神数》和《梅花心易》都出自邵雍，后人尊称他为"邵子"。

中年后，他淡泊名利，隐居洛阳，著书教学。当时的名流学士如富弼、司马光、吕公著等人都很敬重他。他不仅学贯古今、奇才盖世，而且品德高尚，待人至诚。这使他远近驰名，所到之处士大夫们争相请他留宿，有人还把邵雍留宿过的地方称为"行窝"。他在人们心中的威望可见一斑。今天，熟悉邵雍及其作品的人已经不多了，但在民间仍然流行着他说过的一些警句。比如，人们常说的"一年之际在于春，一天之际在于晨，一生之际在于勤"，就是出自邵雍。

邵雍这位遇事先知的奇才，对于后世的历史发展做出过惊人准确的预言，写下了传世之作《梅花诗》，预言了他身后在中国发生的重大历史演变。《梅花诗》一共十节，和所有预言一样，采用的也是很隐晦的诗句，很不容易理解。

《梅花诗》的第一节写道："荡荡天门万古开，几人归去几人来。山河虽好非完璧，不信黄金是祸胎。""荡荡天门万古开，几人归去几人来"字面上的意思是：荡荡通天之门万古以来头一次敞开了。多少人来到人间，又有多少人能回得去呢？然而，这两句诗具体又是指什么呢？这里一下子还看不清楚，在看完全诗后，才能真相大白。不过，从这第一句就可以看出邵雍出手不凡，立意高远，不仅仅是要告诉人们未来要发生的事件，还要告诫人们历史纷扰中的最终主题。宋朝是个朝廷软弱无能的朝代。自从宋太祖赵匡胤"杯酒释兵权"遣散了打天下的功臣悍将后，

一 预言

宋朝一直采取对武将缺乏信任、防范过多的政策,导致"兵无常帅,帅无常师"的局面。宋朝从一开始就军力纤弱,建国不久就对北方的胡人政权称臣纳贡。北方的"燕云十六州"一直被外族所占,故曰"山河虽好非完璧"。本来北方金国的女真族是个弱小的民族,在其发展壮大时,宋徽宗不听忠臣的规劝,一意要结盟金国,并同意把每年进贡给辽国的贡品转给金国,不相信这定都"黄"龙府的大"金"国才是宋朝真正的"祸胎"。于是后来有了中国历史上罕见的"靖康之耻",北宋皇帝、宫妃、亲王、大臣等三千多人全被后来强大的金国掠为奴隶,使得半壁江山落于金国之手,即所谓"不信黄金是祸胎"。

《梅花诗》第二节写道:"湖山一梦事全非,再见云龙向北飞。三百年来终一日,长天碧水叹弥弥。"到了南宋,皇帝更是昏庸无能,苟且偷安于江南的半壁江山,终日沉浸于声色歌舞之中。而且,整个民风都是颓废不振,从上到下迷醉在情色欢爱之中,不思奋发图强。宋辞万首,多言文人骚客的恋物伤情,而高昂振奋者很少。因为南宋建都西湖边上的临安(今杭州),依山傍湖,加上南宋皇帝终日沉迷于荒淫醉梦之中,所以叫"湖山一梦事全非"。"再见云龙向北飞",指天象气数落于北方,北边降生真龙天子,新朝代要生于北方。正当南宋王朝沉湎于醉梦中时,北方的成吉思汗励精图治,一统蒙古,并迅速扩张着自己的版图。在灭亡了金国之后,大举入侵南宋。"三百年来终一日",指宋朝在历经三百余年后终于灭亡了。公元1276年,元兵入侵临安,宋恭帝被俘。"长天碧水叹弥弥"喻指宋朝最后灭亡时所上演的一幕最悲壮的场面。公元 1279 年，宋军残部在战败后穷途末路。因不愿被俘，大臣陆秀夫背着年仅 9 岁的南宋小皇帝投海而死，大将张世杰保护着杨太妃企图逃脱，结果，被一场突如其来的飓风淹没于大海之中。

由于邵雍的易学造诣，所以《梅花诗》中经常出现易理典故，有的部分如果不是懂得道学易理的人，是不易弄懂的。

二 玛雅人来自何处

1. 玛雅文明

玛雅文明地处中美洲，西临太平洋，东濒大西洋的墨西哥湾和加勒比海，北部是突出的尤卡坦半岛，西北向与东南向分别通过两条狭窄的陆地，与现在的北美洲和南美洲连接。用现代政治国家的疆域来划分，玛雅地区包括了现在墨西哥南部及尤卡坦半岛上的几个洲、半岛东南部的伯利兹、居于玛雅腹地背靠太平洋的危地马拉以及中美洲走廊上的洪都拉斯和萨尔瓦多。

这一地区的总面积约为三十二万平方公里，相当于统一后的德国，或者英国加上爱尔兰，或者中国的安徽、江苏和浙江三省总和。也有人认为玛雅人实际上控制过的疆域要比这个范围大得多。1992年的时候，人们在尼加拉瓜中北部地区郁郁葱葱的丛林覆盖的小山里发现了6座隐藏的玛雅金字塔。这些金字塔整体上呈字母"L"形排列，其中最大的金字塔长53米，宽32米，高4.5米。如果这些金字塔确实属于古老的玛雅文化，那么尼加拉瓜地区的历史也要被改写，它也进入玛雅的世界了。发现这些金字塔的地方距洪都拉斯的科潘遗址——以往认定的玛雅文化东界,有大约四百多公里距离,这就使玛雅文明区扩大了许多。

严格意义上来说,古代中美洲各文化区域未有现代政治国家那种严格划分的疆域,边界地带的变迁是渐进式的而不是整齐划一、截然分开的。比如玛雅地区的西南方向就是一条狭长的与墨西哥文化共享的过渡地带。从历史的角度看,中美洲的玛雅文明与其邻居之间并没有一成不变的边界。种种迹象表明,玛雅文化的影响范围在历史长河中经历了持续不断而又无比巨大的改变。这个区域的政治、经济和社会,甚至气候和环境上的面貌,都发生过许多变化。

◆ 玛雅的井字形古城(叶远:《天机》第三部第178页,中华工商联出版社2015年版)

玛雅地区的自然地理环境丰富多彩,从雾气蒙蒙的热带丛林到靠近沙漠的谷底,到寒松覆盖的高地,无所不有。如果更仔细地观察,那么即使是乍看没什么变化的低地丛林地带,也还是能够根据气候、地志、植物和动物的某些差异做更详细的划分。这样的自然生态给玛雅文明提出了许多生存和发展的课题。玛雅先

二 玛雅人来自何处

民适应自然、利用自然的结果,就是创造出了多姿多彩、不同凡响的玛雅文明。今天通常意义上所说的玛雅地区,可以按地形、气候和植被类型的不同,大致划分为三大块:由南向北依次是高地、低地和平原。

高地:在今危地马拉,由沿太平洋的高山组成,海拔高处较为寒冷,覆盖着松树。这一区域现在还居住着数百万玛雅遗民,据称在四五千年前就产生了最早的玛雅农业文明。

低地:以危地马拉东北部佩腾湖为中心的流域盆地,也包括一些周边谷底,南部是一大片草地。雨季的时候,这里会连成一片湖泊,整个地区温暖湿润,雨季较长,旱季降水也不少。这一带物产丰富,盆地外谷底的山坡上森林茂密,几乎可以找到所有的中美洲作物品种和野生动植物,还有可以做建筑材料的石灰石和花岗岩。可以说,古玛雅巨石建筑的三个必备条件——石质和木质等建筑工具、石灰、做沙浆用的砾石,在这一地区都具备。所以这里是玛雅文明古典时期的中心,建有最早的玛雅石建筑群:乌夏克吞城。

◆ 乌夏克吞城遗址

平原:由南向北

逐渐过渡到尤卡坦半岛平原，高大的树木变成低矮的灌木丛。这里腐殖土较浅，到处可见裸露的天然石灰石，地表水极少，几乎没有湖泊和河流，气候非常干旱。这一地区大约公元5世纪后才开始移来玛雅文明，繁盛期约在10～14世纪。依靠天然的蓄水穴井，这里建立了玛雅后古典时期文明中心：奇布查城。

玛雅人的文明形成于约公元前2500年，公元前400年左右建立早期奴隶制国家，公元3～9世纪为繁盛期，15世纪衰落，最后为西班牙殖民者摧毁，此后长期湮没在热带丛林中。

根据美国考古学家哈蒙德的划分，玛雅人的历史发展可以分为前古典期、古典期和后古典期三个阶段。

前古典期：公元前2500年至公元250年，这是玛雅文明的形成期。此阶段，在尤卡坦半岛中央的佩滕盆地及其周围山谷已出现定居的农业文明，由土台、祭坛等组成的早期祭祀中心也已建立。此后出现了国家的萌芽，并开始使用象形文字。

古典期：公元250年至公元900年，玛雅文明进入全盛期，各地较大规模的城市和居民点数以百计，都是据地自立的城邦小国，尚未形成统一的国家，但是各邦使用共同的象形文字和历法，城市规划、建筑风格和生产水平也大体一致。属于这一时期的遗址大多分布在中部热带雨林区：蒂卡尔、瓦哈克通、彼德拉斯内格拉斯、帕伦克、科潘、基里瓜等。这些祭祀中心都形成了规模宏大的建筑群，比如蒂卡尔遗址由数以百计的大小金字塔式台庙组成，气象宏伟，城区面积达50平方公里，估计居民有4万左右。此时出现了大量的雕刻纪年碑铭的石柱，一般每隔5

二 玛雅人来自何处

年、10 年或 20 年建立一座，成为独特的记时柱。在公元 800～900 年左右，这些祭祀中心突然被废弃，玛雅文明急剧衰落。11 世纪以后，玛雅文明中心开始逐渐移向北部的石灰岩低地平原。

后古典期：公元 1000 年至 1520 年，此时的文化具有浓厚的墨西哥风格。从墨西哥南下的托尔特克人征服了尤卡坦，并以奇布查为都城。建筑中出现

◆ 美洲文化图腾柱

石廊柱群及以活人为祭品的"圣井"、球场，还有观察天象的天文台和目前保存最完整的高大的金字塔式台庙，崇拜羽蛇神魁扎尔科亚特尔。此后北部的玛雅潘取代奇布查成为后古典期文化的中心。这一时期的陶器和雕刻艺术都较粗糙，世俗文化兴起，并带来好战之风。玛雅科潘的统治者和其他城邦结成联盟，用武力建立起自己的统治。1450 年，大概由于内部叛乱，玛雅科潘被焚毁，此后百年文化趋于衰落。1523～1524 年，西班牙殖民者乘虚而入，从墨西哥南下，占领了尤卡坦半岛，玛雅文明被彻底破坏。

2. 殷商大军的踪迹

创造了世界古文明之一的美洲玛雅人在五千年前可能和中国人是一家人。被普遍认同的是，大约在距今四万至两万年之间，由于第四季冰川的影响，白令海峡的海平面下降、海水结冰，成为连接亚洲和美洲的通道，古人类就是从亚洲经过白令海峡进入美洲的。从人种上说，美洲印第安人属蒙古人种的一个支系，从直观上看，很多印第安人活脱脱就像一个中国人，大多数印第安人都具备黄种人的特点：头发色黑且直、黄皮肤、铲形门齿，以及白种人和黑色人种所不具备的婴儿出生时臀部的青色胎记。从血缘上，科学家也发现了印第安人与中国人属于同种的证据。

长期以来不少人认为玛雅文明的源头是古代的中国文明，两者是文化传播的关系。最早提出的是"扶桑国"说，主要根据是《梁书》中关于5世纪时中国僧人慧深飘洋过海到达"扶桑国"的故事，认为"扶桑"即墨西哥。后来又有"殷人东渡说"，是说商朝时的中国人

◆ 玛雅神庙阶梯下的羽蛇石雕（叶远：《天机》第二部第219页，中华工商联出版社2015年版）

二 玛雅人来自何处

横渡太平洋将文明带到了美洲。著名人类学家、美国哈佛大学的张光直教授曾提出一个"玛雅—中国文化连续体"的假设,认为玛雅文明和中国古代文明是同一祖先的后代在不同时代、不同地点发展的结果。有人认为玛雅文明崇拜蛇形神的习俗源自四千年前的中国商朝,而商朝铜器祭皿上的浮雕纹和玛雅蛇形神的面具十分相似。可惜上述说法至今没有得到考古学的明确证实。

◆ 玛雅神庙的羽蛇石雕(叶远:《天机》第二部第 219 页,中华工商联出版社 2015 年版)

美洲的原始居民在欧洲人到达后由于疾病和屠杀,人口锐减,美洲人创造的文化也被破坏殆尽。所以在很长一段时间里,人们搞不清美洲的土著人是从哪里来的。中国的学者们提出,在公元前 1200 年时中国殷人就已到了美洲,这个观点一开始被人斥为"天方夜谭"。然而时至今日,越来越多的证据支持这种假说。

殷商末年(大约公元前 1066 年,周武王十一年),周军奇袭殷都朝歌,殷商的军队仓促应战,结果全军覆没,国家灭亡。一个比周国强大得多的殷商为什么会亡于周呢?历史学家们研究了这一段历史之后发现,原来当时商朝的大军正在山东打仗,并取

得了胜利,举国上下沉浸于欢庆之中,他们没有防备周军从背后袭来,最终招致了杀身之祸。这种乐极生悲的事情在历史上时有发生,倒也不足为奇。奇怪的是,殷商灭亡之后,原本在山东征伐的大军到哪里去了?

据史书记载,殷商在山东的军队共计有25万多人,他们既未回师与周军决一死战,也未在山东自立为王另外成立一个新的国家,而是突然消失得无影无踪了。后世的史书也从没谈起此事,好像他们从来没有在世界上存在过似的。他们到哪里去了?有的学者推测他们漂洋过海到中美洲去了,事实上这确实是很有可能的。

第一,当时的中国人已经有很丰富的海外知识了。在《山海经》的《大荒东经》里就说过:在海外有扶桑、大壑咸池,是少昊羲和国所在地。就是说中国古代的人早就知道海外遥远的地方存在着另外的世界。《汉书·东夷传》说:"倭国东四千余里,有裸国,裸国东南有黑齿国,船行一年可至也。"黑齿国为少昊后裔,在中美洲。《汉书》的记载证实航渡美洲在汉代已是可行的。《列子·汤问》说:"渤海之东,不知其几亿万里,有大壑焉,实惟无底之谷,其下无底,名曰归墟。"大壑在中美洲,在渤海以东,说明战国时代中国人就知道中美洲的方位。这只有在了解地球的形状、有航海实践的基础上者能做到。倒退几个世纪,中国人航渡美洲同样是可能的。

由于地球自转,亚洲和北美洲之间的太平洋上有一股自西向

二 玛雅人来自何处

东的洋流：北太平洋暖流。人类在 6000 年前就能出海航行和打鱼了，当时中国东部沿海的人民出海航行是很平常的事，殷军余部在国破家亡之后乘船顺着北太平洋暖流漂流到北美洲是很可能的。美洲各地与中国有关的文物都分布于太平洋沿岸，这是航渡太平洋的结果。美洲各地秦汉的铜钱、文字、雕像等也说明当时中国人到美洲不是个别的行动。

第二，在这批殷人消失后不久，墨西哥和中美洲地区就突然兴起了一种有着亚洲特征的奥尔梅克文化。这种"巧合"很可能是因为二者之间有某种联系。在美洲发现的众多奥尔梅克时期的出土文物，都突出地具有殷商文化的特征。

在奥尔梅克文明及其邻区文化中搜集到三百多个类似于中国古文字的刻画符号。这些符号经考古学家和古文字学家鉴定，认为和中国三千年前的甲骨文有惊人的相似之处。他们还表示，如果在中国考古遗址发现这些符号，一定会被认为是中国商周时期的甲骨文。一些学者认为，这些与甲骨文类似的奥尔梅克符号，不仅有农业方面的，如禾、田、木、天、

◆ 玛雅壁画中的黑头人（叶远：《天机》第二部第 231 页，中华工商联出版社 2015 年版）

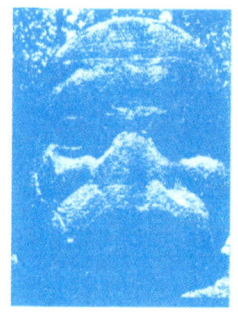
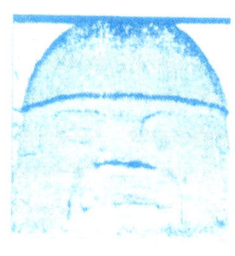
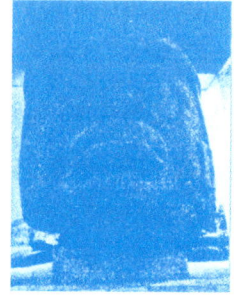

◆ 美洲奥尔梅克文化中的巨石人头雕，有着不同人种的明显特征（叶远：《天机》第四部第154页，中华工商联出版社2015年版）

日、雨、水、树苗等文字，还有祭祀、巫术方面的文字，与中国古代的天干地支、数字和卦画等符号非常类似。

在拉文塔的奥尔梅克文化遗址中还发现了印第安人有崇拜虎的习俗。在墨西哥的太平洋沿岸出土的假斧与殷商的玉圭如出一辙。印第安人的排水渠道也体现了大禹治水的思想。印第安人的土墩文化明显是商代人的习俗，所以美洲的这种习俗明显的是中国文化的延伸。

另外，奥尔梅克文明的陶器、玉器、石雕和宗教仪式，都与中国的商周文明极为相似。中美洲出土的陶器造型、纹饰符号、拉坯技术、镂空方法，均与中国古代陶器和制陶工艺相同。奥尔梅克文明的玉器崇拜、石器上的多种纹饰、玉器上的神徽、图腾和符号，与中国先秦时期的内容很相似。奥尔梅克巫教中也有中国的结绳记事、天圆地方、四色四方等观念。奥尔梅克人也像中国古人那样，用朱砂祭祀，用玉求雨，以兽首人身符为神徽，以

二 玛雅人来自何处

神社、神庙、神坛祭祖，以玉圭立牌位，筑陵造墓。奥尔梅克的殉生祭祖方法，也与中国的商周如出一辙。

印第安文化与中华古文化之间相似乃至相同之处也可以举出很多：譬如灵台文化，丘墩文化，玉石陪殓下葬风俗，还有关于天狗吃月亮的传说，洪水故事，龙文化和羽蛇文化，太极图和饕餮纹饰、云雷纹饰，乘轿出行和击鞠游戏，草药和骨针治病方式，七孔笛子和音乐上的五声音阶，甚至连喝童尿养生、吃蝌蚪以败火的民间偏方都相同。

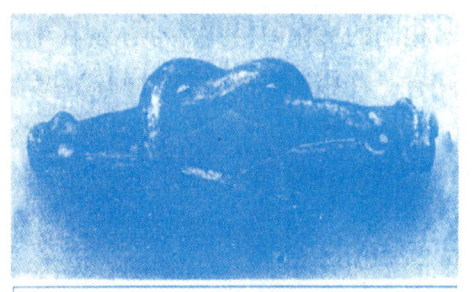

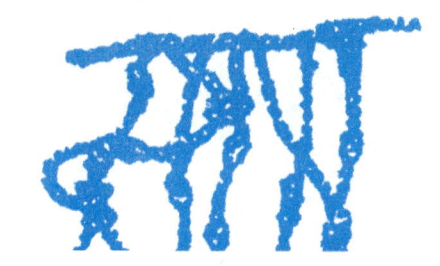

◆ 上图为奥尔梅克文化的龙纹石绳结，出土于墨西哥
下图为南美印加文化的记事绳结
（叶远：《天机》第二部第249页，中华工商联出版社2015年版）

哈佛大学学者艾克荷姆提出，早在哥伦布到达美洲之前，亚洲移民和探险家就到达美洲，使新大陆的宗教、艺术、天文、建筑蓬勃发展，形成美洲历史上的第一个文明社会。美洲文明可能起源于青铜时代的商朝，因为两者同时拥有类似的艺术风格和宗

教意识。史密松宁博物馆考古学家麦葛斯在比较了厄瓜多尔发现的陶器与日本古陶器之后，认为早在5000多年前，古代亚洲居民就通过海上交通，与美洲文明发生了文化交流。她说："古代人类将海洋视为高速公路，而不是一道屏障。"

因此，当年商纣王战败自焚，商朝灭亡，留在山东的商朝部队官兵很有可能从东海出逃，经日本东渡太平洋，抵达墨西哥海岸，为当地人带来了农业灌溉技术和天文地理知识，从而发展成了美洲第一个文明"奥尔梅克文明"。其实今天在墨西哥也确有人承认他们是中国殷人的后代。

玛雅语和汉语有着明显的对应关系，也证明了玛雅人和中国人存在千丝万缕的关系。

先看词汇方面的对应（第一个词是汉语，第二个词是玛雅语）：

han 汉（男子）：han 女婿、丈人；tan 谈：tan 说话；tan 炭：taan 灰；cha 叉：cha 叉；suan 酸：suun 酸；bao 包：pauo 包；chi 吃：chii 吃肉；chi 齿：chii 口；chai 柴：che 柴；chuan 船：chem 船；zhong 种：chum 种；tuan 团：tom 圆；keng 坑：kom 坑洼；wa 蛙：uo 蛙；gan 干（戈）：kan（捍卫）；an 俺：en 我；yi 伊（他，她）：y 他的；deng 登，凳：tem 登；tan 坛：tem 神坛；pang 胖：pem 胖。

如果把占汉语词和古玛雅语词进行比较，对应关系就更为突出，亲属关系更加清楚：

ka 苦：ka 苦的；kai 歌：kai 歌唱；hiua 雨：ha 雨，水；miua 无：ma 没，不，无；tau 刀：ta 刀；ta 肚：taa 肚子；diek 直：tek（toh）

二 玛雅人来自何处

直；piek 壁：pak 墙壁；chiak 赤：chak 红色的；shiuok 数：xok 数；dok 读：xok 读；biuat 伐：bat 斧；liang 亮：lem 亮；diang 长：tam 深，长；iang 央：yam 在中央；giuan 倦：kan 疲倦；giang 强：kan 强有力的；huang 黄：kan 黄色的；sheng 生：sian 生的时间；dzian 前：tan 在前。

这里的古汉语是上古汉语，主要是《诗经》里的词。玛雅语是中古语，有的是上古语、原始玛雅语的词。由于玛雅人和中国人之间隔着浩瀚的太平洋，所以这些相同或相似的词不可能是互相借用的，而只能是共同语言的遗存。又由于这样的词数量很大，对应规律性很强，所以不可能是偶然的相似。

玛雅语和汉语共有的基本词汇，提供了计算玛雅语和汉语分开的时间。语言学家使用一张 100 个基本词的表，找出两种语言共有的词在这 100 个词里所占比例，就可以确定两种语言分开的时间。玛雅语和汉语的共同词在 100 基本词中占 26 个，减去 4 个可能偶然相似的，还有 22 个两种语言共有的词。依据统计概率，两种语言的共同词如果有 22 个，分开的时间大约是 5000 年前，这就是玛雅人和中国人分开的时间。这个时间与语言学、考古学、人类学和历史学的研究结果非常一致：一、原始玛雅语在 4600 年前开始分化为现在的各玛雅方言；二、在玛雅地区考古发现的最早陶器制造于 4500 年前，已相当成熟；三、玛雅古文献把历史、历法开始的时间定在西元前 3113 年，也就是大约 5000 年前；四、学术界认为，玛雅人是最晚从亚洲到美洲的，而古代亚洲人到美洲的最晚时间是 5000 年前；五、玛雅人传说远祖从西方来，或是从北方乘船来。从中国到美洲大方向是自西而东，如果乘船顺太平洋洋流沿日本、千岛群岛、阿留申群岛，再沿美洲海岸向南，到达中美洲，就是从北方乘船来。

此外，在语音和语法方面，两种语言也具有共同的特征：

一、两种语言都是声调语言。汉语有"平上去入"四个调，入声就是以 p、t、k 收尾的促声，现在闽粤等方言仍然有。玛雅语也有低调、高调、降调和促声，和汉语完全一致。用声调区别意义，是汉藏语系的一大特点，而远在美洲的玛雅语也具有汉藏语系的特点，这有力地说明了两种语言关系密切。

二、两种语言的方言中都存在有鼻辅音在词末尾的变化。如汉语北京普通话许多带鼻音的词在吴方言里都不带鼻音。而在尤卡坦半岛玛雅语里的一些带鼻音的词在危地马拉的玛雅语里则只是一个送气音，没有鼻音。汉语词末尾鼻辅音的变化是汉语语音发展的一种规律，这种规律在玛雅语里的存在，同样表明了两种语言的密切关系。

三、玛雅语和汉语的发展都体现了元音高化，也就是在语言的发展过程中，元音向高音发展。王力先生曾强调指出：汉语史的任务就是要研究汉语发展特殊的内部规律，例如元音高化就是汉语发展的内部规律之一。如今我们看到汉语发展的内部规律在玛雅语里也同样存在，合乎科学的解释只能是两种亲属语言遵循共同发展规律发展的结果。

四、玛雅语和汉语都具有大量的重叠现象，特别是在一些方言里。汉语说"天天"，玛雅语说 kinkin（日日），意思一样。汉

二 玛雅人来自何处

语说"红红的",玛雅语说 chachak(赤赤),意思一样。另外,玛雅语和汉语还具有一种特殊的重叠结构。汉语说"黄澄澄",玛雅语说 kanteltel,意思一样。汉语说"白苍苍"或"白生生",玛雅语说 saktintin,意思也一样。除这些例子以外,对应的重叠用法还有很多。不但结构相同,意思相同,连听觉感受都差不多。

五、玛雅语与汉语都使用大量的单位名词,也就是量词。单位名词(量词)也是汉藏语系的重要特征之一,是汉藏语言所特有的,而汉语的量词在玛雅语里一般都可以找到对应的词。例如表示动物的量词在汉语里常用"口"、"头"、"匹",玛雅语常用的则有 kot、tul、pok。表示植物的量词在汉语里常用"枝"、"棵"、"株",玛雅语常用的则有 tsit、hek、xek(x 发 sh 音)。表示绳子的量词汉语常用"捆",玛雅语用 kan;汉语用"束"表示成束的东西,玛雅语也有一个表示同样事物量的词 chuy,音义都像。

玛雅语和汉语的语音和语法还有另外一些共同特征,如单元音词根为主,缺少形态变化等。全面的语言对应表明两种语言确有亲属关系。

玛雅人与中国人的亲缘关系,除语言方面的证据之外,在思维方式上也有大量的证据。玛雅人和中国人基本思维方式的共同特点都是反映天人合一、自然与社会的一致。从社会发展的大方面来说,玛雅人认为兴盛、和平与富强同衰落、战争与贫困呈周期性的交替。而这又和玛雅人的天文历法计算有一定的关系,他们认为大约每 13 个历法上的 20 年就有一次祸福循环。例如奇布查城的放弃和玛雅科潘城邦的称霸，以及后来玛雅科潘城的衰败和西班牙人的征服，都表现了这种历法兴衰的周期循环。这种历史观与中国古代历史观是很一致的。

玛雅人的基本人生观可以用"一切都不要过分"来概括，这与中国古代占主导的人生哲学"中庸之道"非常一致。在这种思想指导之下，玛雅人尊重自然环境，狩猎节制，一是不愿滥杀无辜的动物；二是要给其他猎人留下觅食的机会。在种田、焚烧林木前要祭祀，祈求神灵原谅和保佑，同时按人口所需来开拓耕地，既保证食用，又不过多生产，破坏自然。所以玛雅人所追求的生活方式是人与人的和谐、人与自然的和谐。

玛雅人的天人合一思想表现于生活的各个方面，而且很多都和中国人一样。玛雅人管诗人叫"阿凤"，诗等于风；中国最早的诗歌《诗经》里各地方的民歌也叫风。在玛雅人的语言里，花可以表示自然的花，也可以指人好色贪淫，与中国人相同。玛雅人认为的颜色象征意义和中国人一致：红色象征权力，黄色象征吉祥，白色象征不实，所以白父等于汉语的伯父，白母等于汉语的伯母。中国古代管乳叫谷，玛雅人则管玉米叫乳汁，管玉米棒叫"房乳"。更为特殊的一致之处是，中国古代管年叫"载"，起源于夏朝之前，这种时间观念同玛雅人一样：玛雅人认为每个年都由一种神来负载，一个接一个的班，所以年和载密切相关，一个年也就是一个神的负载物。

距今 3 万年至 7000 年前，从中国华北到加拿大有一个细石

二 玛雅人来自何处

器分布带，科学家和古人类学家都对此做过深入细致的研究。研究发现，这条细石器分布带以3万年前中国甘肃、宁夏、山西地区为起点，漫布蒙古草原、中国东北平原、东北亚、阿拉斯加直至加拿大南部。山西峙峪年代距今28900～13700年，东西伯利亚久克台年代距今22000～10000年，乌斯的诺夫卡距今20000～10000年，日本白泷距今17000年，阿拉斯加年代距今约9800年，不列颠哥伦比亚年代距今约7000年。这些细石器的绝对年龄的递减一脉相承，是一个完整的连续谱系。

细石器是一种高度特化的工具，不可能由人类独立地在两个地方同时创造出来。它们向广阔的极地扩散，从东北方向穿过北亚和北美，分布在东经90度至西经140度、北纬40度至65度之间，因为这一传统以华北发现的为最早，所以也被称为"华北细石器传统"。根据目前的发现物来看，细石器文化在距今11000多年前即到达了阿拉斯加的费尔班克斯—海莱湖地区，而后又向南分布，中国的华北地区正是这一洲际文化传播的起点和渊源所在。

奥尔梅克文化最早、最重要的文化遗址是拉文塔遗址。人们在这个遗址发现了一组玉器，上面刻有殷甲骨文"农"、"辛"、"女戎"等字。国际学术界把它们命名为"玉圭"，因为它上端微弧，属于东夷民族太昊伏羲氏的"琬圭"；又因为上面用殷商文字和介于大汶口文化陶文之间的古文字，刻着殷商祖先的名号谱系，所以又被称为"玉圭神主牌位"，而那16尊玉雕像就是奥尔梅克人的祖先——殷商人。四块玉圭上的文字已经被解读，确认是殷

◆ 玛雅十六玉人像（叶远：《天机》第四部第10页，中华工商联出版社2015年版）

商的文字。

玛雅人与中国人的亲缘关系不但表现在语言和思维方式上，也表现在风俗习惯上，研究这方面的问题有时还能促进古代中国文化的研究。比如，上古中国占卜，如果说一个人"数奇"，就认为是不吉利。汉武帝与匈奴作战，不重用著名将军李广，就是因为给李广占卜的结果是"数奇"，不吉。至于是怎么占卜的，在中国已经失传。玛雅人占卜也有同样的说法：偶数吉，奇数凶，而具体的做法则保留了下来。玛雅人使用的是一堆玉米粒，先随便取出一些放一边，然后四个四个地数。如果这四个一组的总数是奇数，剩下的也是奇数，即三粒或一粒玉米，那就是凶；如果两者都是偶数，那就是吉；如两者一个是奇数，另一个是偶数，就是凶吉不定。玛雅人和中国人不光在占卜的偶数是吉、奇数是凶的说法上一样，连对占卜人的称呼都一样。中国古代管这种人叫"日者"，玛雅人管这种人叫"ahkin"。"ah"相当于汉语的"阿"，"kin"在玛雅语里是太阳，是日。所以"ahkin"就是"阿日"，换成文绉绉的说法，也就是"日者"。如果玛雅人和中国人没有亲缘关系，那么这种非常特殊的共性是不可能有的。在占卜方面，玛雅

二　玛雅人来自何处

人和中国人还有另外的共同之处。中国古时候有一种用来占卜丢失的东西或人的方法，叫圆光。人们让天真的孩子往镜子里看，据说能看到所丢失的东西或人在什么地方。玛雅人也有这种习惯，如果丢了东西就让小孩在一块透明的晶石片里看，说出看到的情况。

玛雅人和中国人在娱乐活动形式方面也有共同的特点。玛雅人和中国民间一样，经常进行玩绳子的游戏。中国有一种玩法叫鸡爪扣，玛雅人同样也玩鸡爪扣，而且名字就叫鸡爪扣。都是把绳子两头结扎在一起，然后翻来翻去，套来套去，最后在中间绕出三个互相连结的扣，像鸡爪子。玛雅人和中国人一样，也玩掷色子。他们叫玩玉米，因为是用四粒玉米当色子，都有一面染成黑色。如果掷出两面或四面是黑，就赢了。中国古代掷色子数目不定，可用六粒，都有一面染成红色，掷出四面红为赢，杨贵妃和唐明皇就这样玩过，玩法很像玛雅人。

玛雅人很讲究男女有别。吃饭时，男女不一起吃，总是男的先吃，吃完，女的才吃。走路时，如果一男一女在路上相遇，女的要回避在路旁，低头等男的走过去，女的再走。更有意思的是，一对夫妻走路，也不能并排走，而是男的在前，女的在后，要保持一段距离。古代玛雅社会男尊女卑还表现在一些禁忌上：妇女生孩子、来月经，都不能让男人看到，看到就要倒霉。而且妇女必须保持贞操，男女通奸要处死刑。可见古代玛雅社会的礼俗完全跟古代中国一样。

玛雅人和中国人风俗的共同特点是多方面的，比如讲解梦：一个人梦见掉牙，就意味着要死亲人。虽然属于迷信，但其特殊的对应特点则是值得注意的。在衣食住行方面，玛雅人和中国人有很多相同之处。在吃的方面，玛雅人和中国人都用碗吃东西，不像欧美人用盘子。另外，玛雅人吃东西不是在桌子上，而是在席子上。中国人古代也是这样，要不然，怎么管吃东西叫筵席呢？玛雅人在席子上吃饭，这同他们的居住方式是有关系的。他们睡不在床上，坐不在椅上，而是在席子上，和古代中国人相同。说到坐，古代玛雅人分踞坐和跪坐两种方式，踞坐是两腿在前，屈膝两足着地，和中国古代的踞坐一样。中国古代身份高的人踞坐，身份低的人跪坐，玛雅人也是这样，因为男尊女卑，所以妇女习惯于跪坐。

玛雅人的住房同过去中国人的住房建筑方法是一样的，都是柱梁结构，先立四根柱子，柱子上架梁，梁上再架屋顶。普通人的住房为泥坯或茅草房，贵族的住房为石头建筑。另外，古玛雅人的国家是城邦，城中央住的是最高首领，向外依次住的是贵族、商人、手工业者、农民、奴隶。地位最低的人所住的地方离城中心最远，很像中国过去的帝王都城。

在衣和行方面，古代玛雅人和中国人也有共同特点。中国人在上古穿的衣服是一块方布，叫包方，也就是袍。袍就是包，从后往前包住上身，在前胸或一侧结个扣。玛雅人的上衣也是这样的一块布，叫pati，名称也近似于汉语的袍。

玛雅男人的下衣是围腰布，分成一些条幅。上古中国男人的下衣也是围腰布，叫裳。最早的"常"字就是"裳"字，是一个象形字。玛雅人管围腰布叫ex，x发近似sh的音，同中国"裳"

二 玛雅人来自何处

字有共同的辅音。

玛雅人重视道路修筑。他们的道路很像《诗经》里所说的周朝时代的道路，像一块放在地上的磨刀石，平坦而又笔直，修得高出地面很多。另外，中国古代的道路每隔一定距离就有住所供行路人使用，叫"庐"。玛雅人的道路同样每隔一定距离就有住所，叫 lub，在发音上同中国的"庐"很相似。

上古玛雅人和中国人在葬俗方面也有共同特点，特别是儿童的埋葬：一是用瓮棺，二是瓮棺上部或盖上凿有小孔。有时玛雅人会用母亲的一段手指来给小孩陪葬，这自然令人想起我们中国人经常描述母爱的一句话：十个手指头咬哪一个都疼。很可能这意味着中国人在很古时也有同玛雅人一样母亲咬断手指给夭折的孩子陪葬的风俗。

在宗教上，玛雅文化有与古代中国的相同点。中国人早就有了天堂和地狱的说法，认为天堂是美好的，地狱是惩办恶人的精神世界。玛雅人中也有类似的天堂和地狱的说法。中国古代的人有自然崇拜的思想，他们把一切有巨大力量的自然现象或自然力都崇拜为神，如风婆、雷公、龙王、山神等等，玛雅人则是典型的自然崇拜者。不但如此，就连许多玛雅雕刻绘画中的形象，与许多中国神像的面具都是十分相像的，如玛雅和印第安人的壁画或雕刻中的形象与贵州的傩戏面具简直是一脉相承。玛雅文化中的一些神的形象完全是中国古代凶神恶煞的演绎，如四大金刚、阎王判官等都可以在玛雅文化中找到影子。

3. 外星来客

关于玛雅人至今仍有许多未解之谜。这个民族透露着浓厚的神秘感,有些谜团似乎暗示着这个极具魅力的民族很可能是外星来客。

人类一般都是选择在靠近江河两岸交通方便、土地肥沃的地区居住和生活;而玛雅人却舍弃了更为优越的生活环境,偏偏选择了热带雨林这种燠热潮湿、野兽出没、易于发生疫情的恶劣之地,其目的何在?是否是有意避开人间烟火,探求在地球上独立生存的方法呢?如果把居住点建在繁华的城市和富饶的土地上,就要与邻近的地球人频繁接触和相互交往,也就难免泄漏一些他们不愿暴露的秘密。

玛雅人居住区内有名的古古鲁汗金字塔,每到3月21日和9月23日,也就是春分和秋分这两天,会在金字塔上出现不可思议的由光和影所构成的图形。夕阳的光照在九级的金字塔上,出现七个等腰三角形的光带,光带的一端正好通到金字塔土台上巨蛇的头部。这天,居民们认为"古古鲁汗由天而降",手抚蛇首,感谢古古鲁汗从天上带来的恩惠。从这一传说可以看出,玛雅人信奉的古古鲁汗与地球人的信仰不同。而且他们都是在春分、秋分时刻手抚蛇首迎接"古古鲁汗由天而降"。这和地球人每到新年、春节或重大节日举行祭祀以"迎接"祖先回家过年和过节是一个性质。但玛雅人所要迎接的古古鲁汗也许是"从天而降"的

二 玛雅人来自何处

外星人,每到这两天金字塔内出现的奇异光带也许就是外星人降临的标志。

玛雅人所使用的卓尔金历是根据一年等于260天的周期计算的历法。但据天文学家研究,在太阳系中,并没有适用此历的行星。那玛雅人编"卓尔金历"的真正目的会不会是怀旧和不忘祖宗的表现呢?就像生活在异国他乡的华人,在使用公历的同时,仍然使用我国传统的农历一样,玛雅人的"卓尔金历"很可能是玛雅人的祖先所使用的。

从相关考古成果和资料判断,玛雅人的建筑、工艺、科技、运输……诸多方面,都远远先进于地球人。因此可以推断玛雅人并非地球人的移民,而很可能是外星人的后裔。玛雅人的科技水平明显高于地球,可以从以下几个方面来证明。

古隧道之谜:20世纪70年代,人们在南美洲发现了一条玛雅人的古隧道,据估计它至少有五万多年的历史了。这条隧道位于离地面250米的深处,仅在秘鲁、厄瓜多尔境内就有数百里长。隧道的秘密入口由一个印第安部落(古代玛雅人的后裔)把守着。他们说,这里是"神灵"居住的地方,他们遵守祖训,世世代代守在这里。

在古隧道里,考古学家发现了许多远古文物,这些物品放在隧道里的许多洞穴中。更令考古学家们兴奋的是,这里还发现了一些刻有符号和象形文字的金属叶片以及不同形状和色彩的石器和金属制品。遗憾的是直到现在还没有人能破译这些文字。

这个隧道的穴壁与地面成直角,表面光洁平滑,似乎经过磨光。穴顶平坦，像涂了一层釉，不像是天然形成，而像是某种机械削切的结果。隧道中有个"大厅"，长164米，宽153米，里面放着类似桌子、椅子的"家具"。奇怪的是，这些物品的材料很特殊，既不是钢铁或石头，也不是塑料和木材，在地球上至今没有发现过这种材料。"大厅"里有三千多片金属叶片，长约100厘米，宽约50厘米，厚约2厘米，像装订好的书那样一片一片地排列着。这些金属片上都写有很多符号及象形文字，据专家认定是由机器有规律地压印上去的。隧道里还有许多用黄金制作的模型，其中有两块是金字塔。每个金字塔旁边都刻着一排符号，还有一个用黄金雕刻的柱子，这个柱子长52厘米，宽14厘米，厚3.8厘米，柱子上刻有56个方格，每个方格里都有奇怪的符号。

无独有偶，20世纪40年代，美国人拉姆在墨西哥的恰帕斯州密林考察时就发现了一条远古隧道；英国考察队在墨西哥马德雷山脉也发现了可通往危地马拉的地下隧道，每当拂晓时分，隧道里就发出敲鼓一样的声音；苏联阿塞拜疆也发现了一条古代地下隧道，隧道里有一些二十多米高的大厅，还有很窄的拱形门，据说洞中不时发出奇妙的声音和光。

古代玛雅人为什么开凿如此工程浩大的隧道？里面的物品及文字又隐藏着什么样的秘密？

火箭浮雕：宇宙火箭的研究、设计、制造、使用开始于20世纪，至今仍只有少数科技水平较高的国家才拥有这一尖端技术。如果说早在远古时就已经出现了宇宙火箭的设计图，那人们肯定认为这是天方夜谭或者说梦话。然而，在专家考察古代玛雅

二 玛雅人来自何处

文明遗址时，确实看到了这样的图形。1948年到1952年间，墨西哥籍考古学家路利教授（Alberto Ruz Lhuiller）在巴伦杰神殿的"碑铭神庙"（The Temple of The Inscriptions）考察时发现，在巨大石室的墙上刻有九位盛装的神官及一位带有奇妙头饰的青年。经过仔细的观察，他发现这个浮雕表现的形象和现在的太空船十分相似！浮雕中的青年双眼前视，正在操作一台机器。这个机器的前端是流线型的，看起来十分精密复杂，还有类似仪表的东西。青年头戴头盔，头盔上连接着两条管子。他弯着腰，双手正在摆弄着一些操纵杆。位置较高的一只手正在调节把手般的东西，较低那只手的四根指头，在操纵类似摩托车把手的控制器。他的左脚跟放在有好几道槽痕的踏板上，身体后面有个类似内燃机的设备。内燃机箱后方可以看到有火焰喷出。

路利教授在巴伦杰神殿所发现的浮雕和玛雅碑文有密切的关系。被解读出来的碑文中，其中一节有这样的描述："白色的太阳之子，仿效雷神，从两手中喷出火……"怀疑的人会说，这段文字恐怕是古代玛雅人出于对太阳的崇拜而想象出来的情景。但是根据路利教授所发现的石雕，碑文中所记载的那节却是"真实"的。仔细想想，这个浮雕看起来与登陆月球时的登月小艇真有几分类似。如果这幅浮雕真的是当初玛雅人照着他们建造的机器画的，那么他们已经具备了从事太空探险的能力。也许那些精密的历法，正是遨游太空的玛雅人所需要的。

那么，这种宇宙火箭设计图从何而来？根据当时的资料记载，地球人是肯定没有这项技术的。玛雅人生活的遗址上，何以存在这种即使在现代也很尖端的技术呢？虽然不太好回答，但有一点是很清楚的，即玛雅人的祖先，不是曾经在外星系研究、设计、生产、使用过宇宙火箭，就是曾经亲眼目睹过宇宙火箭的成品。换言之，玛雅人祖先绘制的这些图纸，不是外星系宇宙火箭的设计、生产人员绘制的设计图，就是亲眼看到过宇宙火箭发射的人绘制的回忆图。两者的共同点就是：远在古代，玛雅人的祖先就掌握了现代人直到20世纪才掌握的宇宙火箭技术。因此，玛雅人的科技水平明显高于地球人，就不言而喻了。

历法计算精确：玛雅人的数学、天文学水平已经相当先进。例如他们编制的历法已经达到比现在用的历法还精确的程度。我们现在使用的日历，一年以365.2425日计算，而玛雅人的天文学家则以365.2420日计算，根据目前最尖端的科学测量，一年的精确值应该是365.2422日。玛雅人的误差为每年只差17.28秒，而我们现在所使用的历法误差为每年25.92秒。

生产工艺精妙绝伦：1927年，考古人员在洪都拉斯对古代玛雅人的都市鲁巴达进行考古发掘。从已倒塌的祭坛里，发现了一块一千多年前制作的水晶头盖骨。这块头盖骨用高纯度的透明水晶制成，没有留下使用工具的痕迹。水晶的硬度约为7度，用一般刀子是绝对不可能切割雕琢的。刀刻不进去，他们是用什么工具加工的呢？没有使用工具的痕迹，又是用什么工艺做到的呢？用现代的工艺都无法做到的事，在一千多年前玛雅人就已经做到了，这难道不是令人费解的事吗？如果玛雅人的祖先不是外星人，他们是从哪里获得这样超前的技术的呢？

二 玛雅人来自何处

空中运输重物表明与外星人频繁交流：玛雅人在建造巨石建筑、建造大型金字塔时，既不用车辆，也不用牲畜，更不用金属。而且他们既没有陆地运输所需的道路，也没有水路运输所需的码头，只有周围大型平坦的广场可以利用。那么，人们就有理由猜测：在建造这些大型金字塔和巨石建筑时，是否有外星人的飞碟充当运输巨大石材的交通工具？而大型金字塔周围的大型平坦广场，

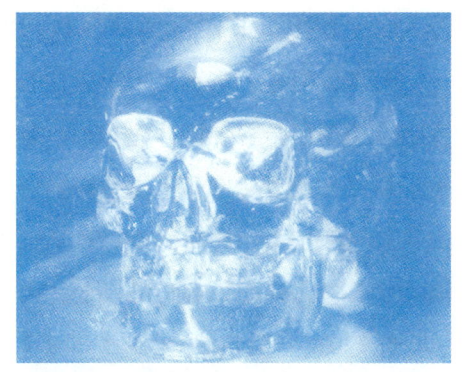

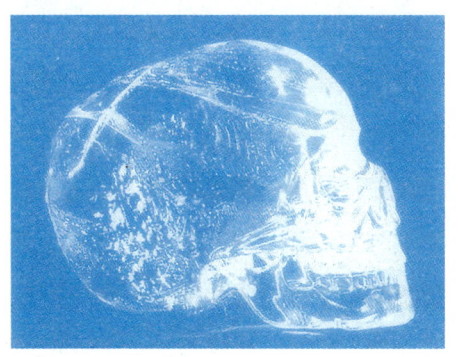

◆ 水晶头骨（〔英〕克利斯·马顿等：《水晶头骨之谜》，田力、曾臻译，光明日报出版社1999年版）

是否被当作飞碟的停机坪——也就是类似于现代直升飞机的停机场地呢？否则，一无道路可走，二无船舶可停，那巨石是从何而来呢？从空中运输重物上看，玛雅人可能与外星人有着频繁的交流。而大型金字塔和巨石建筑的建筑材料，很可能是外星人利用飞碟帮助玛雅人运输的。当然，也不排除巨石建筑和大型物资本身就是外星人从别的星球运来的可能性。

金星的公转方向很奇特，让人不由得联想：精于金星历的玛

· 043 ·

雅人和这个行星有什么神秘的关联。

初步设想是：玛雅人本来居住在金星上，由于某种不可知的原因，他们要转移到别的星球上。第一次集体迁徙的时候，金星的卫星（如果有的话）还没有脱离金星的引力，因此一部分玛雅人途经它的卫星，转移到地球生活，等待时机，再重新返回，然后去往太空。

1672年，法国著名的天文学家卡西尼在一次观测中，发现金星旁边有颗小星球，离金星很近。卡西尼怀疑它是金星的卫星，但他怕搞错了，因此当时没有公布这个发现。然而在14年之后的1686年，他再次看到了那颗小星球，于是就把它写进了日志。卡西尼估计那一颗星球有四分之一金星的直径那么大，它和金星出现的盈亏都一样。后来也有不少天文学家观测到了它，包括法国著名数学家、力学家、天文学家拉格朗日。仅1761年这一年，它就被五位天文学家看到了18次。其中最有趣的记载是1761年6月6日的一篇观测报告。那天恰逢金星凌日，有位天文爱好者在观测时发现：日面上除了金星的黑点外，旁边还跟着一个小一些的黑点，它伴随着金星穿过日面。1764年又有两位天文学家宣称他们8次观测到它。它在国际天文学界引起了一场争论，因为有一些人看到了，但另外一些人费尽心机也没能找到它。

现在证明金星是没有卫星的，那颗小行星或许是当年观测失误；或者也可以这样假设，当年观测时，金星还是有卫星的，但是由于某种原因，后来这颗卫星脱离了金星引力或者消失了。那么这个原因可能是什么呢？

二 玛雅人来自何处

我们知道，公元 900 年以后，古典时期的玛雅文明急剧衰落，许多大城市和祭祀中心被放弃，从此人烟绝迹而任由丛林植物野蛮生长。我们是否可以假设：这次的文明衰退，是因为玛雅人开始转移到金星的卫星上；这颗卫星其实是人造星体，当玛雅人全部转移完毕，就载着他们飞往别的星球去了——最后一批生活在中美洲丛林中的玛雅人，在 1697 年几乎一夜之间全部消失不见了。我们发现，这个时间与这颗星球被观测到又失去踪迹的时间相当切合。

另外的可能是金星的卫星爆炸了，形成地球和金星之间的陨石带。玛雅人有卓尔金历，一年有 13 个月，一个月有 20 天，是否根据这个卫星的公转周期制定的？金星的自转方向之所以与另外八大行星相逆，是否与这颗卫星有关？

1772 年，德国天文学家波得在他编写的《星空研究指南》一书中，总结了 6 年前由一位德国物理学教授提丢斯提出的一条关于行星距离的定则。

定则的主要内容是这样的：

取得 0，3，6，12，24，48，96……这么一个数列，每个数字加上 4 再用 10 来除，就得出各行星到太阳实际距离的近似值。如：

水星到太阳的平均距离为 (0+4)/10=0.4（天文单位）；

金星到太阳的平均距离为 (3+4)/10=0.7；

地球到太阳的平均距离为 (6+4)/10=1.0；

火星到太阳的平均距离为 (12+4)/10=1.6。

照此下去，下一个行星的距离应该是：(24+4)/10=2.8。

可是这个距离处没有行星,也没有任何别的天体。波得相信,"造物主"不会有意在这个地方留下一片空白;提丢斯认为,也许是火星的一颗还没有发现的卫星在这个位置上的。但不管怎么说,提丢斯—波得定则在"2.8"处出现了间断。

木星到太阳的平均距离为5.2。

土星到太阳的平均距离为10。

定则给出的数据与实际情况比较起来,是否相符合呢?请看:

行星	定则给的数据（天文单位）	实际到太阳的距离（天文单位）
水星	0.4	0.387
金星	0.7	0.723
地球	1.0	1.000
火星	1.6	1.524
?	2.8	5.203
木星	5.2	
土星	10.0	9.554

你看,定则算出来的那些数值与行星实际距离多么相近!

于是大家开始相信,"2.8"那个地方应该有颗大行星来补上。波得为此向其他天文学家们呼吁,希望共同组织起来寻找这颗"丢失"了的行星。

一些热心的天文学家立刻响应号召并开始搜索,然而几年过去了,却毫无结果。正当大家开始灰心,准备放弃这种漫无边际的搜寻工作时,1781年,英国天文学家赫歇耳于无意中发现了太阳系的第7颗大行星——天王星。使人惊讶的是,天王星与太阳的平均距离为19.2天文单位,而用提丢斯—波得定则一算,得

出的结果是：(192+4)/10=19.6

这个定则数值与实际距离符合得好极了。

这一下子，定则的地位陡然提高，几乎所有的人对它都笃信无疑，而且完全相信，在"2.8"缺的位置上，一定存在一颗大行星，只是方法不得当，所以才一直没有找到它。

可是，很快十多年又过去了，"2.8"还是杳无音信。

直到1801年初，一个惊人的消息从意大利西西里岛传出，那里的一处偏僻天文台的台长皮亚齐在一次常规观测中，发现了一颗新天体。经过计算，它的距离是2.77天文单位，与"2.8"极为近似。

于是新天体被认为就是那颗好多人在拼命寻找而一直没找到的天体，它被命名为"谷神星"。

接着，谷神星的直径被测定了出来，是七百多千米（后经重新测定为1020千米），这可把大家弄湖涂了，怎么不是大个子行星，而是小个子行星呢？但令人震惊的事情还在后头呢！第二年，即1802年3月，德国医生奥伯斯又在火星与木星轨道之间发现了一颗新行星——智神星。除了略小之外，智神星在好些方面与谷神星相差不多，距离则基本一致，接着人们又发现了第三颗——婚神星和第四颗——灶神星。

到后来，前前后后发现并登记在案的小行星总数竟已达四千多颗（据估计总数最后会达到150万颗），它们都集中在火星与木星之间的一个特定区域里，即所谓的"小行星带"，该带的中心位置正好符合提丢斯—波得定则给出的数据。

为什么大行星变成了150万颗小行星？当时有人猜测：是不是因某种人们暂时无法知晓的原因，原本存在于此的大行星爆炸了？

1846年和1930年，海王星和冥王星先后被发现，这两次发现对提丢斯—波得定则来说，都是挫折。请比较它们的定则数值与实际距离：

行星	定则数值	实际距离
海王星	（384+4）/10=38.8	30.2
冥王星	（768+4）/10=77.2	39.6

那么，提丢斯—波得定则到底有什么意义呢？

这个问题引起众多科学家旷日持久的争论，同时对于"2.8"处行星大爆炸的机理，定则也完全无法说清。

最终，"提丢斯—波得"定则连同"2.8"处行星大爆炸之谜，一起成为了一两百年来人们孜孜探索的世纪之谜。

卓尔金星，也有人直接叫它玛雅星，很多富有想象力的人都把它作为玛雅人的神秘家园。

我们地球属于太阳系，太阳系很大，它由八颗行星构成，依次是水星、金星、地球、火星、木星、土星、天王星、海王星。如果按星系生成的理论，八大行星出生有先有后，最先出生的当是水星，然后依次类推。水星离太阳很近，虽然名叫水星，但是这里终年都是摄氏几百度的高温，即使曾经有水，也早已蒸发干净了，似乎不可能有生命。土星以外的行星，又由于离太阳太远，气温在零下几百度，似乎也不太可能存在生命。那么，太阳

二 玛雅人来自何处

系里除地球以外，如果曾经存在过生命，会是哪一颗星呢？

在研究玛雅人留下的历法时，人们发现，玛雅人的历法中有三种不同的纪年法，即金星年、地球年、卓尔金年。它们分别是：金星年225天，地球年365天，卓尔金年260天。现在我们知道，玛雅人的金星年、地球年都计算得相当精确，达到了很高的天文学水平，而这两颗天体在太阳系里都能找到。但什么是卓尔金年呢？这让许多科学家百思不得其解。

有人解释说，卓尔金年是玛雅人的宗教纪年法，每年13个月，每月20天，这样刚好是260天。持此观点的人进一步解释说，这个260天日历是用来占卜吉凶的。但是，这种解释没有一点证据——为什么玛雅人要用260天来表示宗教情绪呢？13个月的划分也明显与地球天文学的发展历程不相符。而且，已知的玛雅人神话传说中也没有关于260天或13个月的任何证据。

也有的人认为，卓尔金年与其他两种历法是相同的，都是用来计算星辰运行周期的：地球年是计算地球运行周期的，金星年是计算金星运行周期的，而卓尔金年则是计算卓尔金星的运行周期的。然而奇怪的是，太阳系里根本找不到260天绕太阳运行一周的行星，我们熟知的八大行星里也根本没有卓尔金星。

按照天文学的计算，如果真有一颗周期为260天的行星，它的轨道应该在现在的火星和木星之间。假如卓尔金星确实存在的话，它是在什么时间存在的？

现代天文学发现，火星与木星之间虽然没有任何星体，但是存在一条陨石带，它是由无数大大小小的陨石构成的，闯入地球大气层的陨石，绝大多数都来自这条陨石带。这一发现启发了天文学家，他们由此推测，在很久很久以前，太阳系里确实存在一颗周期为 260 天的行星，位置正好处于火星与木星之间，有人称它为卓尔金星，也有人直接把它称为玛雅星。后来，这颗行星不知为什么，突然发生了大爆炸，爆炸后的残骸形成了现在的陨石带。

人们这样来假设这一天文事故：卓尔金星曾经是一个自然条件十分良好的星球，河流中流动着液体水，高山与平原上到处都是植物和动物。这方水土养育了聪明的人种，他们就是玛雅人。在卓尔金星爆炸之前，玛雅人已经有了相当发达的文明，甚至超出了地球现有的文明程度。他们已经可以进行长距离的星际旅行。也许是因为自然的原因，也许是由于人为的因素，卓尔金星爆炸了。但是在爆炸的前夕，玛雅人开始疏散到其他星球，有一部分玛雅人来到了地球。但是，地球的自然条件毕竟与卓尔金星不同，它对玛雅人造成了相当大的危害。尽管玛雅人采取了许多措施，可是地球环境中的各种病毒及新的重力条件，最终还是给玛雅人带来了灾难。玛雅人开始退化，最后竟然无法继承自己的文明。

由于玛雅文明消失得相当突然，解读玛雅文化的钥匙又被西班牙人一把火烧得干干净净，因此卓尔金星也就成了千古不破之谜。太阳系里是否曾经存在过卓尔金星？玛雅人为什么要发明 260 天纪年法？13 个月的划分法究竟有什么特殊的意义？也许我们永远也不会知道了。

二 玛雅人来自何处

不管怎么说,卓尔金星不见了,只留下了一条陨石带。玛雅神话中说神毁灭了人类好几次,不见得都发生在地球上。

有人坚持这样一种主张:玛雅星的巨变之灾不是大爆炸,而是一场惨绝人寰的星际空难——大碰撞。

大爆炸的说法认为:玛雅人是玛雅星大爆炸前移民到地球上来的。但"爆炸说"最致命的弱点就是:它目前尚无法解释行星爆炸的机制是什么。它也完全无法说清哪来那么大的能量能使一颗行星爆炸。所以"碰撞说"认为:与其说是爆炸,还不如说是碰撞。

大约在6500万年前,一颗直径超过1万公里、质量超过50万亿亿吨的大行星(或者就是太阳系第10大行星,或者是另一个恒星系统里的行星,或者根本就是一颗流浪星)在某种能量的牵引和太阳引力的作用下,以每小时20万公里的高速冲进了太阳系。

它首先遭遇的是海王星。

那时,海王星的8颗卫星正在近海点运行,而原冥王星及原冥卫一"卡戎"却正一左一右在远海点运行。

第一场遭遇战的结果是:大行星与海王星发生了猛烈的相撞,而且一举击碎了海卫九和海卫十,扰动了海卫一和海卫二(使海卫一轨道偏心率变为0,运行逆向,并使海卫二的轨道偏心率达到了0.75,远远超过了太阳系内其他的卫星和行星)。冲击导致海王星脱离了当时的轨道,使其带着8颗卫星和两颗卫星的残片(后形成海王星环)紧跟大行星向太阳系内部运行。

原冥王星和原冥卫一"卡戎"正在远海点运行，受大行星撞碎两颗海卫的冲击波和冲击碎片的影响，等它们分别返回近海点时，海王星已"离家出走"。

这两个"难兄难弟"只得相互"依靠"起来（冥卫一的自转和绕冥王星运动的周期都是 6.39 日，而冥王星的自转周期也恰好是 6.39 日。这种妙不可言的周期关系，在太阳系里独此一家）。

"离家出走"的海王星，大约在弧线飞行 13.5 亿公里后，就完全摆脱了这颗大行星的冲击摄动力，停留在新的轨道上继续围绕太阳旋转（在如今的 30.2 个天文单位处）。

那颗肇事大行星第二个遭遇的是天王星。它在低空横穿天王星轨道时，将天王星的一部分物质"拉"了出来。被"拉"出来的物质在脱离天王星本体一段时间之后，又因受天王星的引力作用而重新砸向天王星，砸歪了天王星的自转轴。

随后，肇事大行星一举撞碎了一颗土卫，后者演变成了今天的土星环；又撞歪了土卫九，使之成了土星庞大卫星系统中唯一的逆行卫星。

肇事大行星"意犹未尽"，继续横冲直撞到了木星区域的最外层，把部分卫星冲得"晕头转向"，使木卫六、木卫七、木卫八、木卫九、木卫十、木卫十一、木卫十二、木卫十三脱离了原先行星赤道面内的轨道，同时使木卫八、木卫九、木卫十一、木卫十二逆向运行。

至此，一路"冲冲撞撞"而来的大行星已略微改变了一下航

二 玛雅人来自何处

向。结果歪打正着，它把最后的撞击点毫无误差地直指繁衍着高度文明、当时太阳系内的第九大行星——玛雅星。

可以想象，大祸临头之前，玛雅星人大概会采取如下的自救措施：经反复核算无误后，整个玛雅星都紧急动员起来，全球通力合作，聚集了几乎所有的热核武器对大行星进行定向位移爆破，试图使大行星略微改变航向。只是大行星的个头太大，惯性冲击力又太强，整个计划基本以失败告终。当无可奈何的玛雅星人最终明白此路不通时，他们已消耗了大量宝贵的物力和能源。最后不得不进行星际移民，只有少数的玛雅星人得以先后移民到撞击面后方的火星、地球和金星的生态基地上。

玛雅星人真是祸不单行。

数月后，在亿万玛雅星人惊恐地注视下，两星终于发生了灾难性的相撞。大行星把玛雅星撞成了无数碎片，自身也四分五裂，其中大的就形成了谷神星、智神星、婚神星、灶神星和义神星等著名的小行星；而部分小碎片则呈放射状地向撞击面后方飞射而去。

正对面的火星首当其冲。无数小碎片在火星上形成了炽烈的流星雨。全球温度升高，首先融化了火星上的冰川，从而在火星上形成了无数条汪洋恣肆的河流，但接踵而至的持续不断的高温和冲击，又很快将火星上的浩淼大水、万顷碧波全部冲击蒸发殆尽，只留下如今突然中断的大小河床故道。金星也未能逃脱这次厄运，一块大碎片在飞掠火星轨道、地球轨道后，一头撞上金星，使它的自转发生了方向性变化。

同时，另一块直径约 12 公里、重达 14 万亿吨的碎块撞向地球，不偏不倚地撞击在地球的表面上（玛雅星人此时已无力摧毁这些碎块了）。结果，地球好像一下子受到了数以百万计的氢弹袭击，遭受了严重的创伤。抛起的尘埃在地球上形成了厚厚的云层，地面变暗、变冷，依赖阳光的植物大量枯萎、凋谢死亡。

地球上全部生物的 3/4 也很快衰减，"统治"地球长达 1.5 亿年的恐龙遭到了灭顶之灾，短时间内便很快大批死亡直到灭绝。

这样，移民到地球上的玛雅人必然再次遭受重创。不过他们在丧失大量人员后顽强地生存了下来。在生活于地球的 6500 万年间，他们创造了灿烂的史前文明。之后，他们又多次遭受诸如地极地磁逆转、大西洲沉没等一系列毁灭性打击，但他们始终一息尚存，绵绵不绝。最后一批生活在中美洲尤卡坦半岛上的玛雅人依然保留了关于玛雅星的编年历，他们巧妙地使用了将卓尔金年和地球年协调并用的古老历法，以示对"故星"刻骨铭心的怀念之情。

三　玛雅人是怎么消失的

玛雅文明似乎从天而降，又在最为辉煌之时戛然而止，给世界留下了巨大的困惑。对于玛雅文明的突然消失，中外学者历来众说纷纭：火山爆发？地震？飓风？瘟疫？内战？外敌入侵？商路转移？……

1. 惨烈的战争

战争说认为：战争使玛雅人失去了拯救环境的能力，最终因为恶劣的环境而消亡。玛雅人没有大型牲畜，也就没有远距离运送大批物资和长途作战的能力；没有金属工具和武器，每次战争的伤亡也就不大，但是他们战争的频率却很高。当环境压力加大、社会矛盾加剧时，他们既没有通过战争达到统一，又没有在形格势禁中实现和解，而是陷入战争和动荡的恶性循环中，从而丧失了拯救环境所需要的整体协调和共同行动的可能。

美国科学家们通过研究在危地马拉雨林中发现的玛雅金字塔台阶上的数十块神秘碑铭，终于解开了玛雅文明神秘消亡的部分

历史之谜：在玛雅文明发展的巅峰时代，玛雅社会被两个强大的城邦国家所统治——正是这两个超级霸权之间长年累月的血腥战争，导致了玛雅文明的最终衰亡和覆灭。

科学家们用以解开这个神秘之谜的证据来源于危地马拉雨林中的一个玛雅金字塔废墟。一场凶猛的暴雨雷电劈翻了危地马拉雨林中的一棵参天大树，大树被连根掀翻后，一组由危地马拉玛雅象形文字专家法森率领的科考队员在大树的根部发现了数十级古老的台阶，每级台阶的侧面，都用象形文字雕刻着一些神秘的符号。科学家们通过对现场的挖掘、考察，发现该处竟是一个玛雅古金字塔的废墟！而这座金字塔的所在地，正是玛雅历史上一个面积虽小，却具有重要战略意义的兵家必争之地——"道斯皮拉斯"（DosPilas）城邦。

金字塔石阶碑铭上的神秘象形文字揭开了此前从未被科学家

◆ 危地马拉出土的象形文字

三　玛雅人是怎么消失的

们所知的玛雅古国的秘密。碑铭上记载的历史内容十分丰富，可以一直上溯到玛雅古国最强盛的时期——公元7世纪左右。考古学家们通过破译这个有史以来发现的最为详细的玛雅古国历史文本，终于揭开了两个古玛雅超级王国——"蒂卡尔"和"卡拉克莫"之间争城夺地的血腥战争史。这连年累月的战争，正是导致玛雅文明消亡的主要原因之一。

金字塔石阶碑铭上的象形文字披露："道斯皮拉斯"王国这个弹丸之地，在"蒂卡尔"和"卡拉克莫"两个超级王国的血腥战争中扮演着主要的角色。在公元7世纪之后的一百多年中，"道斯皮拉斯"一直是个傀儡王国，被另外两个强大的城邦轮流控制着。

碑铭文字第一次向人类揭露了玛雅各国间残忍的战争。象形文字浮雕向科学家们描述了道斯皮拉斯、蒂卡尔和卡拉克莫之间频繁的战争冲突的由来和进程。在这场战争中时而蒂卡尔国战败，时而卡拉克莫国失利。范德比尔特大学一位副教授说："玛雅文明消亡前后几十年的历史，科学界一直存在各种疑团和争议，而这成百幅象形文字浮雕填补了玛雅神秘消亡前至少60年的空白历史，澄清了玛雅文明末日时代各城邦间的政治和军事关系。"

碑铭象形文字首次揭示了道斯皮拉斯与蒂卡尔和卡拉克莫之间错综复杂的关系。蒂卡尔国坐落于危地马拉北部，卡拉克莫国位于蒂卡尔以北60英里，在今墨西哥境内。道斯皮拉斯则位于蒂卡尔西南方70英里处。历来科学家们都认为玛雅古国各城邦间都是实行联邦制的，相互独立，互不侵犯。因此当新发现的碑铭揭示道斯皮拉斯曾被卡拉克莫征服，并做了数十年傀儡邦国的历史后，玛雅文化考古界无疑经受了一场地震。

玛雅象形文字专家法森说："当我读着这些象形文字碑铭时，我不得不相信它所讲述的一切，尽管此前我从未听说过玛雅城邦之一的卡拉克莫还曾侵略过其他城邦。此前我们一直以为玛雅各城邦间是松散而和平的联盟关系。即使两个城邦间发生冲突，也不过是兄弟间的争吵，但是碑铭上的象形文字告诉我们，这是蒂卡尔和卡拉克莫两个国家间的殊死搏斗，是玛雅古国间的大战，而道斯皮拉斯则是导火索。"

道斯皮拉斯始建于公元629年，一开始是蒂卡尔国的军事要塞。随着时代的发展，道斯皮拉斯的地位越来越重要，它不仅是通往玛雅南方低地的军事要塞，同时还是玛雅各国对外贸易的黄金通道，大批珍贵的货物，诸如翡翠、宝石、绿咬鹃翎、黄金货币等，都从加勒比海经由道斯皮拉斯的帕森河运往玛雅各城邦。道斯皮拉斯建城之初，蒂卡尔国统治者便任命他4岁的弟弟巴拉吉·卡维担任道斯皮拉斯国王。神秘碑铭显示卡维早期一直忠于他在蒂卡尔国的兄弟们。但当他20来岁的时候，卡拉克莫国大举出兵，征服了道斯皮拉斯，年轻的卡维被迫改弦易帜，臣服了卡拉克莫国王。卡维在卡拉克莫国王的支持下，对蒂卡尔国的兄长们发动了长达10年的战争，最后蒂卡尔国战败，卡维将成为俘虏的亲哥哥和其他王室成员们从蒂卡尔押解到道斯皮拉斯，并处以残忍的极刑。

三 玛雅人是怎么消失的

象形文字详细描述了这次大战,血腥屠杀之后,庆祝接踵而来。石阶碑铭描绘得非常传神,上面写道:"蒂卡尔王宫内血流成河,死去战士的人头堆成了山。"最后一幅图画描述了道斯皮拉斯国王卡维在跳着庆祝舞。

自这次胜利之后,道斯皮拉斯卷入蒂卡尔和卡拉克莫近百年你死我活的战争中,直到公元760年,道斯皮拉斯灭亡。

人类学教授亚瑟·德玛莱斯特认为,玛雅各国间战争的结果,本该导致一个强大统一的玛雅帝国的诞生。"然而,很不幸,这一切没有发生。相反,劳民伤财的庞大战争频繁而持久,没有终局。"德玛莱斯特解释道:"蒂卡尔王国战败后,不久后又卷土重来,并击垮了卡拉克莫王国。但另一个王国始终不能被灭绝,以至于各国混战,元气消耗殆尽,最终导致了公元900年玛雅文明的彻底毁灭。"

2. 花柳病、瘟疫

有科学家通过近年来对玛雅木乃伊所做的医学方面的检查,证明很多玛雅城市莫名其妙地衰落下去的原因,很可能和疾病——特别是花柳病的蔓延有关。当年阿兹特克人和印加人为了报复西班牙殖民者的入侵,而把梅毒带进了欧洲大陆。这种新型的疾病和几世纪前横行一时的黑死病一样,使死亡席卷了欧洲和亚洲。

考古学家们发观,玛雅人虽然创造了灿烂的文明,但也有许多让现代人无法理解的自惩习俗。他们不但吸毒,而且会通过肛门使用毒品。上层人物经常在耳朵、舌头、手指和生殖器上钻孔取血,用来祭祀神灵。他们几乎不食肉类,后期玛雅人的尸骨中明显地缺少蛋白质,这使得他们对疾病的抵抗力和免疫力十分低下。

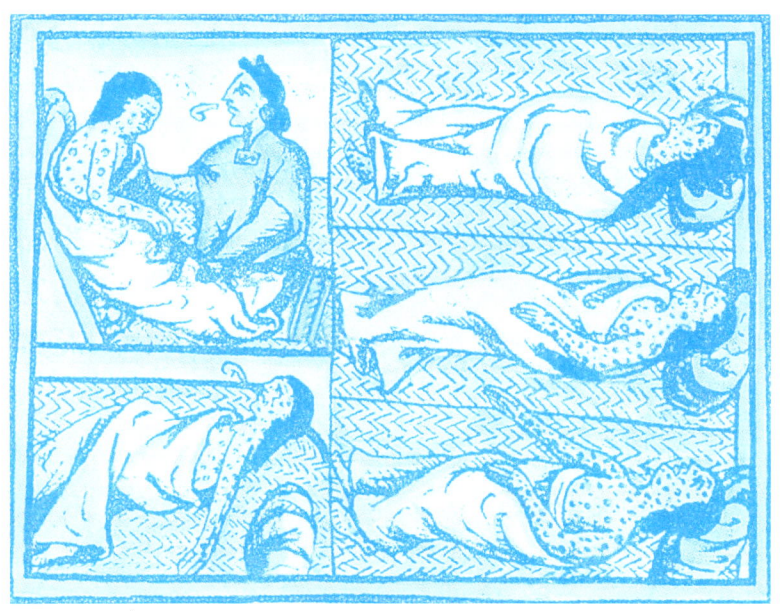

◆ 感染天花的阿兹特克人。西班牙殖民者感染了天花,随后在墨西哥阿兹特克人中蔓延(1576年圣方济各修士萨巴贡《佛罗伦萨古抄本》插图)。

而事实上,在公元700～1000年,托尔特克人和阿兹特克人与玛雅人接触时,也正是大部分玛雅城市莫名其妙地被废弃的时期。美国一些科学家由此推论说,玛雅文明遭受毁灭的原因,就是花柳病蔓延,因为玛雅人对这种病缺乏免疫力。

三 玛雅人是怎么消失的

◆ 查士丁尼瘟疫（〔美〕亨利·欧内斯特·西格李斯特：《疾病与人类文明》第144页，秦传安译，中央编译出版社2016年版）

威廉姆·麦可尼（William McNeill）在《瘟疫与人》中警告："才智、知识和组织都无法改变人们在面对寄生性生物入侵时的脆弱无助。自从人类出现，传染性疾病便随之出现，什么时候人类还存在，传染病就存在。传染病过去是，而且以后也一定会是影响人类历史的一个最基本的决定因素。"

人类进入定居的农业社会之后，文明才可能像种子一样落地生根、开花结果。但是，也正是从这时候起，人类开始遇到许多在原始的捕猎时期不曾面对的疾病。在很多地区，农业依赖于灌溉，而水渠中缓慢的流水给寄生物提供了良好的滋生环境；驯养家畜也使得动物的疾病传染给人。比如，天花和肺结核来自于牛，麻风病来自于水牛，普通的感冒最早则是从马那里传来的。人们到现在还和狗有 65 种共同的疾病，和牛有 50 多种共同的疾病，和羊有 46 种，和猪有 42 种。群居生活的人口达到一定数量和密度之后，一些新的传染病便有了出现的可能，比如疟疾、天花和腮腺炎等。另外，在城市和村庄里，饮水的卫生条件非常糟糕，人的排泄物混杂在饮用的水源中，这正是寄生物最喜欢的生存环境，由此引起的疾病如霍乱和痢疾一旦爆发，就将袭击整个地区。

传染病的特点是：它们会突然爆发，并在很短的时间内导致大量人口死亡。瘟疫的爆发使得人口数量增加之后锐减，增加之后再锐减，历史仿佛辗过成堆的尸骨在艰难前行。难怪历史学家

◆ 黑死病（鼠疫）席卷整个欧洲（〔美〕亨利·欧内斯特·西格李斯特：《疾病与人类文明》第 147 页，秦传安译，中央编译出版社 2016 年版）

三 玛雅人是怎么消失的

们发现,在大部分有记载的古代历史中,都找不到关于人类社会会持续进步、后人的生活水平会比前人更高的观念。

公元165年,罗马帝国流行天花,大约1/4的人口死去。几乎在同一时期,中国的中原地区也出现了瘟疫,"家家有伏尸之痛,室室有号泣之声",估计死亡率达40%以上。公元6世纪,麻风病传到欧洲,欧洲人对付麻风病的唯一办法似乎就是将病人关进麻风院隔离起来。到13世纪的时候,欧洲共有19000多座麻风院。公元542年,鼠疫爆发于地中海地区,并持续了五六十年。这次史称"查士丁尼瘟疫"的鼠疫,在很大程度上导致了东罗马帝国的衰落。14~17世纪,黑死病肆虐欧洲长达300多年。这是一个黑暗而疯狂的年代,历史学家阿诺·卡伦曾写道:"灾难时期留下来的日记和编年史仍在挑战着人们的想像力。婴儿们吮吸着他们死去的母亲的乳房,孤独的幸存者穿着长袍、戴着珠宝在空荡荡的城市游荡,有的人在街上赤裸着身体狂欢,幽灵船载满了尸体在海上漂浮……"16世纪初,病菌越过大洋帮助欧洲人征服了美洲。

威廉姆·麦可尼在《瘟疫与人》中谈到:早期的时候,人类分别在几个相互隔离的地区聚居,形成了不同的文明,而不同的文明发展出了不同的病媒。

生活在当地的人们由于长期和病媒接触,逐渐产生了免疫力,所以病媒只能造成零星的病例。但是,由于贸易、战争等原因,疾病开始周游世界。在一个地方司空见惯的风土病,到了另外一个地方就成了让人们束手无策、杀人无数的瘟疫。戴蒙德

(Jared Diamond)在《枪炮、病菌和钢铁》一书中谈到,是病菌而非枪炮帮助欧洲人征服了美洲。

适宜于被人类豢养的家畜主要分布在欧亚大陆,美洲的原住民在欧洲人"发现"新大陆之前从来没有见过马。由于缺乏豢养家畜的经历,许多由动物带给人类的病原体,美洲人从没有接触过,他们对这些疾病完全没有抵抗能力。欧洲人给美洲带来的是一连串的瘟疫:1518～1526年的天花,1530～1531年的麻疹,1546年的斑疹伤寒,1558～1559年的流感。据估计,95%的美洲原住民死于白人带来的疾病。

所以,说是瘟疫毁灭了玛雅文明,一点也不过分。然而,与瘟疫的较量还远未结束。到20世纪后期,历史上曾经横行一时、

◆ 名画《死神的胜利》,描绘了中世纪欧洲遭遇黑死病之灾后的社会动乱(〔美〕亨利·欧内斯特·西格李斯特:《疾病与人类文明》第255页,秦传安译,中央编译出版社2016年版)

三 玛雅人是怎么消失的

被认为是绝症的天花、肺结核、鼠疫等已经被人类消灭或基本上得到了控制。1962 年，麦克法兰·柏奈特在《传染疾病自然史》中豪迈地声称："人们可以将 20 世纪中叶视为社会演化历史上最重要的时刻：传染病过去曾经是影响社会生活的重要因素，如今其影响已经被彻底消除。"1969 年，美国外科大夫斯图尔特在国会发言时也说："应该合上关于传染病的书本。对抗瘟疫的战争已经结束。"显然，他们都过于乐观了。

3. 人口大爆炸

人类文明的发展导致人口爆炸，当人口密度超过了环境的容量时，又导致了人口锐减。热带雨林的有机质主要集中在树木中而不是土壤中，砍伐森林进行种植，使含有有机质的、薄薄一层的土壤暴露在暴雨的冲刷之下，用不了几年，土壤和有机质就会丧失得一干二净。再加上玛雅人不驯养大型动物，种植业消耗了土壤中的有机质，却没有足够的动物粪便返回土壤中进行补充，物质的循环链很快就发生断裂，于是只好弃耕让植被自然恢复，而到另一处密林中开垦，如此反复轮休。这种"林耕法"只能维持一个较短的时间，愈到后来土地就愈贫瘠，直至完全丧失容纳人口的承载力，从而迫使人口转移。

4. 自负与宿命观

玛雅文化的强烈自负与宿命思想窒息了它的创新机制。玛雅的统治者既是宗教祭师又是政治领袖,他们中有一批人对遥远的天体运行规律的观测、研究和计算达到了当时的最高水平。这种成就足以让玛雅文化充满着强烈的自负感。不幸的是,宗教文化把天道和人事做了线性式的牵强、笼统的对应,因而玛雅文化也就充满着同样强烈的宿命论。

熟知天体循环法则的玛雅统治者不断地进行战争和掠夺,不断地增建纪念碑和宫殿,却对周边环境的破坏熟视无睹,因为他们把环境问题都归结为天道的循环。这种文化窒息了创新机制,当环境危机的持续时间和严重程度超出了祭师们的预期,超出了社会的承受力时,这种文化的信仰体系也就崩溃了。

玛雅文明覆灭并不意味着玛雅人都死亡消失了,而是其文化信仰体系崩溃了。在没有外敌入侵长期占领和本土文化被外来文化取代的情况下,如果其文化信仰体系没有崩溃或者仍能创新信仰体系,流散到四处的玛雅人就不至于无法聚集,其文化也不至于无法延续和重铸辉煌。

玛雅人并没有遭受无路可走的孤岛之困。他们生活在大陆上,中美洲及其周边仍有大量可供生存的空间,足够疏散消减了的玛雅人。历史上有很多古老民族,他们历经环境灾难和社会劫难,但由于文化信仰不倒或能创新信仰体系,所以仍能自强不

三　玛雅人是怎么消失的

息、重新振兴。因此，玛雅文明覆灭的外在原因是环境灾难，而内在原因却是其自负又宿命地丧失创新机制的文化信仰体系。

也有学者认为，严格的等级划分是导致后古典期文明衰落之后玛雅文明销声匿迹的首要原因。玛雅高深的知识和文明只掌握在极少数贵族和祭司的手中，占玛雅人口绝大多数的下层劳动者完全是文盲。养尊处优的贵族知识分子，在繁华殆尽后难以生存，乃至很快灭绝的同时，也带走了辉煌无比的玛雅文明。活下来的为数众多的普通玛雅农民，自然无法读懂那些一无所知的文字和史书了。

5. 生态危机

一些专家指出，玛雅人有着复杂的宗教体系，城市都是以金字塔和神庙为核心的，在兴建金字塔和神庙时，他们习惯于用白石灰来粉刷外墙，而烧制石灰需要大量木材，玛雅人便开始砍伐森林。随着城市规模的不断扩大，金字塔修建得日益高大，对木柴的需求量也越来越大。最后，大片森林被砍伐殆尽，当地的环境也逐渐恶化，干旱自然不可避免。对此，目前墨西哥南部和美洲各国广泛分布着的玛雅金字塔遗迹，就是最好的证明。

与上面的观点相似，玛雅文明虽然是城市文明，却建立在玉米农业的根基之上。自古以来，玛雅农民一直采用一种极原始的耕作法：先把树木统统砍光，经过一段时间的干燥以后，在雨季到来之前放火焚毁，以草木灰做肥料，覆盖住贫瘠的雨林土壤。

烧一次种一茬，其后要休耕1-3年，有的地方甚至要长达6年，待草木长得比较茂盛之后再烧再种。当古典期文明繁盛、人口大增时，农业的压力越来越大，人们只能更多地毁林开荒，同时把休耕时间尽量缩短。然而这样一来，土壤肥力下降，玉米产量越来越少。玛雅文明在人口大增之后，面临着生态环境恶化、生活资源枯竭的严重问题，社会状况一落千丈。更为严重的是，在神权政治的体制下，玛雅王族和祭司将这种种"衰败之象"都归结为神的不满。他们更多地建神庙，更频繁、更隆重地祈祷，期盼能借神力扭转乾坤。当然，这样做的结果是浪费了更多的人力和业已十分贫乏的资源，直至陷入不可救药的恶性循环。随着农业产品供应的严重匮乏，玛雅古典期高度发达的文明也开始崩溃。当城市周围贫瘠的荒地连成一片时，饥饿就迫使玛雅人弃城而去了。经过数百年衰败动荡之后，中央低地各城邦都湮没在热带丛莽之中，绿色植物悄悄覆盖了一切，掩藏了一个久远的秘密。

德国国家地球科学中心的研究人员经过研究后认为，是严重的干旱和随后的饥荒导致了玛雅文明的没落。他们还指出，气候的变化与"厄尔尼诺现象"存在着密切联系。当"厄尔尼诺现象"出现时，太平洋东部水域的温度会明显上升，导致正常的大气环流受到大规模破坏，这导致那些以往湿润温暖的地区陷入持续的干旱。

美国佛罗里达州大学地质学家戴维·霍德尔在研究中发现，玛雅地区发生的旱灾有着明显的周期性，大旱灾每隔208年就发生一次。这位学者因此提出一个新的见解：玛雅文明的消失与太阳的周期性活动增强有关。

霍德尔领导的这项研究,是从墨西哥南部的奇昌卡纳布湖湖底的沉积物开始的。他们在湖底钻孔,取到1.9米的沉积岩岩芯样本,然后对样本中的碳酸钙浓度进行研究。由于干旱年份湖水的蒸发量较大,相对时期沉积物中碳酸钙的浓度也就较高;碳酸钙浓度高的岩层,对应的年份就可能发生过旱灾。研究的结果是惊人的:沉积岩中的碳酸钙浓度,在年代上表现出了明显的周期性。每208年,湖底的沉积物中就有高浓碳酸钙层出现,也就是说,每208年,当地就会发生一次旱灾。最严重的一次旱灾发生在公元750年至850年,这正是玛雅文明消失的时期。而208年这个周期,和目前太阳活动每206年就有一次增强的周期正好吻合。专家们也认为,这两个周期的吻合,绝不是偶然的巧合。霍德尔在地质学上的研究,为解决这个历史之谜开拓了新的领域。一些学者还猜测,在三大印第安文明中,玛雅文明尤其以天文历法和宗教体系著称,这或许和旱灾的发生有关。也许早在1000多年前,玛雅人就已经发现,天体的运动和他们的生活息息相关,所以他们才会以一种在其他古代印第安人中少见的热情和执著,来观察各类天体的运动。

6.寻觅新的家园

这种观点认为,玛雅人来自外星球。从生存环境上来看,人类一般是选择靠近江河、交通便利的地区居住,而玛雅人却选择了条件恶劣的热带雨林。这种刻意的选择正是为了避免与地球人接触，以保证自己独立的生活。在这片不宜耕作的密林中，玛雅人在既没有金属工具，也缺乏先进运输工具的情况下，创造出了如此辉煌的文明，着实令人费解。而且他们创造的象形文字系统，我们至今仍无法全部破译。有人认为，玛雅是数十万年前为采矿而离开所住的行星到了某个星球的外星人。后又为躲避某个星球的爆炸才来到地球。他们最初居住在温暖的南极，随后因冰河期来临，辗转迁徙至中美洲的密林之中。后来由于墨西哥高原爆发战争，为躲避战祸，玛雅人便乘着太空船飞向茫茫宇宙，去寻觅新的家园。

四　与神在一起

1. 祸福相继、无常为常

玛雅宗教有一种极强的二元论倾向。在他们的万神殿里有明确的善恶之分，好神和坏神共同左右他们的生活。好神如雨神、蛇神，带来雷电、降雨、丰收；恶神如死神、战神，则会带来死亡和毁灭。好神和恶神之间永恒的冲突，在一幅玛雅绘画中得到了很好的说明。雨神恰克对一棵小树表现出呵护之情，努力扶持小树生长；而死神阿·普切却将小树一劈为二。好神和恶神不仅通过彼此争斗来控制人们所赖以生存的自然，并且还竞相争取人的灵魂。玛雅人深信，他们的一切祸福都取决于神的情绪和力量，这也是祭祀、庙宇在玛雅社会生活中占据如此重要地位的一个原因。

然而，也就是通过这种宗教二分机制的设立，玛雅人将一种对立而统一的复杂机理深深扎根在了无意识中，致使他们不可能用静止的单向思维来看待世界：在小树茁壮成长的时候，他们意识到死神随时可能以各种方式将其摧毁；在和平丰收的季节，他们仍然要为随时可能来临的灾祸而祭祀；他们始终能在乌云中看到太阳，在战胜时看到失败。这种祸福相继、无常为常的思想，从幼年起就扎根在每个玛雅人的心中。

玛雅的神话故事讲到，当世界还是混沌无序之时，居住在天界圣树上的好神鹰神主持诸神会议，来决定河水的流向。诸神为此争论不休，但大多数神的意见认为，所有的河流都应是水既能往下游流淌，也能以同样的速度往上游流去。仲裁者鹰神也倾向于此，他觉得这样对于即将诞生的人类来说，日子就会很好过了，即便是逆水行舟也不费劲。但是，侍神乌鸦和貂神却不同意，理由是，这样会使得瀑布倒流，鲑鱼就不可能停下来产卵，当然人类也就不可能捕获鲑鱼了。最后商议的结果裁定，一切河流都应该往一个方向流动。由此我们可以看出，玛雅人在解释了自然界的现象的同时，也意识到一切事情的利和弊是不可分的。

玛雅的其他神话也表达了类似的观念。例如鹰神提议要把湖泊变成草原，让河流从草原穿过，以方便人类采掘和搬运卡玛斯蒜块。但鸦神认为不能让人类轻而易举地获取，他们应当先劳后获，辛勤地谋生。鹰神又想把鲤鱼造得个头更大些，好让人们饱餐肥大的烤鱼。鸦神则持反对意见，认为不该让人们少劳多得。大地上的子民难免生老病死，鹰神对此很同情，他希望众神帮助人类死而复生。鸦神则认为正因为人死后不能重返人间，人类才会更懂得珍惜生命。总之，世界上的一切尽管是由好神统管，但事实上却是按照坏神的意见做出安排的。

最初的玛雅宗教可能只是简单的自然崇拜，把影响他们生活

四 与神在一起

的自然力量人格化。太阳、月亮、雨水、闪电、飓风、山川、森林、河流、急湍，这些自然力量包围着玛雅人，其交互作用构成了他们渔猎生活的背景。

这样简单的自然力崇拜并不需要什么像样的组织形式，因此就没有祭司和秘传的知识来阐释它，没有一套祭祀的仪式来演示实践它，也无需特别的地点来用于崇拜，比如庙宇之类。毫无疑问，每个一家之主同时也理所当然地是这个家庭的"祭司"，家庭庙宇无非是一处临时的小茅屋，紧挨着居无定所的临时住处。这种情形直到现代，还能在个别偏远的玛雅部族中看到。

随着农业生产方式的兴起，玛雅人有了固定的居所和较多的闲暇。这时，玛雅宗教日益变得成体系起来，众神也越来越特殊化。肩负着向群众诠释、传达神的意愿等责任的祭司出现了，一种对像样的宗教场所（圣地、庙宇）的需要也因此出现了，宗教逐渐成了一种少数人对多数人的事务。定居生活使得较为永久的仪式中心变得可能，人们也有信心去建立野心勃勃的圣地（花费长期艰苦的有组织的劳动），并发展出更加精细的宗教意识。

许多个世纪，或许几千年，就在这样的过程中流失了。在这段时间里，玛雅宗教无疑发展得相当缓慢，但个性化的神祇在发端，祭司集团在形成，繁复的仪式和精致的圣地（还不是石料建筑）也逐渐确立。这段时期结束于玛雅历纪年 7.0.0.0.0 或另一说 7.6.0.0.0，也就是公元前 353 年或 235 年，其成果是催生了玛雅人先进的农业、高明的历法编年和精致的象形文字。

确实，历法、编年和象形文字这三项祭司的发明专利，给玛雅宗教带来了重大的转折，使得它越来越复杂化和形式化了。一种独特的宗教哲学渐渐成型，它围绕着日益被重视的天文现象，包含着历法编年中的神祇。考古发掘工作基本上证实了这种重大的宗教转折，公元前3世纪就是其重要的时间标志。

从这以后，特别是现存材料较多的玛雅古典时期（下限为公元9世纪），玛雅的宗教哲学并无重大的变化。它相因相袭，历经千年却始终没有大的突破。也许是因为玛雅人把创造的潜能都宣泄到需要耗费大量人力、物力、精力、心力的石料建筑、雕刻中了。那种劳神费力的方式，乃是精神上不断重复的"论证"和"固化"。

到了公元4世纪，玛雅文化，主要是它的宗教哲学上鲜明的特征，已经牢固地确立下来了。在那些被认为是玛雅文明重要策源地的地区，如佩腾湖畔，玛雅宗教业已成为一种高度发达的"迷信"。它以自然力量的日益人格化与越来越老熟的哲学的复杂融合为基础，天体被神格化，时间则被用世所罕见的各种各样的形式加以崇拜。这一由公众供奉的宗教，本质上却又是高度秘传的，它由一个组织严密的包括天文星相家、数学家、先知预言家和精通仪式者的祭司集团掌握和诠释。随着它与社会生活越来越复杂地交织在一起，又派生出世俗的力量参与诠释和主持，这也就是"巫王共源"的文化史规律在玛雅的体现。

10世纪以后的后古典时期，政治与宗教的联姻日见明显，这或许也有外来的军事征服导致宗教冲突、变异的因素。也就是在这一时期，墨西哥中部的托尔特克人带来了人祭和偶像崇拜等较

四 与神在一起

低级的东西。据古典期各种雕刻流露出来的和平主义宗旨看（几乎没有人祭），那时的玛雅宗教也必定是庄严堂皇的，而不会像人祭那样恶心残暴。在这个玛雅文明的黄金朝代里，似乎也没有广泛使用偶像的现象——无论是石头的、木质的还是陶制的。而我们知道，宗教发展到高级阶段就会日益抽象化，日益针对人的心灵。比如说基督教就反对偶像崇拜，上帝无须经过世俗形象也能在人的内心生根。而中国先秦也是因为不崇拜有具体形象的神灵才促生了理性主义和人本主义。

以 10 世纪为转折点，玛雅宗教略失水准。除了继续建造公共大型宗教场所和偶像雕塑之外，政治贵族、宗教祭司和社会贤达们也都在各自的家中设立了小型祈祷场所和私人专拜的偶像，私下里做着祷告和献祭。有意思的是，他们的偶像多得令人瞠目结舌，感觉似乎是神祇都不够用了，只好把几乎每一种动物或昆虫都当成一种神来崇拜。一位 17 世纪的西班牙传教士在描写佩腾—伊扎湖畔最后一个独立的玛雅城堡塔亚沙尔（Tayasal）时写道："他们的公共偶像，就像鳞次栉比的街道房屋一样多。"有人说玛雅偶像有 10 万个以上，甚至有人说有上百万个。即使这两种说法有夸大其辞、言过其实之处，但几乎所有当年游历过玛雅地区的人全都同意有着巨大数量的偶像存在。实际上，每个玛雅人，无论是贵要还是祭司，无论是富人还是穷人，全都有他自己的偶像崇拜物。

在这一大群神灵中，有许多是专职祭司的创造物，我们不妨称这种"创造"乃是祭司们欺骗人民的手段。普通玛雅人，即那些种玉米的农夫,用血汗维持着整个庞大复杂的政治、社会、宗教体系。他们认为人之所以能活着,是得了雨神恰克(Chac)的恩赐;假如神一发怒,他们也就要遭殃了。这样一套观念及其在世俗生活中的功能,构成了玛雅人世界的"真实"。中美洲各民族普遍信奉羽蛇神。这个大神,在阿兹特克文明中地位很高,也就是说在玛雅文明区以北的墨西哥盛行,而在玛雅人中的地位则有所不同。早先的玛雅人很可能也是敬奉它的,例如古典时期,玛雅"真人"所持的权杖,一端为精致小人形,中间小人的一条腿化作蛇身,另一端则为一个蛇头。但是,从玛雅祭祀活动和神话中看,似乎并没有明确的羽蛇神。而到了后古典时期,权杖上的蛇形出现了多种变形,基本形态完全改变,成为上部为羽扇形、中间为蛇身、下部为蛇头的羽蛇神形象。

◆ 征服者阿尔多南,科尔特斯被奉为羽蛇神([奥]弗洛伊德:《图腾与禁忌》第277页,文良文化译,中央编译出版社2015年版)

后古典时期的玛雅人确实对羽蛇奉若神明,甚至可说至高无上。事实上,它是

四 与神在一起

一个舶来品,是北方墨西哥的托尔特克(Toltec)人入主尤卡坦半岛玛雅地区时带来的北方神祇。羽蛇神的名字叫库库尔坎(Kukulcan),是带来雨季,与播种、收获、五谷丰登有关的神祇。很显然,只有中心转移到干旱的尤卡坦半岛的后古典期玛雅文明,才需要这样一位能带来雨水的神灵,而古典期玛雅文明地处热带雨林区,根本就不会有这样的宗教需求。

羽蛇神与雨季同来,而雨季又与玛雅人种玉米的时间相重合,因而羽蛇神成为玛雅农人最为崇敬的神。在现今留存的玛雅古城奇布查,就有一座以羽蛇神库库尔坎命名的金字塔。在金字塔的北面两底角,雕有两个蛇头,每年春分、秋分两天,太阳落山时,可以看到蛇头投射在地上的影子与许多三角形连套在一起,成为一条动感很强的飞蛇,象征着在这两天羽蛇神降临和飞

◆ 奇布查祭坛与金字塔

升。据说，只有在这两天里才能看到这一奇景。所以，现在它已经成为墨西哥尤卡坦半岛的一个著名旅游景点。而在当年，玛雅人可以借助这种将天文学与建筑工艺精湛地融合在一起的直观景致，准确把握农时的同时，也准确地把握了崇拜羽蛇神的时机。

羽蛇神的形象还可以在玛雅遗址中博南帕克画厅等处看到。要说它的形象，与中国人发明的牛头鹿角、蛇身鱼鳞、虎爪长须、能腾云驾雾的龙着实有几分相像。起码在蛇身主体加腾飞之势（羽蛇的羽毛）的基本组合以及艺术表现手法方面，如云纹、弯须之类，相象度很高。许多到过玛雅遗址的中国人，都惊异于这种相似性；外国的一些学者中间，也广泛流传着类似的猜测。此外，如画厅一室屋顶上画的羽蛇头、玛雅祭司所持双头棍上的蛇头雕刻，与龙头也极为类似。而且，羽蛇神崇拜和中国对龙的崇拜都与祈雨有关。然而，要证明中国龙与中美洲羽蛇神的传播、吸收关系，难免有很多牵强之处，不能简单地在羽蛇神和中国龙之间画等号。

玛雅地区的水资源是非常不平衡的。尤卡坦半岛的整个北部地区几乎没有河流，干旱的气候与美国弗罗里达中南部相似，降水量极为有限。玛雅地区越往东南越湿润，热带雨林气候特征越明显。降水的地区性变化与地形地貌的差异相结合，造成了玛雅地区资源状况与经济生活的差异。从北部广大的平原说起，这片土地上现存着玛雅后古典时期（也即新王国时期）最重要的几个城市中心奇布查、玛雅科潘和乌希马尔的遗址。10世纪以后，玛雅文明的重心转移到这里。这片土地的自然条件与古典期文

四 与神在一起

明中心所在地区完全不同,这也使得后古典期玛雅文化出现了异变。

干旱地区的玛雅人,生存的第一问题是水。所以,辉煌的奇布查城就建在两个大型石灰岩蓄水坑边上,这两口天然井也就成了玛雅人的"圣井"。奇布查若逐字转译,即是"伊察人的井口"。人们最担心的就是天不下雨,于是,玛雅宗教史上一个重要的新现象出现了——雨神恰克(Chac)日益受到崇奉,地位大有凌驾第一大神天神伊扎姆纳(Itzamna)之势。这就好比中国常为祈雨操心的古代农民变得不敬玉皇大帝、专奉龙王爷一样。我们固然可以把这些变化归之于来自墨西哥托尔特克人的影响,但是不可否认,缺水问题才是导致上述宗教变化的根本原因。正

◆ 奇布查天然蓄水穴井

是因为玛雅人对雨神的崇拜（实则是对水源的渴求）极为虔诚，才使得他们的献祭活动愈演愈烈，献祭的规格越来越高，最后竟出现了血淋淋的人祭。退一步说，即使人祭活动确系舶来品，那么其"发扬光大"也与对水的迫切渴求有关。

玛雅祭司们的主要工作从后古典期开始也变成了求雨，这种情况直到20世纪70年代末还曾有来访者目击——小村子里一位年届八旬的老祭司主持祈雨迎神活动，向恰克祈祷："啊！云，我恳求您马上来临，带给我们生命。雨神恰克啊，我奉献面饼和肉食给您……我对您的请求是给农民以生命，下雨吧，在他们劳动的地方，重新给他们生命吧！"

2. 血腥人祭

玛雅人为各种各样世俗的愿望寻找超自然的帮助。为了人神之间的这种"等价交换"关系，无论个人还是整个部落都发展出一套适合需要的仪式。通常每个仪式都要经过六个阶段：（1）先行斋戒的节欲，包括主祭祭司和祭者禁忌性生活，这是精神上洁净的象征；（2）预先通过祭司占卜来择定吉日——玛雅观念中每一日都有特定的神灵专门掌管；（3）先行驱逐参加仪式礼拜者中的邪恶精灵；（4）对着崇拜物焚香；（5）祈祷，向神灵提出要求；等到开列完"货单"之后，就该轮到"支付货款了"，于是第（6）项就是献祭。献祭中最为虔诚的做法，自然少不了用鲜血。牺牲流出的血涂在神灵偶像的脸上，这个恶习常常使得祭司

四　与神在一起

们污臭不堪,因为他们自己也涂血,以至他们的头发常因凝血而板结,乱蓬蓬地像令人恶心的臭拖把。

为了讨好神灵,玛雅人会选择献上烟草、果子、蜂蜜、鱼肉、羽毛、兽皮、贝雕、玉器等,有时也献上活的动物,甚至用活人血祭。至于

◆ 墨西哥阿兹特克人的人祭(〔奥〕弗洛伊德:《图腾与禁忌》第225页,文良文化译,中央编译出版社2015年版)

献什么,往往与他们愿望的紧迫程度有直接关系。若是为了治病疗患、解决麻烦、打猎收获之类的事情,那么献上一点食物、饰品也就可以了。若是为了请神灵关照大事,如洪水、瘟疫、蝗灾(频繁发生)、饥荒等等,那么就要不惜流血了。尤其是向雨神祈雨的时候,更是非以人牲献祭不可。

玛雅人的血腥祭仪似乎可以分成两种类型:一是自虐,一是行凶。

自虐型的仪典是在虔诚的气氛中进行的。除了有一般的供品奉献给神灵之外,善男信女们还会把血液奉献出来。他们用石刀或动物骨头、贝壳、荆棘等锋利尖锐的东西,给自己放血。割破的部位遍及全身,因人而异,有时是额头、鼻子、嘴唇、耳朵,

有时是脖子、胸口、手臂、大腿、小腿,直到脚背,甚至还割破阴部取血。

以自我伤残的方式来敬神,就像孩子以自虐的方式来表明对父亲的服从,而且"不劳大人动手"。玛雅人著名的神话《玉米神》中,就反映了各部族竞相向神灵表示最高虔诚的景象。在玛雅人看来,比付出一般贡品更珍贵的,自然是付出自己的血肉。因此,自虐的痛苦就变成了虔诚的美德。他们对神灵这样说:"尊贵的托肖,请聆听我们的祈祷,明视我们的供奉吧!我们给您奉献这些微薄的贡品,虽不足以弥补我们的过失和由于贫乏造成的疏忽,但这是我们饲养的动物的血,这是我们脚上的厚茧下的血。请收下我们的心意,用温和谅解的目光瞧我们一眼吧!"

◆ 用于盛放献祭时被挖出的心脏的美洲虎形献祭皿(〔奥〕弗洛伊德:《图腾与禁忌》第227页,文良文化译,中央编译出版社2015年版)

当神灵满意地答复他们,并给予"为那些不信神的不幸的人们,你们哭吧!而你们却不会死去"的神谕之后,这个部族便开始了掠杀其他部族的勾当。于是,虐杀其他"不信神"的人,也就成了敬神的表现。

凶杀型的仪典,据说是源于这样一个信仰:如果不用人的

四　与神在一起

心脏持续不断地供奉神祇，那么这些神祇就会丧失保持现有宇宙秩序的能力。作为牺牲的人，先是被涂成蓝色，头上戴一尖顶的头饰，然后在庙宇前的广场或金字塔之巅受死。他被仰面放倒在地，身子下面是突起的祭坛祭案，这样使得他胸腹隆起而头和四肢下垂，以便于开膛剖胸的"手术"。四个祭司也被涂成了蓝色，分别抓住他的四肢，尽量把他的身体拉直。刽子手是祭仪主角，他准确地在牺牲者的左胸肋骨处下刀，从伤口伸进手去，拉出跳动的心脏放在盘子里，交给主持仪式的大祭司。后者则以娴熟的手法，把心脏上的鲜血涂在神灵偶像上面。如果是在金字塔顶巅进行祭仪，那么牺牲的尸体就会被踢下，沿着台阶滚落到金字塔脚下。职位较低的祭司就把尸体的皮剥下，不过手脚的部分除外。而主持祭仪的大祭司则郑重其事地脱下自己的长袍，钻到血淋淋的人皮中，与旁观者们一道煞有介事地舞蹈。要是这位被杀的牺牲者

◆"杀婴献祭"石雕（叶远：《天机》第二部第226页，中华工商联出版社2015年版）

生前恰好是位勇猛的武士，那么，他的尸体会被切开来分给贵族和群众吃，手脚则归祭司享用。假如牺牲是个俘虏，那么他的几根残骨会被那个抓获他的人留下，以纪念战功。

献祭仪式具有潜移默化的教育功能。杀人献神活动除了隐含教人服从、敬畏、认同等意义之外，主要是教人敢于战斗、敢于死亡，甚至还象征性地让人宣泄杀人的欲望，获得替代的满足。

当征服中美洲的西班牙人看到人祭的场景时，非常惊恐。公元前206年迦太基迦南人的统治结束之后，这种仪式在西班牙便不再流行。尽管西班牙人在战争中仍然继续屠杀自己的同胞，并且处死宗教异端，但血淋淋的人祭还是给了欧洲人蔑视玛雅人最好的理由。

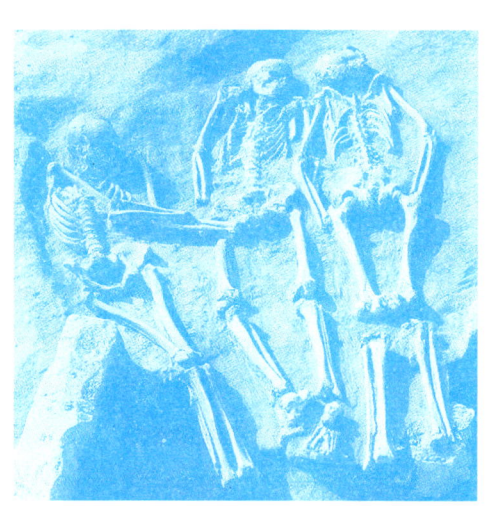

◆ 史前遗骨的昭示：古代欧洲曾拿活人献祭（〔奥〕弗洛伊德：《图腾与禁忌》第226页，文良文化译，中央编译出版社2015年版）

我们今天看人祭这一仪式，也会本能地感到厌恶，这是人类历史上最血腥、最不可思议的事。人类学家研究证明，这一风俗的历史相当久远，也相当普遍，许多民族都曾流行这种做法。《圣经·旧约》告诉我们，犹太人就曾经这样来取悦上帝，而且是拿亲生长子做牺牲

四　与神在一起

来表示最高的虔诚。虽然这个血腥的牺牲品后来由可怜的羔羊来替代，虽然犹太人的"割礼"被解释为"上帝的选民"的特殊身份标记，但是文化人类学家和精神分析学家都清楚个中的奥秘。我们是不是不应让玛雅人单独来承担血腥凶残的恶名，而平心静气地把这看作各民族共同经历过的不可避免的荒唐呢？

不过，有一种为玛雅血腥人祭仪式辩护的说法，认为古玛雅的古典时期几乎没有人祭，那时雕刻中的温和形象就体现了他们和平主义的宗旨。人祭是由后古典时期从墨西哥入侵的托尔特克人带来的，因此公元10世纪之后，原本庄重的玛雅信仰也变得卑琐起来。考古学上证明了这一点，10世纪之前玛雅宗教并没有发生变异，变化是野蛮的征服者造成的，尽管后来征服者与被征服者同化了。16世纪西班牙人根据当时的传说，也证实了这一点。这让我们想到，玛雅人在其和平发展的黄金时代里，如果没有外部的威胁，也就不需要尚勇尚武的习俗了。事实上，10世纪以后频繁的战事，才促使他们感觉到"嗜血"的必要，才使他们非要用血与火的洗礼来保证民族生存发展的竞争活力不可。受玛雅文化影响很大的阿兹特克人，有一绝妙的事例：他们甚至与临近部落专门缔约，定期重开战端，不为别的，只为了捕获俘虏，以用作人祭的牺牲。

这真是形同儿戏！而玛雅人的"儿戏"则更加形式化。有的学者推测，他们之所以建造"球场"，就是要用球赛的胜负决出人祭牺牲的对象。下面，我们就对这一"趣闻"予以详细的介绍。

玛雅传说与人类未来　The mayan Prophecies

◆ 刻画宗教蹴球比赛的浮雕。这种蹴球比赛，最早源自奥尔梅克文明。规则是参赛者用手肘、腰部或膝盖，把硬质橡胶球顶入立于球场墙上的石环中。整个比赛可能持续几天。失败者（有些地区是获胜者）将被活祭。（〔奥〕弗洛伊德：《图腾与禁忌》第228页，文良文化译，中央编译出版社2015年版）

　　篮球是现今大众参与度极高的一项运动，可能你想不到，这一运动的原型，乃是发源于美洲印第安地区的一种球戏。更确切地说，是玛雅人的一种球戏：一面高墙上有个环形石洞垂直于地面，也垂直于墙体，赛球者要把球击进圆环，这无疑已经具有了现代篮球运动的雏形。

◆ 玛雅球场遗址

四 与神在一起

奇布查（Chichen-Itza）的球场就是一个典型例子。它坐落在一个大广场的东端，本身是个"1"型的封闭广场。它是中美洲各遗址中最大的一个球场，比现在一般的田径场略窄长些，长度为150米左右，两头各有一座庙宇。两条高高的平台挤出中间的比赛场地，平台靠场地建成两面高墙，墙上有环形球洞。临近广场的平台上建有一个神庙，平台底层向广场的位置开了一个外伸的暗室，另一个平台的墙面上则绘有球赛的场面和输家被推上神庙做人祭的场景。

在玛雅文化区的其他一些城市遗址，也大都有类似的球场被发现，但规模都比奇布查球场小得多。后期的一些场地在形式上出现了一种变化：原来直立的边墙改成了斜坡，宽度大约与中间

◆ 玛雅球场上的玉佩状"球框"

场地宽度相等；环形球洞不见了，变成两边各三个鹦鹉头形的标记。据说，球仍然是生橡胶制的，重5斤左右，但不能用手或脚触球，而只能用膝部和臀部顶撞球。

所有球场都建在神庙旁边或干脆与神庙融为一体，可见宗教性的目的始终是存在的。在没有领土、食物、配偶等利害冲突的时候，人为地制造战争的象征物，规定一种毫无道理的游戏规则，制造冲突，这大概真是只有人类才想得出来的一种残酷的文化。

据另一种说法，球赛往往只起一种安慰作用，也就是不做人祭的一方故意输球给对方，让对方象征性地战胜自己，以胜利者的姿态光荣地登上神庙受死。

3. 克星西班牙人

迷信总是和人类对天文、地理、数理、人文的最初探讨和最初智慧携手而来。早期人类对它们深信不疑，把它们视为同其他生活常识、自然知识一样是对人们生存非常重要的经验，并认真遵行，代代相传。

玛雅人的迷信（不可确证的坚信、执迷不悟）也集中在这些方面。比如梦，如果一个人梦到自己遭受拔牙之类的剧痛，那么就预示着他的一个近亲快死了；如果梦中的痛楚较轻，那么将死的是他的一位远亲。梦到红色的土豆，预示着婴儿的死亡；梦到黑牛冲进家里或者梦中摔碎水罐，都预示着家人的故去。现代精

四 与神在一起

神病学认为,梦确实有预警征兆的功用,现代医学还发现梦是人类生理系统的警示器。不过,即便用这样堂皇的"学术理由",也只能模糊地解释梦中痛楚的预告作用,而红土豆、大黑牛还是太具有玛雅的地方色彩了,域外人是无法接受其普遍适应性的,只好认定为迷信。

玛雅人的婚姻迷信,在外人看来就很有意思,这主要着眼于房间里最不起眼的扫帚上。据称,扫帚扫过男孩的脚,会使他娶进一个老年的妻子;扫帚扫过女孩的脚,则会让她嫁个老头。可以想象,玛雅人的妈妈们打扫房间时,一定不会任由她那些大大小小的孩子们在屋里捣乱。另外,还有一些一般的征兆,仿佛中国老黄历里的"宜"与"不宜"。比如看到蜻蜓飞进屋,蝴蝶高飞,都表示有客来到。玛雅历中20天一个月,不同的日子都有吉日凶辰之分。平常玛雅人看到红眼睛的绿蛇、大得出奇或小得出奇的鸡蛋,听到猫头鹰叫,都认为是凶兆。每家每户门前都会放上些装食物的葫芦,家里几口人,门前就放几个葫芦,以祛病消灾。

再如命运。玛雅人认为如果把火柴掉地上了,火柴仍能继续烧,就是个好运的兆头;假如火柴掉下后能一直烧完,那就表明

◆ 玛雅被缚者石雕像

当事人一定长寿。打猎人如果把打到的鹿的鹿头、鹿肝或鹿肚卖掉，就必定会在日后遭厄运。由此还引申出一些诅咒他人的恶毒办法，比如想害某个猎户交厄运，只需向他买些鹿肉，再把骨头扔进井里即可。

关于天气的许多征兆，则介于迷信与科学之间。比如，燕子低飞有雨，高飞则放晴。玉米叶薄预示冬天较暖和，叶厚预示寒冬。玛雅人还把蝉看作非常重要的天气预报专家，根据它的活动来确定一年中最重要的烧田活动。这些做法和说法，和中国古代流传久远的农事谚语一样，其中确有人类经验智慧的结晶。在人类掌握一定生态学规律的今天，这些都是可以理解并接受其"可证"性的，但就在不久之前，还曾被斥为伪科学一类而遭到嗤笑。

同样，对于玛雅人留下的文字、数算、历法、建筑、天文等成就，我们现在称之为灿烂文明、早熟智慧；而对于他们留下的释梦、释兆、释生死、释命运的说法、做法，我们则以文化缺点甚至冠之以"迷信"来介绍。当我们在用我们的真理标准、真知标准去衡量一个过往民族对生活、对自然的思考和解释时，任何鄙视都是浅薄的。对待这些，最恰当的方式，应是设身处地地予

◆ 玛雅骨雕刻画（出土于玛雅古城蒂卡尔）

四 与神在一起

以同情地了解。

玛雅人的天堂，位于十三层天之上，人的想象力所能达到的所有幸福美好事物，全都会聚在这个玛雅人的天国。能够一步登天的那些人包括：自杀者，战死的武士，做人祭牺牲的人，难产而死的妇女和祭司们。

这份值得玩味的名单，实在让人费解。要说直接与天神交接并作为"天国"在人间的特命全权大使的祭司，可以直接返回天堂述职，这还比较好理解；做人祭的牺牲者可以进入天堂，也在情理之中，因为他们原本就是"邮寄"给天国神灵的礼物，总要让神灵们在天国签收吧？但是特意把难产而死的妇女放在"大使"和"邮件"中间，却出乎人的意料。细细想来，却也在情理之中。妇女生孩子虽是自然规律，但造物主并没有让这件自然而然的事情万无一失。在现代医学科学昌明之前，妇女难产死亡率是相当高的。玛雅人为了复制自身、传承文化，不能不把发给祭司、贵族的"天国护照"也爽快地发给生孩子的妇女。这种天堂之旅，在我们看来是无稽之谈，而对玛雅人来说却好像真的是什么实惠的许诺一样了。

另外，战死的武士有资格进入天堂，这也不成什么问题，因为武士集团就是社会政治的特权阶层，他们是大大小小的贵族。让战死的武士得到荣耀，那显然是为了激励士气，培养为了民族利益不惜捐躯的尚武精神。让作为献祭牺牲的人死后进天堂，则是祭司们为了他们草菅人命的陋俗延续而进行的"欺骗"。倒是自残自杀者排在了这些人前面，真是匪夷所思。

16世纪初西班牙主教兰达在他的题为《尤卡坦见闻》的书中写下过这样一段话:"他们(玛雅人)说那些上吊自杀的人会升入他们的天堂,并且把这当作完全理所当然的事情;这样就有许多人因为悲伤、麻烦或疾病等微不足道的原因而上吊,以此来摆脱这些事情而进入天堂安息,天堂里有他们所说的名叫伊希塔布的上吊女神会来使他们重新苏醒。"

天主教是坚决反对自杀的,因为人无权杀死自己这个由上帝创造的生命作品。于是兰达主教用不以为然的口吻把悲伤、麻烦和疾病说成是"微不足道的原因",实际上我们应该把悲伤改成"悲恸欲绝",把"麻烦"改成"病入膏肓"或"不治之症"。撇开西方教义的偏见来看玛雅人的自杀原因,可能就得把"微不足道"改为"难以忍受"了。因为难以忍受的原因而走上绝路,虽不能说理所当然,但也至少是可以理解和体谅的。玛雅人具有先知先觉的明智和大彻大悟的同情,他们为那些不得不自寻短见者的灵魂,安排了欣慰的乐园,这一点无疑是很人性化的。

宗教是玛雅文明的一个重要支撑点,但是,在玛雅文明面临欧洲入侵者挑战的紧要关头,玛雅宗教却更多地起到了"麻醉人民的毒剂"的作用。

玛雅神系中,天神、雨神、月神、战神等几位座次最靠前的大神都长着欧洲人所特有的长长的鹰钩鼻。要说这是对玛雅人略带点儿突出的鼻尖的写实描绘,实在讲不通,毕竟玛雅人是蒙古人种印第安民族。这种欧洲式的鼻子的来源,其实只是一种夸张

四　与神在一起

罢了，其目的只是为了体现神不同于人的异性。不料有一天真有一些高鼻子的白人打上门来，这就足以令玛雅祭司惊讶了。

玛雅人的近邻阿兹特克人就相信，来犯的西班牙人乃是归来的羽蛇神。在他们的宗教传说中，好战的神德兹卡却波卡用诡计驱逐了慈善的羽蛇神。当羽蛇神含恨而去时，曾经发誓要返回，夺回失去的王位和权力，重新保佑他的子民。这就像基督教所宣称的，上帝总有一天会降临人世来作末日的审判一样：恶有恶报，善有善报。阿兹特克人的君主蒙特祖玛二世（Montezuma Ⅱ）作为好战之神德兹卡却波卡的现世代表，相

◆ 西班牙人和当地土著歃血为盟纪念雕塑

信自己迟早会被羽蛇神罢黜。当西班牙人占领了邻近的西印度群岛以后,那些"白脸、蓄须、身着五彩服装"的人的传闻就变得近在咫尺了。巨大的恐惧占据了蒙特祖玛二世的心灵,最终完全左右了他的行为。后来的故事我们很清楚,蒙特祖玛二世完全被宿命的恐惧压倒,开门揖盗,数十万战士不做任何抵抗,乖乖地成为柯尔特斯的俘虏。

尽管这个故事不是发生在玛雅人身上,但也不无可借鉴之处。特别是上文提到了西班牙人"蓄须",这胡须也许和鹰钩鼻一样不可小觑。一般情况下,玛雅人没一个是多毛的,男人要么是一根髭须都没有,要么是极为稀疏。玛雅母亲们用热布烫孩子的脸颊,甚至用诸如镊子之类的小工具来把稀少的毛发连根拔除。虽然这一做法很普遍,但是从古典期的雕刻和彩陶上看,还是有人蓄留山羊胡须的。这表明,现在的风俗只是下层阶层的情况,浮雕上蓄须的形象却限于上层人士或者神祇。这样一来,胡须颇浓的欧洲来客就显得越发天然地高人一等了。

对神灵的信仰,对祭司预言能力的迷信,这些都曾是整合玛雅社会的有效文化手段。然而,当西班牙人把屠刀架在他们的头上时,卡克奇克尔部落(Cakchiquel)却还在向祭司乞灵。祭司们预言,雷电会击死敌人,只要在雷雨天到河对岸去,就会看到雷电惩罚邪恶者。祭司的话给了他们极大的安慰,也让他们失去了警惕,最终被西班牙殖民者击败。不得已,玛雅人只得仓皇败逃,躲进山林。说到底,这不是临场失去警惕的问题,而是预先就丧失了自信、自救的能力,被迷信所误。

四　与神在一起

在另一场大战中，殖民军只有 120 名骑兵、300 名步兵，战马 173 匹，大炮 4 门，另外还有一些已归顺的特拉斯卡拉和乔卢拉人，与之对阵的是 7 万玛雅大军。玛雅人兵力不少，却遭到惨败。他们被诱骗到平原开阔地带，这是便于骑兵驰骋、火器施展的地形。玛雅人缺乏近代军事知识，这情有可原，但他们的神灵崇拜观念最终将他们推向了深渊。他们没见过火炮，甚至对骡马也一无所知。炮火轰鸣自然地被看成天神施威，骑兵也被当成半人半马的天兵天将。按理说 1523 年时西方的所谓军事优势也有限得很，西班牙人还是以使用长矛刀剑为主，枪弹则是直到 16 世纪后半叶才发明的，17 世纪才发明把弹丸与火药结合起来的办法。殖民军的火器只是前装式滑膛枪，这种鸟铳一样的火绳枪，装弹时要先咬掉纸弹壳的底盖，然后向药池内倒少许火药，再把余下的由枪筒口倒入，最后推入弹丸和纸壳，真是不胜其烦。不仅如此，保存下来的史料表明，即便是很原始的火绳枪，殖民军也没有几支。

这就给我们头脑中先入为主、笼而统之的印象提出了挑战。玛雅人并不仅仅败于军事技术上不如人，实际上，他们更多的是败在了心理和文化上。

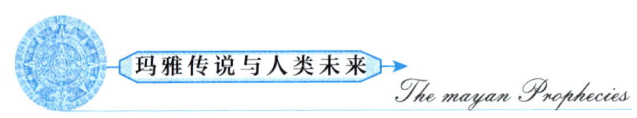

五、神话和传说

1. 玛雅人的神谱

玛雅神话认为世界经历了几个时代,每个时代皆因洪水泛滥而结束,今世亦将如此。起初世界处于黑暗之中,以后神创造了日月,用泥土造人。世界共有十三重天与九层地,大地依存于巨鳄的背上。时间是玛雅人宇宙观的一个重要的组成部分,他们认为时间就是神。对于人死后之事,看法则因地区而异。尤卡坦等地的奎克人认为人死后将下到九层地狱,而拉堪顿斯人则相信人死后可以永远生活在地球之上的一个无忧无虑的富足之处。众多神灵中主要有雨神恰克及玉米神尤姆·卡克斯,还有蟾蜍形的地母神、北方死神、身穿珠裙的南方女神、东方神库库尔坎和战神等。最高神灵是天神伊特萨姆纳,为祭司的保护神,也是文字和科学的创造者。祭祀活动择吉日举行,礼仪隆重,献祭者要先禁食禁欲。通常的礼仪是焚香、献巴克(用蜂蜜与一种树皮酿制的饮料)、耳舌放血、献祭动物及献舞,以活人献祭只是到后期才盛行。祭司为世袭制,居住在祭祀中心,分管献祭、解释经书并

五　神话和传说

预告未来等。各省皆有祭司学校，由高级祭司教授历史、占卜及凿刻文字等知识。当时玛雅宗教的体制、仪式与组织都已相当完备，并有复杂的神学。宗教渗透到整个社会与政治生活中，支配着玛雅文明的各个方面。16 世纪 20 年代西班牙入侵之后，天主教的礼仪、信仰又与传统的玛雅宗教融为一体。

由于人们需求的多样性，也就使得神灵变得五花八门。玛雅各种级别、各种法力的神灵多如牛毛，几乎每一个事物都有它自己的神灵。当然，在这庞大的神族里，最有力量、最常被人祈求的神灵并不太多，只有十来个神参与大多数的崇拜仪式，而其他神灵只限于在特殊的场合或为特殊的需要才被求助。

◆ 墨西哥阿兹特克人的"艾克索科特尔"礼。这种仪式在每年的 10 月份举行。手拉手的是战俘，身上有一条缠腰和一件纸衣。他们夜里跳舞，到了早晨就作为人牲葬身火堆，以祭祀佩那尔神（1521 年《鲍尔勃尼库斯古抄本》插图）

玉米神族

① 尤姆·卡克斯（Yum Kaax）：众神之王，4位神分别创造了水、土地、天空和天堂。在中央，玉米神尤姆卡什自封为王。

② 天神沃拉冈。

③ 地神古柯曼提斯。

④ 水神图佩乌。

⑤ 火神托肖：安克比特斯山部落的守护神。

⑥ 狩猎神扎马尔冈：形如吸血蝙蝠，尖利发亮的爪子像鹰鹫那样弯曲有力；耳朵被啮鼠咬过，雪白的牙齿长而锋利。

◆ 被学界认定的"谷神下凡巡游图"

卡门普斯神族

① 众神之王柯穆·卡门普斯。

② 智神斯凯尔：离雅赛姆河谷不远处克拉玛特沼泽地王国的众神之长，他及他的属下都是善神。

五 神话和传说

③ 怒神劳:居住在劳拉那山顶的圣湖上,统治着那里的众神。他在与智神斯凯尔的战斗中身亡,是恶神。

④ 大力神拉克:劳拉那山众神之一,圣湖的守护者。

兽神族

① 鹰神:居住在天穹的圣树上。

② 守护神郊狼柯帝。

③ 侍神乌鸦。

④ 神猴祖珂。

⑤ 海猪克鲁格。

⑥ 美洲豹阿杜格。

伊特萨姆纳神族

从存世的玛雅经卷来看,伊特萨姆纳神族构成了玛雅神系的主干,他们的地位显赫无比。该神族主要神祇如下:

① 创始神乌纳布(乌纳布库):玛雅人认为它是世界的创造者。但是,在玛雅人的思想中,这个神并不起多大的作用。也许是太遥远太抽象了,他对人们的生活无甚影响。

② 天神伊扎姆纳(Itzamna):在玛雅人信奉的神中,龙形的伊特萨姆纳地位最高,他是玛雅众神之首,是"天堂之主",他领导着其他各种神。他的人形形象似乎是位上了年纪的男性,没有牙齿,脸为古铜色,长着引人注目的罗马式的鼻子,间或有些胡须。玛雅建筑浮雕上,或者单刻他的头,或者专刻他所代表的

那个日期的符号（Ahau），代表着主宰。他是 Ahau 这一天的保护神，这一天是 20 天周期最重要的一天。他是昼夜的主宰，太阳神（Kinich Ahau）可能只是他的一个表象。他是玛雅文字的发明者，也是尤卡坦各地命名并划分区域的最高祭司。这听起来颇像中国神话中"禹平水土，主名山川"（《尚书·吕刑》）或"芒芒禹迹，画为九州"（《左传·襄公四年》）的那个或巫或王的大禹。伊扎姆纳还是历法和编年方法的发明者。另外，由于他常常对付灾荒病害，故而也以药神的面目出现。总之，他对待人们是非常友善的，像是位慈爱的父亲，玛雅人需要他在天上照看自己。

③雨神恰克（Chac）：恰克是一位后来居上的保护神，他大约是后古典时期从墨西哥中部"移民"来的。他的形象颇为特别，长着安徒生童话人物匹诺曹说谎以后那样的尖长鼻子，弯曲的长獠牙一前一后伸出来，头饰是打结的箍带。他的名符是一只眼睛，边上一正一反的空心"T"形，既代表眼泪，也代表雨水和丰饶。他是 Ik 这一天的保护神，同时也是风神、雷电神、丰产神、农业神。他不仅代表着生长，甚至直接代表了玉米地。那个从东南西北四个方向红黄黑白四个大缸里取水行雨的善神就是他。由于与玛雅人的农业生产息息相关，他受到的祭拜最多，在存世经卷里有 218 次出现了他的名字。

④玉米神尤姆·卡克斯（Yum Kaax）：玉米神在玛雅人的崇拜偶像中是第三重要的神，他象征着生命、繁荣和富足，是个善神。他的形象年轻清秀，通常用玉米做头饰。他是个勤俭的

神，有时又是森林之神。他有不少敌人，这大概是玉米生长时常遭遇自然灾害的实际情况在观念中的反映。这位谷神头饰有不少变体，他出现的场合也千变万化，和雨神在一起时象征着受到庇护，而与死神同在时斗争一定很激烈。

⑤死神阿·普切（Ah Puch）：他的形象比较可怕：骷髅头，无肉的肋骨，多刺的脊柱。假如他穿上衣服，则用黑圈圈来代表腐烂。他的头上颈上系着金质小铃铛，不知是何用意。他的名符有二：一是闭目的头像，象征死亡；另一个是没有下颚的形象以及用来杀牺牲的刀。他的保护日是Cimi；他是第九层地狱的主宰，一个十足的坏神。他总和战神、人牲的符号一同出现，或者与猫头鹰等被认为是与罪恶凶兆为伴。他在病人房前徘徊，为的是猎获那些可怜的人。

⑥北极星神夏曼·艾克（Xaman Ek）：他的鼻子形状扁平，名符就是他的头像，颇似猴头。他被视为商旅的指南（实际是指北）。无疑这是一位好神，玛雅历的Chuen日归他保佑。

⑦黑战神艾克·曲瓦（Ek Chuah）：他是黑色形象，相貌有时长得像北极星，下唇肥大下垂，嘴外圈总是红棕色。他的名符具有两重性：作为恶神，他手持利矛，在洪水灾难和残酷战斗、杀俘活动中出现；作为好神，他像个背着货物游走各地的商人，大约古代玛雅贸易是武装贩运。他保护着可可的种植，为他举行的仪式在Muan月份。

⑧战神乌拉坎（Huracan）：玛雅人认为他是战争、暴死、人祭三位一体的神祇，他当然总是与死神有关。他的眼眶边有

黑线，一直伸到脸颊。他的名符是头像，前边的符号是玛雅数字11。他的保护日是 Manik，标志是握紧的手，代表抓获了战俘或献祭的人牲。在那些临祭场面中，他与死神一同出现。作为战争之神，他一手执火炬烧房子，一手用剑拆房子。

⑨ 风神：即著名的羽毛蛇神，他可能就是玛雅—墨西哥著名的文化英雄库库尔坎（Kukulcan），一般被描绘为长满羽毛的蛇的形象。他在后古典时期出现，是一个部族强人被神话化的结果。他与雨神一同出现，为雨神扫清道路。这个好神庇护玛雅历的 Muluc 日。

⑩ 月亮女神伊希切尔（Ixchel）：她同时还是一位主管水灾、纺织和怀孕的女神。这是一个怒气冲冲的老太婆，她的小瓶子里盛满洪水，她一发怒，就对人类进行惩罚，向大地倾倒，我们从大地为水灾所淹没的图中可见其威力。但她也有善的一面，作为天神伊扎姆纳的配偶，她代表月亮。太阳神、月亮神正好匹配。从她掌管纺织一事看，她又是创造发明神。她被画得充满敌意，头上有一条扭曲盘绕的毒蛇；她的裙衩上有交叉骨头的恐怖图案；她的手和脚又像凶猛动物的利爪，所以她又被称为"虎爪老妪"。

⑪ 自杀女神伊希塔布（Ixtab）：她的性别特征极为鲜明，夸张地描绘了她的胸乳。她的双眼紧闭，意味着死亡；脸颊上的黑点，代表着腐烂。尸身死亡了，但她的灵魂却被天堂上垂下来的绞索接走了。

五　神话和传说

神的创造物

① 第一批创造物：天地和树木

众神说道："第一创造物已经大功告成了，在我们的眼前，一切都如图画一般美好。仅有树木孤苦伶仃地生长，和自己形影相伴，未免太冷清死板了些，应该给它们配上能自己走动的园丁和仆人。"

② 第二批创造物：动物

众神说道："这声音太难听，样子太难看，智慧太低下，必须加以弥补。你们将过不同的生活，吃不同的食物，无法和睦相处，而应彼此防范，担心仇恨和饥饿；你们要寻觅地方隐藏你们的笨拙和恐惧，你们将要这样做，否则将被其他种群所吞噬。你们还要知道，既然你们不会说话，也意识不到我们是谁，又没有理解的表示，你们的肉将被宰割，被吃掉，你们之间自相残杀，自相为饵，毫不留情。这是你们各凭本能、各安天命的出路，再也公正不过，所以我们要这样命令你们。

"你，牲畜！你，动物！将在河里饮水，在洞穴中睡觉，脑袋低垂并用四肢走路。在白天用你们的嘴巴找食物，用你们的背驮东西，对此不许有抵触，不许有反抗的表示，也不许有精疲力尽的样子。

"你，鸟儿！将栖息在树上，在空中飞翔，飞到云层里，掠过透明的天空，不必害怕跌落。

"你，鱼！将游动在江湖河海一切有水源的地方，不必怕淹死和沉没，但不能爬上岸，否则会死去。

"你们，就这样，尽全力去觅食和繁殖，你们的后代也将如此，它们将一丝不苟、准确无误地学会你们的本领，承袭你们的模样！"

③ 第三批创造物：泥人（第一代人类）

众神说道："不管怎样，你们将生活下去，你们活着，直到有更完善的人降临，取代你们。你们靠自己的双脚爬树，靠双手采摘成熟的果实谋生。在你们等待期间，要为生存、繁衍和改良你们的种群去斗争。我们将怎样才能造出高级的人来？他们会说、会听、会明白相互间说话的意思；懂得向我们祈求，知道我们是什么，知道我们自始至终是什么。"

④ 第四批创造物：木人（第二代人类）

他们在相互的交流中只是为了繁衍而繁衍；由于没有心脏，他们不懂得交流感情，不知道感激使他们得以降生的众神的恩惠。他们沿着森林和山脚下的开阔大道行走，在河床边转悠，只知采摘，不知播种。他们仿佛浪迹天涯、无所事事的被遗弃者。他们只知道为生存去消耗神所创下的一切，而不懂通过自己的双手去创造自己所需的一切，更谈不上去向神奉献。他们走路总是跌跌撞撞，摔倒后全身碎裂，永远也爬不起来。他们不知身由何来，身在哪里，又向何处去。他们总是跟着食物来源的多少而东游西荡，居无定所。经过了许多的时日，他们依旧只知呼唤神的名，而无法领会名字里的含义和尊严。他们在饥饿和身处绝境时，滥呼神的名，却从未把神和神的意志联系在一起。他们会讲话，也明白话中的意思，但总是词不达意，没有一丝一毫的

五　神话和传说

感情。另外，由于没有合理的心智、灵活的双腿和强有力的双手、有用的肚子，结果使这些成为自己的累赘。他们的刻板和自私自利的模式凑合起来，像机械一样生存繁衍了数代，苟且活了下来。他们命中注定无法超越以前被惩罚过的任何人种，冲着他们的迟缓、呆板和木然无情，就注定要与鬼物为邻。在他们还怀抱着求生的一线希望时，从天而降的大量尘埃，如同一只巨手在播弄着，猛烈而持续不断地落在他们身上，他们的生存希望变得很渺茫。后来，众神又使大地一片汪洋，奔涌的洪水流向各处，冲毁了河床、道路和森林，一直持续了数月之久，把一切都破坏殆尽。

⑤第五批创造物：新木人（第三代人类，后来变成了猴子）

众神用坦而特树造出男人，用埃斯布达尼亚树造出了女人。但这些都不合神的心意。为此，一只叫斯科特科巴的巨鸟飞驰而过，啄出了那些人的眼珠。接着，一只叫科特斯巴兰的猫抓破他们的躯体，撕裂他们的血管，捏碎他们的骨头，直至把他们弄得稀巴烂为止。另一些猛兽也随即赶来，在他们的尸体上施以强暴。紧接着，天昏地暗和惊恐的景象使大地一片黯然失色，如同一块肮脏的大黑抹布笼罩在一切被创造的物上。

那些自私自利、从无感恩之心的人们听到如此众多的噩耗时，惊恐万状、屁滚尿流，拼命往人堆中挤着、逃着，如同逃避瘟疫一般。他们惊慌失措，自相践踏：爬上屋顶，屋顶坍塌；爬上树顶，树枝折断；钻进洞穴，洞穴土崩瓦解。虽然无人摔伤、无人骨折，也无人流血，但莫名的恐惧和绝望使他们自相残杀，最终同归于尽。只有很少未遭劫难者，也被吓得没了记忆，忘记了语言，而作为他们心地纯朴的纪念，都变成了猴子。猴子们边走边发出欢闹声，溜进深山老林中去了。从此，猴子成为玛雅基切人土地上唯一令人回忆起原始人类形状的动物了。当然，人们也不会忘却它们的灾祸起源于它们对神的漠视和自私，它们的存活是因为它们心中残留的纯朴与天真。

⑥ 第六批创造物：玉米人（第四代人类）

众神用黄色和白色的玉米面团造就了新人的血肉，铸造了人的个性。然后用芦苇做成骨骼安放在血肉里，使之焕发出旺盛的精力。正好不多不少，四个有理智的人就这样被创造出来了。他们的身体皮肉完好无缺，四肢灵敏，被赋予并显示出适当的活力。因为神的祝福，他们会思考、讲话、视听、感觉，可以触摸存在的东西和在其面前感到激动。他们所具有的灵性和才智，很快就显露出来了，因为从他们的眼神里果然流露出诚挚自然的感情。他们懂得和知道周围的世界；他们知道身由何来、身在何处、该往何处去；他们知道众神创造了这一切并流露出感激和敬畏；他们知道怜情惜物；只要愿意，他们有能力看清尚未诞生，甚至连影子都没有的东西。

2. 诸神之战

与世界很多民族的神话一样，玛雅神话也有众神争斗的传说。在卡门普斯神族里，众神之王柯穆·卡门普斯是一切神祇的

五 神话和传说

创造者,他的两个得力助手——怒神劳和智神斯凯尔均是各霸一方的众神之长。

怒神劳居住在劳拉那山顶的圣湖上,统治着那里的众神,其中最为出类拔萃的是大力神拉克,他拥有一双无坚不摧、长而有力的巨臂,常年生活在深碧的湖水之中,看守圣湖。他一伸手就可以触摸到圣湖四周耸立的山岩,只要他愿意,可以把任何一位胆敢窥视圣湖者拖入湖底,变为他的点心。

劳山诸神经常变成各种猛禽恶兽出湖游玩。劳山北坡圣湖畔的巨谷附近,有一块平坦开阔的原野,那里就是他们游玩嬉戏的地方。

智神斯凯尔则是离雅赛姆河谷不远处克拉玛特沼泽地王国的众神之长,当他的属下众神想从泥沼中出来到陆地游逛时,就会变成诸如羚羊、驼鹿、狐狸、郊狼、秃鹰、山鹰、鸽子以及其他益兽伶禽的模样。

多少年来,毗邻的劳和斯凯尔都能和睦相处、相安无事,时常在劳山北坡的那块原野上玩耍。有一次,他们因智勇问题发生了一场纠纷。众神们也都争吵不休,打得死去活来。许多年过去,依然难分胜负。

经过无数次的战役,斯凯尔的克拉玛特沼泽王国终于无法抵御居高临下的怒神诸将的攻击,遭到灭顶之灾。斯凯尔被他的敌人挖出了心脏。陶醉在胜利的喜悦之中的劳及其众神决定在劳山举行盛大宴会和竞技赛。他们邀请各路神祇前来庆贺。斯凯尔的属下众神自然也不例外。欢庆日的那天,劳宣布竞技活动的第一项是赛球,这球就是从斯凯尔身上挖出的心脏。

斯凯尔的属下诸神心里都明白,只要将心脏放回他们首领的胸腔之中,他就会死而复生。于是,他们暗地里商议,要把斯凯尔的心脏夺回来,安放到他的胸腔里去。于是斯凯尔诸神就在山地各处躲了起来:驼鹿躲的地方离球赛现场最近,因为他最拿手的是跳跃;羚羊站在林子边,因为他的腿长,跑得最快。其他各兽都守在劳停放斯凯尔躯体不远的地方隐蔽起来。斯凯尔诸神以逸待劳,占据了整个山坡。

此刻,劳和他属下诸神围成了一个大圈,把斯凯尔的心脏抛来踢去。每当他们抛球的时候,斯凯尔诸神都要起哄,把赛球的劳的神们嘲弄一番。

"你们就没有本事抛得再高些吗?"狐狸每次都这样喊,"连小孩子都抛得比你们高。"

于是,劳的属下诸神一次比一次抛得更高,斯凯尔诸神仍然起哄,挑逗他们。

终于,劳抓住机会,把心球抢到手里了,随后他便使出浑身力气往上抛去。谁也没有他扔得高、抛得远,那颗心径直飞到游乐者的圆圈之外去了。

躲在近处的鹿等待的就是这个时机。他叼起斯凯尔的心脏,顺着山坡往下跑去。霎时间,劳的属下呼喊着向鹿追过去,他们哪里追得上这只飞毛腿的鹿呢?鹿跑累了之后,把心转交给等着他的羚羊,羚羊继续往前跑。劳和他的神祇穷追不舍,羚羊又把心交给郊狼。郊狼再传给秃鹰,秃鹰交给了山鹰,山鹰又交给了鸽子。鸽子带着心脏飞落到斯凯尔的躯体停放的地方，把心安放在他的胸腔之中。斯凯尔复活了，重新率领部属和劳开战。

当轻扬的鸽哨传到劳和他的神祇那里时，他们就停止追赶，回到山上的圣湖。斯凯尔率众尾随不舍，战事又重新开始了。在厮杀之中，劳战败身亡。斯凯尔诸神把劳的尸体抬到湖边那高耸的巨石上。为了不让劳死而复生，斯凯尔命令诸神把劳的尸体剁成碎块，然后扔给圣湖里的拉克及其精灵，还骗他们说：

"呶，这是斯凯尔的脚！"

"这是斯凯尔的手！"

尸体被一块块地扔进湖里，让拉克和他的精灵们美餐了一顿。

他就这样拯救了自己的生命，战胜了对手，并在大神柯穆·卡门普斯的帮助下，平息了拉克的愤怒。

劳的诸神祇得知湖里的那个头颅就是他们的首领劳之后，就再也没去动他。如今他还露在湖面上，后来的人们把它叫做柯尔东那岛。劳的幽灵仍然在那块高大的岩上，注视着湖面。有时候，当地面和水里的诸神都睡着了，劳就会跳入湖中，尽情地发泄着自己的怒气，拍击湖水，掀起巨浪。在狂风呼啸中，仍能听到他那悲愤的声音。

3. 黑狗变成一个漂亮姑娘

玛雅人的洪水神话与世界许多民族相似，这是很有意思的现象，不过玛雅神话也有自己的特点。

神话的主人公是伐木垦荒为业的玛雅小伙子，有一次，他发现前一天刚砍倒的大树隔天早晨又长得好好的，便心生不快。到了第五天，他决定再把这些树砍倒，看看会怎样。大树被砍倒之后，忽然从树桩中闪出一位手持拐杖的陌生老妇人。原来她就是大地女神，是她主宰着一切生物的生死。老妇人举起拐杖朝四周一指，小伙子刚刚砍倒的树木又活了过来。小伙子这才明白是谁让他白费力气，他生气地指责女神耽误他干活了，而大地女神却温和地告诉他："你不听我的忠告，干再多也没有用。五天后，将会有一场大洪水，洪水会把邪恶的人和兽类都淹死，世界上的一切都将重新开始，你必须赶快打造一个封盖严密的大木箱，到时候躲进去避难，你还得带上五粒玉米种子、五粒豆种、五根保存火种的松枝和一条黑狗。"

小伙子感激女神的关照，立刻去做准备。到了第五天，木箱终于做好了。他带着女神指定的东西钻进箱中，并在女神的帮助下把盖子盖严，还用树枝把所有缝隙都塞得严严实实，只留下一个小孔透气。狂风暴雨果然如期而至，洪水淹没了一切。女神乘坐在箱子上，一只鹦鹉落在她肩头上。大木箱顺着水先向南整整漂流了一年，接着又转向北方，第三年转向西方，第四年到了东方，第五年逆流而上。又过了一年，洪水才开始退去。这时，木箱子在一座山顶上停下了，小伙子小心翼翼地把盖子打开一看，四周依然是水乡泽国。只有鹦鹉及其伙伴用尖嘴啄出一块谷地。大水退后，低洼处成了湖泊，而陆地上则重又长出了树林和花草。

小伙子告别大地女神之后，决定开始伐木垦荒。他寄居在山洞里，那条黑狗与之相依相伴。白天当他外出干活时，黑狗就留在家中。晚上，小伙子回家来，发现豆饭和玉米饼都做好了，一连五天都是如此。小伙子很想知道究竟。第六天，他假装出去干活，随后转回来躲在洞外的树丛里，他看到黑狗把皮脱下来挂在一边，摇身一变，成了一个漂亮的姑娘。

趁姑娘蹲在一个石碾子旁边专心磨谷子之际，小伙子悄悄走过去一把抓起狗皮迅速投进了火堆里。姑娘惊呼："你把我的皮烧了！"接着就发出凄楚的哀鸣。小伙子给姑娘喂了一些稀粥，那是她用磨碎的豆子混合玉米做成的。姑娘逐渐安静下来，之后便安然入睡。此后她便和小伙子成了夫妻，并生下许多儿女，人类就这样重新繁衍兴旺起来。

从这个神话故事里，我们也了解了为什么玛雅人对狗有一种深厚的感情，他们的一些雕塑作品，也把狗当作孩子一样来表现。

4. 抢夺火种的接力赛

玛雅人传说，混沌初开时，人们还没有火种，只有在由恶灵斯可可姆守护的高山顶峰才有火。恶灵不肯把火种交给人类，他们害怕人类有了火就会变得比他们还强盛。所以人类只好过着茹毛饮血、饱受寒冷的生活。

郊狼柯帝对此十分同情，决心帮助人类得到火种。他走了很远的山路，来到山顶，看见三个凶恶的老巫婆正轮班看守着火种，防范严密，不好下手。他想，即使偷到火种，老巫婆奔走如飞地追上来，也很难逃脱。后来柯帝想出了一个办法，他下山召集兽人（玛雅神话中的兽，也有人的特征），说明计划，一一布置，然后各就各位，从恶灵守护的山顶一直到兽人的居所，排了一列长队。

柯帝重又爬上山顶，看火的老巫婆还以为他只是附近一只不起眼的小兽，因此未加理会。等到黎明时分，老巫婆起身去叫同伙来换班，柯帝乘机迅速飞快地来到火种旁，抓起一块燃烧的木头。三个老巫婆看见有人偷火种，立即追上来。她们边追边扔雪块想挡住柯帝的去路。柯帝越过重重冰障，一路飞奔，但还是被老巫婆追上了，他感到灼热的气息就在身后，一个老巫婆的爪子揪住了他的尾巴，尾巴顿时烤得焦黑。所以，郊狼柯帝的尾巴尖从此就是黑色的了。

柯帝被灼烤得喘不过气来，倒地不起。这时候，预先埋伏在一棵小云杉树后的美洲虎马上从暗处跃过来接过火种，反身穿过矮树丛，继续向山下跑去。中途又有狐狸过来接应，带着火种跑进了灌木丛。接着，松鼠抓起燃烧着的松树枝，在林中飞奔，由于风大火旺，松鼠的背上烙下了一些黑点，尾巴也被火烤得弯曲了。

凶恶的老巫婆仍然不依不饶，紧追不舍。她们打算在林子边缘截住松鼠，羚羊正在那里接应松鼠，这位飞毛腿接过火种，在平坦的草地上奔跑如飞。

就这样，百兽们薪火相传，合作接力。最后来到河边时，火种只剩下一点火炭了,等在岸边的幼蛙把炭火吞进腹中,迅速逃走。老巫婆一把揪住幼蛙的尾巴不放,幼蛙奋力一跃,尾巴挣断在巫婆手中,钻进深深的河水之中。等幼蛙从另一条河流浮出水面的时候,老巫婆再次追上了它。幼蛙已经游不动了,为救火种,他憋足一口气,奋力把腹中的火种喷到岸边松树上。大树立即把火种吞进肚里,巫婆们不知如何才能从大树身上取回火种,无计可施,只得愤愤不平地回去了。

郊狼柯帝却知道怎样从大树中取出火种,他给人们示范,用两根干木条互相摩擦,或钻动,直到火花把干松脂点燃。从此,人们燃起熊熊的篝火,火给人们带来了温暖和煮熟的美味。

5. 灵猴祖珂

玛雅人很欣赏机智,他们的文学中有不少这样的故事。灵猴祖珂就是一个类似伊索或者阿凡提那样的智者。在遥远的过去,祖珂和人类并没什么两样,他身上没毛,会划船,拿玉米当饭吃,在吊床上睡觉。印第安人正是从他那里学会了击石取火。有一则故事讲了祖珂如何羞辱美洲豹并智娶小鹿的。

美洲豹很想娶小牡鹿做他的老婆,于是跑到草原上去找她。祖珂也想娶小牡鹿,并且向她求婚。小牡鹿拒绝了,选择嫁给美洲豹。

"美洲豹是个啥玩意?"祖珂说,"他只不过是我的一匹备好鞍的马罢了!"

美洲豹来找小牡鹿的时候，他的未婚妻把祖珂的话一五一十全告诉了他，美洲豹气得快吐出血来："好个小蛮猴！我倒要让他瞧瞧，我是一匹怎样的马！"

猴子祖珂是一位出色的琴手和厨师，美洲豹结婚的那天怎么少得了他这样的佳宾呢？

"祖珂，来参加我的婚礼吧！"

祖珂拒绝了，理由是他身体不适，无论如何也不肯前往。美洲豹想尽办法要说服他。

"我本来想去的"，祖珂说，"可惜我没马。如果你肯驮着我，哪怕是在篱笆边就下来，我自个儿走进去也行。"

"好吧！"美洲豹同意了，"上来吧，我驮你去。"

祖珂爬到美洲豹的背上，动身上路了。没等走上几步，祖珂忽然栽倒在地上。

"你怎么啦？"美洲豹问道。

"没有鞍子，我有些不习惯，"祖珂说，"坐不舒服，就掉下来了。"

没办法，美洲豹只好同意备上鞍子。狡猾的祖珂在美洲豹的背上备好鞍子，却没绑肚带，没走多远，祖珂又从上面摔下来了。祖珂说，没有马刺走不了。美洲豹只好由着他，可不久祖珂第三次掉在了地上，说：

"没有嚼子，不好行走，算了还是不去了吧！"

美洲豹心想就全依着他吧。于是祖珂把美洲豹全付武装了起来，一步步往前赶路。快要走到小牡鹿家的篱笆旁时，美洲豹对猴子祖珂说：

"猴大哥，到地方了，下来吧！"

祖珂说，自己累得手脚都不能动弹了，求美洲貌再驮他一会儿。等美洲豹走到篱笆跟前时，祖珂用马刺猛戳他的肚皮，豹子痛得一蹦老远，差点儿没把小牡鹿的房子撞塌。这时，祖珂忙把彩带结在自己头上，在美洲豹的身上大叫：

"怎么样，新娘子，我说的没错吧？美洲豹是我的一只备好鞍的马！"于是，美洲豹羞容满面地逃进丛林里去了。

6. 悲情的故事

玛雅女性地位低下，在大量遗址文物中都几乎见不到她们的身影。然而有一个口传故事，却描绘了一位妇女的感情生活，尽管整个故事回荡着悲凉哀婉的旋律。

威名显赫的古塔维特住在穆伊斯卡城，他是当地印第安诸部落中最强大的首领。在他众多的妻妾当中，有一位是他最宠爱的，她不仅出身名门而且美艳绝伦。不过，由于他的过分宠信和骄纵，从未对她采取防范措施，结果她背叛丈夫的恩爱而与丈夫的一位亲信私通上了。

纸终究包不住火，不久，妻子不贞的流言四起，传到了古塔维特的耳中。他想尽了办法，终于把奸夫淫妇当场抓获。按照惯例，古特维塔处死了那个奸夫，可是对于他的爱妻，却没有加以惩罚。

自此以后，在所有印第安举行的各种集会上，都会唱上一首歌，述说古塔维特的妻子是如何背叛丈夫的。这首歌不仅在宫中，而且在他管辖的所有部族里都被广为传唱。部族的首领就这样教训所有的女人，并惩办对自己不贞的女人。

古塔维特以此来让自己那位不贞的妻子忍受着屈辱难堪的折磨，使她不得不下决心结束自己的生命。就在她生下女儿之后不久，她选择了一个适当的机会，悄悄地溜出宫廷，身边只带了一个贴身侍女，怀抱着女儿，一路往大湖的方向奔去。来到湖边，她把贴身侍女推落湖中，然后带着女儿投身入水。

当时，就连住在湖滨小屋的萨满都没有发现这事，直到听到落水声，巫师才从小屋奔到湖边，但已经晚了，救她已经不可能了。一位巫师立刻奔向宫中，报告此事。

听到这个不幸的消息，古塔维特立即赶到湖边。他也想搭救他的妻女，但已经没有希望了。他命令一个最有本领的巫师施展法术，把妻女从湖底下救出来。

巫师在湖面上点起篝火，然后在火中放几块扁平的石块。当石头烧得通红时，巫师就把它投入水中，自己也跟着跳了下去。他在水中逗留了很久才出来，对古塔维特说他在湖底见到了娘娘和小公主，她们都安然无恙。尽管巫师一再对她说，她的丈夫想念她，而且答应过去的事一笔勾销，永不再提，她还是不愿回来。

"她还活着，"巫师说，"住在一个美丽豪华的宫殿里，比她以前所住的宫殿还要阔气几倍，在她膝旁，蛇神正在休息。娘娘

五　神话和传说

让我转告你，她和蛇神在一起很快活，因为她终于摆脱了无尽的折磨，她永远也不会回到那个令她如此不幸的地方了。她还让我转告你，失去她是你的过错。她会在那个世界里把你的女儿抚育成人，她将成为蛇神的忠实伴侣。"

这时候，古塔维特命令巫师再次潜入水下，哪怕给他把女儿带回来也好。于是巫师施展法术潜入湖中，这次他在水中呆了更久，最后抱着小公主钻出了水面，可是当他游近岸边时，古塔维特发现他的女儿已经僵死，而且两个眼窝空空的。这时候，巫师对古塔维特说：

"在娘娘身边休息的蛇神让我转告你，还是把这个小姑娘送回她母亲那里吧，因为他已经把她的灵魂和眼睛取了出来，在我们的这个世界里，没有灵魂和眼睛的孩子，是谁也不会要的。"

古塔维特明白，这是蛇神的旨意，一切的一切都是蛇神设计好了的。他不想违背蛇神而给部族带来不幸。他命巫师把小姑娘送回湖里，自个儿回宫去了。他为自己的不幸感到无比的忧伤，尽管他的爱妻曾给他带来痛苦和侮辱，但他仍是爱她的。

这件事在穆斯伊卡不迳而走。人们从湖的四面八方涌来，带上祭品投掷在水里，向娘娘祈福，自此之后湖边道路纵横，热闹非凡。因为他们深信，娘娘始终是伟大的古塔维特的妻子，有权赐福和降祸于他们。

7. 先知的金铃

在乌斯马尔城附近的森林里，住着一位丑陋的老妇人。她是个精通魔法、令人生畏的巫婆。当地的印第安人出于对她容貌的厌恶和魔法的恐惧，纷纷远离了她。所以，她在森林里过着与世隔绝的生活。她的房子是用芳草和泥巴搭成的，半掩在茫茫的草丛里。

这位老妇人除了到河边取水外，从不离开她的茅屋。那附近的湖里有许多乌龟，它们每天早上在湖边的沙滩上爬来爬去，并用沙子掩埋正在孵化的乌龟蛋。

一天清晨，老妇人到湖边取水，在河滩上发现一只乌龟蛋，似乎是被粗心的乌龟妈妈遗忘在那里，没有用沙子埋住。老妇人就把乌龟蛋放在水罐里带回了家。在家里，她用茅草为它做了个精致的小窝，她很想看看经过她的魔法孵化之后会从里面爬出什么东西来。她每天都对着乌龟蛋念念有词，施展着魔法。

结果有一天，天刚蒙蒙亮，这个神秘的老妇人就被一阵初生婴儿尖厉的哭声吵醒。她吓了一跳，立即跑去看究竟出了什么事。谁知走近一看，原来从乌龟蛋里孵出了一个小男孩，看到这个场景，老妇人真是惊喜交集。

尽管她是个令人望而生畏、相貌奇丑而且性情暴躁的巫婆，但出于女人的天性，她还是对这个孩子倾注了全部的温柔。她精心照料着这个奇妙的孩子，令她慰藉的是，在她孤苦伶仃、离群

五　神话和传说

索居的生活里，终于有了个伴儿。

孩子在巫婆的照料之下长得很快。满周岁时就能满山遍野地跑了，说起话来老气横秋，就像大人。这使附近的人感到很惊奇，再加上他是巫婆的孩子，所以，他被大家视为怪物。

孩子长到三岁，身体就停止了发育，始终保持着年幼时的模样，但他的智力却发展得很快，超出一般孩子许多，甚至连许多大人都不及他。看来，这怪孩子注定是个矮子了。

这个古怪的孩子既让老妇人感到忧虑，又使她感到欣慰，因为正如她常说的那句话：尽管身躯矮小，但由于卓越的才智，也会使她的儿子成为一位杰出的人物。所以，她并未因此而嫌弃他。

小矮子十分好奇，对什么都感兴趣，什么都想知道个清楚明白，甚至想了解有关她母亲神秘生活中的怪事。他时常推究魔法和巫术的由来，从他母亲那里得到了许许多多古怪的玩意儿，但这仍旧难以抵消他的好奇心和求知欲。

一天，小矮子趁着母亲外出取水的时候，把家里完完全全地搜了一遍，也没有发现任何他不知道的东西，最后便坐在火堆前仔细观察思索。他不明白，为什么母亲总是呆在火堆前，长时间一动不动。他用手在火堆的灰烬中翻拨，结果找到一件像金子一样闪闪发光的东西。他掸去上面的灰土，仔细端详，原来是一只很值钱的小金铃。他很想听听铃铛的声音，于是用劲敲打了一下，铃铛发出一声非常洪亮的鸣响。

这铃声传遍了整个乌斯马尔，当地的人们听到铃声都惊惶失措地纷纷跑出家门，互相询问发生了什么事情。当地一些祭司、官员和巫师都聚集在一起，研究分析这件轰动一时的大事。他们认为，这可能是某种征兆……

在所有人当中，最惊慌失措的莫过于国王了。他召集所有的学者和谋士们开会研究，这铃声在他统治的国家中到底预示着什么可能会发生的事情，并命令他们向他报告。

老百姓们呢？有的祭祀天神，祈求保佑；有的向老人们探寻答案；有的查阅圣书……反正每个人都提心吊胆。这时，谣言四起，人心惶惶，都说会有严重的事情发生。

大祭司负责汇总向国王禀告，他说，根据古老相传的史料记载，金铃一响，就预示着一代王朝统治的终结，敲响金铃的人将会继承王位。

国王对此深信不疑，于是命令召见敲响金铃之人。

不久，这个模样可笑、胆大包天的矮子来到了魁梧高大的国王面前。国王一看就火了，心想自己的王位若是毁在这个小矮子手里，未免也太不够体面了吧。他傲慢地冲着小矮子说："你以为敲响了先知的金铃就可以成为王位的继承人吗？未免太天真了些！记住，在成为国王之前还有许多难关要过呢。"

国王想吓唬吓唬这位毫不起眼的小人物，便高声宣布："叫人在咱俩的头上砸碎四筐椰子，然后再抽一百鞭，谁能挺得住，谁就是国王。"谁曾想，小矮居然毫不犹豫地答应了。

到了比试的那天，在乌斯马尔首都的大广场上人山人海，大家都来看热闹。

五　神话和传说

　　第一轮砸椰子从小矮子开始。人们用坚硬的椰子砸他的头，一连砸碎了四筐，小矮子仍然安然无恙。可是，硬着头皮走上来的国王没挨几下，就脑浆迸裂，一命呜呼了。第一轮已胜出的小矮子，自然就不用经过第二轮的鞭打了。百姓们欢呼着庆祝神赐的国王加冕。小矮子在人们的欢呼声中满面笑容、得意洋洋。原来在比试之前，小矮子戴上了他母亲用魔法制作的石帽子，自然没有伤到皮毛。

　　矮子当政之初，尚能处事公正、克勤克俭，后来便逐渐专横跋扈起来，忘记了自己卑贱的出身。他大兴土木，宣扬魔法，还自行设计建造了大迷宫，并在里面大演魔法，企图把自己塑造成一个新的天神。这些倒行逆施的行为，最终招致庇护玛雅人的诸神的报复，使得乌斯马尔成为了一片废墟，矮子国王也死于非命。

六 玛雅人的四个等级

1. 贵族

玛雅人没有像印度那样的种姓制度，但其人口也大致可分为贵族、祭司、平民和奴隶四个群体。这些群体各自的内聚性较强，玛雅社会为维护这种阶层关系，对不同群体成员的血统、职责、俗规做了明确规定，以保障位高者的凌驾于上，杜绝位卑者的僭越。

贵族包括君王（即真人）和村镇级的酋长及其下属各级头目。这可以比作中国先秦时期的君、大夫、士。酋长管理村镇事务，他们虽然是由真人指定的，但基本上都来自一个叫作Almehenob的世袭贵族群体。和平时期，他们负责监督本地区百姓的农事活动，并且逐年向真人进贡财物。在战争期间，酋长是本村镇战斗力的组织者，作为指挥员，他们还要服从于军事首领Nacom。次一级的特权阶层包括三种人：Ah Cuch Cabob是镇中长老，一般2到3位。他们是酋长的顾问，参与地方的决策，同时又是下一级行政单位的头领；Ah Kulelob相当于帮办，协

六 玛雅人的四个等级

助酋长工作,是他的助手和口谕传递者;Ah Holpopob 的职责较多,既是首领与村民之间的桥梁,又是外交事务方面的顾问,还是公共议事厅的负责人、村镇中的首席歌唱家和舞蹈家,总管地区所有的歌舞和道具。

最低一级的"政务人员"是 Tupiles,他们负责维持治安,相当于现在的警察。

此外,玛雅人还有战时的临时首领。除了原来的行政首领酋长在战时行使军事指挥权以外,另有称为 Nacom 的首领,他的地位不是世袭的,而是通过推选获得的,任期为三年。在这三年内,他不能近女色,连他的妻子也不能与他见面。人们怀着极大的尊敬将他隔离起来,尽可能使他不与外界接触。他被供奉吃鱼和一种大蜥蜴,但不能接触牛、羊肉。三年任期结束时,Nacom 和酋长共同商议战事,制订出战略计划。人们会像对待偶像一样对他焚香礼拜,具体的战术执行则全权交给酋长。与其说 Nacom 是个将军,不如说他是个战神,一个用凡骨肉胎硬造出来的战神。

2. 祭司

祭司(Ahjubob)阶层从血统上讲,和贵族有着千丝万缕的联系。祭司可以娶妻生子,而且子承父位。除此之外,贵族阶层中也经常有人进入祭司阶层。玛雅人规定,贵族长子继承父位,幼子则可以选择成为祭司。所以,祭司们在向王室成员授业时,经常会在幼子中进行挑选,如果发现具有成为祭司禀赋的,就开

始培养他当祭司。

祭司的地位虽然不比领主高,但他们在玛雅社会中的影响力绝不亚于贵族。贵族阶层的各级首领对祭司都表现出极大的尊敬,定期向他们进贡。祭司掌握着玛雅文明的钥匙,知道农事生产,预卜政事吉凶。真人经常会向他们求教,祭司则尽可能地用他们的知识找出最佳答案。实际上,玛雅地区的建筑,除了一些宫殿外,大部分在祭司的掌握之中。祭司这一特权阶层完全游离于生产活动之外,却直接参与社会命脉的掌控。

祭司这个阶层里还有另外一些角色。Chilanes 是一些能讲神谕的先知,他们在民众中享有极高的威望。Nacom(不是三年一届的战时首领)是终身制的刽子手,负责在人祭及其他偶像崇拜活动中执刀。他有四个助手 chac,人员不固定,每次祭祀时推选,通常是德高望重的老人。

玛雅祭司的总称是 Ahkin,按字面意思讲就是太阳之子。作为一个群体,它是最有权力、最有影响的。他们关于天体的知识、预言日蚀月蚀及其他星际会合周期的能力、他们的种种预言,渗入玛雅人生活的每个阶段,因而受到全体玛雅人的敬畏。

3. 平民

平民(Ah Chembal Unicob)是指数量众多的普通农业生产者。他们用血汗养活自己,也供养最高首领真人、地方酋长以及祭司阶层。他们是那些宏伟的仪式中心、高耸入云的金字塔神

六　玛雅人的四个等级

庙、大型廊柱、宫殿、高台等的建设者。是他们采集、雕刻了大量巨石，构建了这些建筑。是他们用石斧砍下无数大树作为柴火，将石灰石烧制成灰浆所需的石灰，是他们将砍下的硬木加工成雕梁画栋。他们是泥瓦匠、石匠，也是搬运工、建筑工。

这些平民必须向真人进贡，给村镇酋长献礼，还要通过祭司向神进献。这些贡品加在一起，数量一定很多，种类包括他们能够从生产、制造、猎取、搜集中获得的一切。他们往往住在郊外，人数众多，为城里少数的贵族和祭司承担了几乎所有的劳作。

4. 奴隶

奴隶处在社会的最底层。下令焚毁玛雅典籍的兰达主教认为，奴隶制是玛雅后古典时期出现的一种现象，这等于说奴隶的出现是因为凶悍的托尔特克人入主玛雅改变了玛雅的社会组织造成的。但其他许多学者根据石碑、壁画等资料，指出不能排除在古典时期玛雅就有奴隶的可能。至少，战俘除了充作人祭以外，很可能通常沦为奴隶。从有直接资料记载的玛雅文明末期来看，奴隶来源有五：天生奴隶、窃贼、战俘、孤儿和人贩子贩来的人口。虽然生而为奴者为数不多，但也确实存在过。不过，法律规定可以为奴隶赎身。偷盗者要为被盗者终身做奴隶，直到他有能力偿还所盗财物为止。战争中被俘的地方贵族会立即被推去做人祭牺牲，而其他战俘则被俘获他们的武士带回去做奴隶。孤儿经常用于做人祭，所以有时专门向人贩子购买，甚至强行绑架。在战争、人祭、苦役、买卖人口被视为正常的文化中，在人们有很多理由草菅人命或滥用人力的情况下，奴隶命运之悲惨可想而知。

七　玛雅人的生活

1. 希望寄托在孩子身上

玛雅人深爱孩子。我们从今天的玛雅后裔身上还能看到他们对孩子的拳拳之爱。玛雅妇女对孩子的未来寄予很多希望，她们常常带着贡品去向神灵祈祷并询问孩子的情况。为了怀孕，妇女向祭司求助。祭司则为想要孩子的妇女祈祷，并在她的床铺之下放置一个"制造孩子的女神"（Ixchel，怀孕与生育女神，伊希切尔）的偶像。

肩负着上一代人沉重希望的孩子一出生，他（她）的命运似乎就已注定。从摇篮到坟墓，古代玛雅人的生活都是由他们的宗教信仰决定的，或者说，是由祭司（占卜家、预言家，或者中国式的说法叫作算命先生）来解释的。事实上，每个玛雅人一生的各种仪式的方式，早就由每人的生日所决定。即由生日偶然落在卓尔金历日（260 日周期的祭祀历）某一天而因缘随机地注定了。

在危地马拉高地的卡克奇凯尔人（cakchiquel）中有一种信仰，认为一个人的出生日期注定了他的性情和命运。这是因为与

那个日子相联系的神灵与他直接挂上了钩。那些神灵会保佑这个人,而另一些神灵则会跟他作对。

直到现代,在尤卡坦半岛的玛雅人中间仍然盛行着一种古老的仪式,土著们称其为赫兹梅克(hetzmek),即在抱婴儿时第一次托着婴儿的臀部。这一仪式的历史相当久远,而且在玛雅的人生仪典中,完全具有与当今的洗礼和青春期仪式同样的重要性。

有关玛雅人这一托婴儿臀部的仪式,资料简略,也没有特别的阐释。仪式的一个要点是托婴儿的臀部,这大概是重要的暗示。搂抱的婴儿处于躺卧的体姿,而托臀部就为了使婴儿坐立起来。虽说还没有成丁"而立",却已是坐立,是对人生"而立"的一次彩排,寄予了上一代人对下一代人的殷殷期待。

这个仪式举行的时间,更是证明了文化隐喻的性质。按玛雅古老遗俗的规定,赫兹梅克仪式当在女婴三个月时举行,男婴则在四个月时举行。

三个月或四个月的不同,据说是因玛雅人的炉火边有三块石头,象征着妇女在家中的活动范围;而玉蜀黍这种玛雅基本农作物的农田有四个边角,象征男子在田里的活动范围。这就是"女三男四"的含义。

不难看出,在女婴三月、男婴四月所举行的赫兹梅克仪式,是对孩子未来人生进行彩排。玛雅人希望用这个"坐立起来"的仪式预演男婴、女婴未来的人生职责,把一种文化贯彻到未来人生中。

通常在这一仪式中有一对教父、教母——丈夫和妻子。若只

七　玛雅人的生活

有一人，那就得由男人主持男婴的仪式。仪式开始时，桌案上摆放着9种不同的物件，这是孩子将在以后的人生活动中使用的东西的象征，数字之所以为"9"，大概也和中国古人以9数为极大限类似。对男孩来说，是一本书、一柄弯刀、一把斧子、一把锤子、一条刺枪、一根播种掘土棍以及其他将会需要的物品；对女孩来说，则是针、线、扣针、瓢、烙玉米面煎饼的铁盘之类的物品，通常是她的性别范围内所需要的东西。

◆ 玛雅女性分娩雕像

男婴的亲生父亲把孩子郑重地交到教父手中，教父则把孩子托抱在自己的左臂上，走近桌案，挑选9件物品中的一件放到孩子手中。然后，教父一边托着孩子绕桌案行走，一边告诉孩子物品的用法。比如他可能会念叨说："你现在从这儿拿了书本，带走吧，这样你就能学着阅读和写作了。"

他绕着桌案走9圈，每一次都选择9件物品中的一件交到孩子手中，同时"教授"孩子这一物品的用途。他把玉米粒放在物品之间，每走一圈就取走一粒，以此来记住走了多少圈。然后他把孩子转交给教母，教母又重复上述这些动作。她记绕桌案圈数的办法是：借助预先放在桌上的 9 颗葫芦籽，每走一圈后就吃掉一颗。随后孩子又被交还给教父，再由教父把孩子还给生父，说："我们已经给你的孩子做完了赫兹梅克。"孩子的生父生母跪在教父教母面前以示谢意，赞礼者在一旁把食物、甜酒、烧鸡和煎饼奉献给教父教母。于是，这个仪式就圆满完成了。

现代仪式中由教父、教母完成的使命，过去恐怕是由祭司履行的。尽管掺杂了天主教的色彩，但是玛雅人的古老传统还是顽强地体现出来。

2. 起个好名字

玛雅人认为一个人的名字必定与他出生日（也包括生日那一天当值的神）有关，所以，他的命名是自动拼合起来的。例如 Hunimox 就是与 Imix 日有关的拼合。当然这种习惯很早就消失了。

常见的做法是：一出生就由祭司给孩子起个名，这个名字将伴随他整个童年时光。命名的同时也是祭司给孩子预卜命运的时候，他甚至有可能因此被选中侍从祭司，教给他此职业的秘密本领。

古代玛雅人通常有三个不同的名字，有些人甚至还有第四个名字。

1.paal kaba，即乳名，一出生即获得，如同约翰、玛丽、小宝、珍珍一样。但是玛雅人有一种区分性别的方法，男

七　玛雅人的生活

孩通常在动物名、鸟类名、爬行动物名、树名等等之前冠以"阿"(Ah)，例如阿豹(Ah Balam)、阿羽(Ah Kukum)、阿晰(AhItzam)、阿乔(Ah Dzulub)；女孩名字前则冠以"细"(Ix)，例如 Ix Can, Ix Kukul, Ix Nahau 等等。

2. 父亲家族的姓氏，这和史密斯、琼斯或赵、李、欧阳性质相同。男孩或女孩长到可以成婚的年龄要举行青春仪式，这与中国古代男子20岁行冠礼、女子15岁行笄礼一样。在青春仪式上，孩子们获得父亲姓氏；在中国，男子拥有了"表字"，成为成年岁月中他人称呼的用名。

3. naal kaba，也就是父亲和母亲两个家族姓氏的组合，很像英语民族的加连字符的姓氏——史密斯·威廉姆斯，是结婚以后用的。某人的婚后名包括父亲家族的姓氏以及母亲婚前娘家带来的外祖母的姓氏。也就是说，女性的姓氏是通过女儿一代一代传下去的，看出玛雅社会过去实行族外婚的风俗。这些姓氏通常是动物、昆虫、鸟类、植物名，比如美洲虎、蛇、虱子、烟草、可可豆之类。

4. coco kaba，也就是绰号。往往因个人特点得来，像我们常用的"小个子"、"胖墩"之类。玛雅人 AhTupp kabal 这名字意指"声如雷震的人"；Ah Xochil Ich 意指"猫头鹰面孔、猫头鹰眼睛"。

不同的名号有不同的社会功能。在人生各阶段获得不同的名姓，本身就意味着人生的重大转折、职责的加重。

3. 最不浪漫的婚姻

从如今玛雅后裔的生活情况来看,玛雅人的婚姻并不像他们在其他方面那样神奇浪漫。玛雅人十分看重父母之命、媒妁之约,婚后也平平淡淡,没有拥抱接吻之类感情的表达,玛雅男女的爱情是以尽力履行各自在家庭中的职责来体现的。

男女的婚姻通常在小时候就定下了,等到适当的年龄便举行正式的仪典,也许那时他们才十二三岁。男孩的父亲为儿子寻找媳妇,标准无非是门当户对、同村同阶层;也有些禁忌:同姓不可通婚,另外妻之姊妹、兄弟寡妻、孀居后母等也在禁止之列。婚嫁若无媒人或中介,那就是件可耻的事了,这显然不利于男女们两情相悦的、自由恋爱。

最不浪漫的,是婚前女婿要在未来的丈人家当6到7年的"长工",白白地为女方劳动,好像是要挣出老婆的"赎身费"。这还不算,要是中间岳父不满意,可将女婿赶走,到头来落得一场空。假如女婿不

◆ 墨西哥阿兹特克文化:男女新婚的同心结习俗

七　玛雅人的生活

能圆满地完成7年"苦役"而被赶出来，不仅眼看到手的"工钱"（老婆）另许他人，而且本人也成了"丑闻"的主角。

除了7年劳役折算工钱之外，玛雅小伙子结婚时还要付出不少代价。聘礼是免不了的，男方要为新娘子准备从礼服到各种装饰品的全套嫁妆，男方当然也要负担自家新郎的费用。这种做法通行于玛雅社会各个阶层，只有给多给少的区别。假如整个玛雅社会都奉行这一风俗——事实上也似乎如此——那么，又会有哪个男子能够有许多苦力、彩礼之外的浪漫心情呢？他只有乖乖地为他所付出的"押金"考虑，平平稳稳地促成一段婚姻。这或许就是玛雅人成功地实行了一夫一妻制的原因吧。

学者们曾注意到，在玛雅社会，一夫一妻制在良好地实行着，但休妻离婚现象也同样存在，妇女在这方面也有一定的主动权。有一则玛雅神话提到，按照古老的习俗，男人可以娶两个老婆。但这个神话故事却向我们显示，这样的婚姻很不实际，一夫二妻很难维持。

按照印第安古老的习俗，男人可以娶两个老婆。有一则传说是这样的：

柯莫·库里是个高大漂亮的小伙子，他娶了两位少女做老婆。一个叫华特赫克，意思是晴朗的天空；另一个叫娃特赫克，意思是金发姑娘。

华特成为库里的爱妻，已经有好多年了。她姿容出众，为库里生了三个孩子。娃特长得比她要稍逊一筹，却格外善良和温柔。她以自己始终不渝的柔情征服了库里的心，尽管这招来华特对她的嫉恨。华特喜欢吃醋，心地又不好。因此，家里争吵不断。

有一次，华特数落库里："那个黄毛丫头有什么了不起，我是三个孩子的母亲，你该更疼我些。"

库里一笑置之，什么也没说。

华特见丈夫如此，不禁勃然大怒，对他说：

"那我走，孩子留给你好了，我走！"

当然，她没打算真的走。她只是希望库里能对她说："你是孩子的妈，怎么能走呢，在这个世界上，我爱你胜过一切！"

但是，库里并没有挽留她，尽管他也同样地爱她，并不希望她走。只是，他生性倔强，这样的话说不出口。

他只是叹道："如果你真的愿意这么做，你可以到你想去的地方。"

于是，执拗的华特开始收拾自己的行装。她收拾得那样的慢，磨蹭了好长一段时间才上路。她带着种子和卡玛斯球茎、胡萝卜、浆果和各式各样的花草。孩子们看见妈妈扔下他们不管，都放声大哭。华特满不在乎地认为，她走不了几步路，库里就会把她追回来。

她不急不慢地走下山谷，一步一回头，但库里并没有追上来对她说那句她想听的话："回到我身边来吧！"

她又走了一会儿，在山脚下停了下来，回头望着库里和她的孩子们。但库里还是没有对她说："回来吧，晴朗的天空！"

她心情沮丧地继续往南走，走进了高低不平的丘陵和山岗，却没有一座山能把山顶上的库里遮住。

七　玛雅人的生活

她不断踮起脚,尽量使自己站得更高一些。她现在是那样的后悔,多么希望库里能够呼唤她回家。她已经走得很远了。站在一块巨石上,伸长脖子眺望着曾经的家,希望能够彼此看见——只是库里没有求她回去。她决心留在此地,因为她知道,在天气晴朗的时候,她可以看到自己的家。于是她把行李扔到地上,把种子掏出来,种在附近的地上。

娃特和库里在山上一起住了许多年。有一次,她对库里说:"库里,我想去探望我的妈妈,我快要生孩子了,很想见见她。"

娃特的母亲住在乌胡尔日湖的一个岛上。

"那里没有路,沿途除了岩石、树木和大山,什么标志都没有,该怎么找到那地方呢?"库里问道。

"我也不知道怎么走,可我非常想念母亲。你能帮帮忙吗?"

于是,库里把百兽召来,命他们用尖利的爪子挖一条通往湖滨的大沟。百兽们同心协力,为它们善良勇敢的主人开了一条又宽又深足以并排行驶两条独木舟的大沟。

随后,库里把附近山里的河水都引过来,灌满了大沟,这就是努克萨克河的由来。

娃特准备好路上吃的干粮,顺着河水下山,不知不觉,就来到乌胡尔日湖了。

她在途中的第一座岛上吃早饭,吃了些双壳贝类,留了一些放在岛上,所以在这个岛上如今还能找到这些贝壳。她在第二个岛上吃了些软体动物,又留下一些;在第三个岛上,她吃了些卡玛斯蒜，也留下一些，所以如今的玛蒂亚岛上的卡玛斯蒜特别多；在第四个岛上，她吃了些章鱼和浆果。凡是在停留过的岛上，她都留下一些食物，诸如鱼啦，胡萝卜啦，等等。所以印第安人常用食物给这些岛命名，就是这个缘故。

她来到平顶峰岛的时候，天已经黑了，她决定找个地方过夜。可是四周到处都是水，该在哪儿过夜呢？娃特有些拿不定主意了。这个时候，海风呼啸，水面上形成无数的旋涡。如果不慎掉下去，就会被无情地吞没。此时此刻，创世神过来对她说：

"你还不快些躺下？这样站着，会被风刮落到旋涡里。谁也活不成了！"

金发姑娘躺了下来，创世神把她变成了斯潘特岛。离斯潘特岛不远处有一个一模一样的小岛，这就是她的孩子。大家称它为守护岛。

留在北方的库里带着孩子们登上山顶，伸长了脖子，想看到自己的妻子在哪里。孩子们爬呀爬，一直爬到最高的山顶。有个孩子叫苏克萨，站在离库里东边不远的地方，其余的两个双胞胎姐妹，一个往西，一个往南，离库里越来越远。

他们发现，在南方很远很远的地方站着他们的妈妈——雷尼尔山，因为长满了奇花异草而闻名。无论是阳光灿烂的白昼，还是月光如银的夜晚，雷尼尔山总是满头白发，忧郁地注视着遥远处并排耸立的柯莫·库里山和她的孩子们。

透过这个神话，看得出玛雅人想努力在婚姻关系中寻找平衡。

4. 永生不死

玛雅人精心构筑了自己的死亡观念，可以沉醉在永生不死的意境里，或者把死亡当作一件不那么可怕的事。死亡可以被看成避风港，从那里再度扬帆起航。或者说，玛雅人并不认为死就是一个人生命的终点。死亡是中转站——走完一段旅程以后，再搭乘另一趟班车。他们悉心包裹尸体，给死者嘴里塞满玉米，以免死者在候车的时候挨饿；有时还往死者嘴里填塞玉石，玉石是玛雅人珍贵的物品，以免死者受穷。

墓穴里还要放上偶像，保佑死者一路平安。关于死者身份的证明也很重要，一定要齐全。生前是位工匠，那么应当放上石斧，证明其职业和技能；生前若是祭司，就放上书籍图谱；生前是术士，就放些魔石；生前是猎人、渔夫，就放弓箭钩叉……因为死者在来世还需要这些谋生工具。

玛雅上层人物死后更有精心的安排。通常先火化，然后将尸体收藏在瓮中入葬，葬所可能是规模不一的庙宇。以前人们把玛雅地区的金字塔当作单纯进行祭祀活动的场所，后来考古学家发现，它们中有些至少还有别的用处——陵墓。一位玛雅君王死后脸部罩着由200余枚玉片拼成的青玉面具，这代表永生不灭，让不死的灵魂可以在不腐不败永远温润的玉石包裹中寄存。

有时死者的尸灰被放在空心的雕像中，雕像当然尽可能与死者本人模样一样。雕像后脑壳留有一个开口，这是填放尸灰的通道，用死者相同部位的头皮来覆盖。玛雅科潘城的统治者是库库姆家族。他们通常把死者用火处理一下，烧到骨肉分离，将头后部锯下来，只留下前部，即脸部的骨架，然后用松脂捏塑出脸肉来。这个塑像和真人一样，与上面说的木雕像功能类似，都作为家族偶像供奉起来。保持真容以供瞻仰，这是后人对先人的缅怀，也是永生不死愿望的体现。就像玛雅神话中说的那样："死者不会永远留在冥界。他们像书上的绿叶，秋天凋谢，而春天又会再生。死去的亲人都会和春天一道回到我们的身边。"

偏远的玛雅村庄还保留这样的习俗：当人死后，人们要为他举行洗罪仪式，把尸体放在长条状的木澡盆中，用稀玉米热汤洗刷。洗罢，死者的家属和乡亲一起把热汤喝光，象征着分担死者生前的罪过，让死者的灵魂可以顺利进入天堂。

八 伟大的创造

1. 象形文字梯道

玛雅人是美洲唯一留下文字记录的民族。在公元元年前后,他们就创造了象形文字,但出土的第一块记有日期的石碑却是公元 292 年的产物,发现于蒂卡尔。到 5 世纪中叶,玛雅文字已普及整个玛雅地区。当时的商业交通路线已经确立,玛雅文字就是循着这条路线传播到各地的。无论如何,美洲三大文明的另外两个都比不上玛雅;印加人只会"结绳记事",阿兹特克人的文字是对玛雅文字的拙劣模仿。如果说文字的发明和使用是文明的真正标志的话,那么玛雅人就是新大陆上最为文明、最富智慧的民族了。

现存的玛雅象形文字刻在石碑、庙宇和墓室的墙壁上,雕在玉器和贝壳上,也用类似中国式毛笔的毛发笔书写在陶器、榕树内皮和鞣制过的鹿皮上。玛雅文字遗存总量相当多,单在科潘遗址一座金字塔的台阶上就有 2500 多个,这就是世界巨型铭刻的杰作之一——"象形文字梯道"。它宽 8 米,90 级的石头台阶上面,布满了古怪而精美的象形文字。

这些金字塔坛庙和象形文字的结合,清楚地表明其宗教的性质。4部存世的玛雅经卷上的象形文字,其用途也无疑是围绕着宗教的。尤其值得注意的是,这些象形文字似乎像是从天上掉下来的一样,我们只能看到它从头至尾一成不变的成熟完美,而不像其他古代民族文字那样,有一个从简到繁的轨迹。比如汉字在成熟的方块形态之前,经历了许多不成熟甚至简陋的形态,如甲骨文以及半坡陶器上的刻划纹。

至20世纪中叶,研究人员才逐渐为玛雅人勾勒出一个简单轮廓:一个集数学家、天文学家和祭师为一身,并带有哲理性的民族——他们对于计算时间、观察星相特别感兴趣。许多考古学家相信,那些正处于破译过程之中的玛雅符号肯定与历法、天文和宗教有关系。俄国学者余里·罗索夫于20世纪50年代采用了一种全新的方式来研究玛雅文字,引起玛雅碑文研究领域里的一场革命。罗索夫提出玛雅文字和古埃及、中国的文字一样,是象形文字和声音的联合体。换句话来讲,

◆ 雕有象形文字的玛雅古碑(叶远:《天机》第二部第247页,中华工商联出版社2015年版)

八 伟大的创造

玛雅的象形文字既代表一个整体概念，又有它的发音。

玛雅文字自身特殊发展的契机和动力是什么呢？

宗教方面的原因必然是首选。当然我们还可以考虑玛雅人的民族性格——热衷于追求形式上的完美。他们独特的才华，善于把具象的描绘与夸张特征的抽象很好地统一起来。玛雅人最初所象之形，极有可能就是那些神祇。那些神祇的形象都非常特别，或长着像野象那样的长獠牙，或长着如匹诺曹一样的长鼻子，或脸上涂着代表腐烂、死亡的黑圈。而表征这些神祇的象形文字都是抓住其最突出的特点加以夸张抽象，通常只画他的头像，头像即代表神祇的文字。可以说，玛雅文字大都是怪模怪样的头像（包括简化、抽象和抽取局部代表整体），而几乎没有对非宗教的日常实际事物的描画。

1960年，学者塔约娜·普罗斯科拉亚科夫有了另一个突破。在研究玛雅文字期间，她发现许多文字都含有固定的时间段，相隔大约56~64年——这不是玛雅时期人的平均寿命吗？于是她得出结论，玛雅文字里写的不是宗教，而是历史；记录下来的是皇族人员的诞生、统治、死亡及战争。人们第一次从另一个角度去理解玛雅文字：它记录的是活生生的人的故事。古玛雅的历史突然间变得有了特定的意义，讲述了统治者和皇族生平的事迹，他们何时降生、怎么取名字等等逸事。自罗索夫和普罗斯科拉亚科夫取得突破以来，科学家们已经破译了80%以上的玛雅文字，这让人对玛雅文化和社会有了一个新的认识。

日前，考古学家在危地马拉北部丛林中一座早期玛雅金字塔内发现了迄今最古老的玛雅文字。文字共有10个,被雕刻在泥灰板上,年代大约在公约前3世纪到2世纪间,距今大约2300年。

虽然考古学家现在还无法破解这些文字的意思,但有一点是明确的,那就是玛雅人开始使用象形文字的年代,又向前推进了几个世纪。

2. 为什么建造金字塔?

在中部美洲,特别是在危地马拉的佩腾湖地区和尤卡坦半岛,古代玛雅人留下了一座座雄伟壮观的金字塔——他们最辉煌的文化成就之一。那么,玛雅人为何建造金字塔呢?

众所周知,在古代埃及,金字塔是法老的陵墓,在君主安葬后任何人都不得进入。这些金字塔和许多墓葬品一样,反映了对"来世"、"灵魂不灭"和"永恒"的追求,它们也象征着法老的权威和王权的巩固。而在古代亚洲的幼发拉底河流域,苏美尔人也建造了一种多面形的金字塔,其顶上建有神殿,用来观察天体。苏美尔人那里没有石料,所以他们烧制了数百万块砖,并用沥青做粘合剂来营造庙宇的巨型台基。这种金字塔可同埃及作为陵墓的宏伟建筑相媲美,但它是供活人享乐的设施。

显然,同样有雄伟外观的玛雅金字塔与埃及和两河流域的古迹没有任何关系。那么,玛雅人是在哪种哲学、神学或美学思想影响下建造金字塔的呢?长期以来,这个问题引起了学者们的浓厚兴趣。

八　伟大的创造

在佩腾湖地区的浓密热带丛林中，有一座被遗弃的蒂卡尔城，古代玛雅人在这里用石头和石灰做建筑材料，建成一座座巍峨的金字塔。它们一般为斜截锥形，由高大的台基及顶端的神殿构成，其外观十分匀称。按照玛雅人的宗教观念，金字塔是

◆ 出土于玛雅奇芬·伊扎文化遗址的金盘刻画

天和地的连接处：祭司通过石阶接近众神，而众神也沿着石阶下凡，探访人类。因此，人们在盛大的节日时聚集在金字塔前来敬奉众神。由此推测，玛雅金字塔可能是居民聚会、崇拜和奉献祭品的场所，是宗教仪式中心。

然而，一些学者认为，玛雅金字塔也具有天文观测台的功能，祭司藉此掌握丰富的天文知识，制定精确的历法。实际上高耸入云的金字塔可以突出于热带茂密的森林，让天文祭司自由地观测天体。他们为了预言未来，希望能更全面地掌握天体运动的规律。这种说法并非考古学家的臆测，事实上，在玛雅图谱中经常发现祭司利用金字塔观测天象的情景。例如，阶梯顶部有一房子，里面的祭司正在用交叉的十字棍仰观天象，有时仅画眼睛来代表祭司，画十字棍则表示他正用来定点。

但是，近年在蒂卡尔的考古发掘活动揭示了金字塔的另一种用途：玛雅人在塔基下埋有许多祭品，其中包括黑曜石制成的物品——三叉戟形、圆饼形、半月形的燧石，海洋贝壳、玉石块、玉石珠等。这些祭品是献给玛雅人的祖先，还是众神的呢？在这种情况下，玛雅金字塔是陵墓还是祭坛？这些问题又让人迷惑不已。

玛雅金字塔的数量惊人，据说仅在墨西哥境内就有10万座大小各异的金字塔。就目前已知的遗址分析研究，大致可分为四种类型：（1）平顶金字塔，上建庙宇，四面都是阶梯状神庙，这种类型最为常见，是玛雅金字塔的基本形态；（2）尖顶金字塔，仅见于蒂卡尔城，其顶上的美洲虎神庙很小，只能看成是塔尖；（3）壁龛式金字塔，发现于墨西哥的维拉克鲁斯，塔基呈方形，边长118英尺，高80英尺，共分7层，塔身雕凿了365个方形

◆ 泰奥蒂华坎古城中的太阳阶梯金字塔（叶远：《天机》第二部第196页，中华工商联出版社2015年版）

壁龛，恰好代表一年的 365 天；（4）陵墓型金字塔，这是 20 世纪 40 年代才发现的类型，考古学家在帕楞克城的这一意外收获，打破了人们以往对玛雅金字塔的认识。人们第一次发现，这位名叫巴尔卡的古代玛雅首领，尸体停放在一座金字塔塔身深处一间宽敞的拱顶密室中。1989 年洪都拉斯与美国的联合考古队在科潘遗址发掘了一座王陵，墓身就掩藏在大金字塔的石阶下；1992 年宾夕法尼亚大学考古队又在同一金字塔的中心部位发掘出另一座墓室，被葬者可能是科潘 6 世纪时的一位君主。

除此之外，位于尤卡坦半岛东北部的奇布查，也是古代玛雅文化的著名遗迹，在其中心地带有座闻名于世的库库尔坎金字塔。

◆ 奇布查羽蛇金字塔

"库库尔坎",在玛雅语中意思是"长羽毛的蛇神",他是太阳神的化身,也是风调雨顺的象征。9世纪,托尔特克人迁徙到这里后建造了这座"羽蛇金字塔",融合了玛雅和托尔特克的建筑艺术特色。这座金字塔边长55.5米,高30米,平面为正方形,底大上小,四边棱角分明。塔身呈阶梯形,共有9层。顶上建有一座高达6米的神庙,塔的四面各有宽阔的石阶,直达神庙。据考证,每边有阶梯91级,再加上神庙一级合计365级,对应一年365天。石阶两旁有1.35米高的扶墙。玛雅人在朝北的两堵墙下端各雕刻了一个巨大的长羽毛的蛇头。它张着大口,伸出一条大舌头,其雕刻十分精致,形象逼真。

每年9月22日(秋分)约下午3点,太阳开始向正西方向下降时,北面扶墙上的光照部分棱角渐趋明朗,其阴影从上至下开始由笔直形变为波浪形,犹如一条巨蟒从塔顶游向大地。约到5点,这一面扶墙上的光照部分,除了石雕的蛇头之外,还有沿着扶墙边出现的一列7个等腰三角形阴影,它们与生长在这一带的响尾蛇背上的三角形花纹十分相似。此时此刻古代玛雅人载歌载舞,欢庆长羽毛的蛇神降临人间。约过十来分钟,蛇头和7个等腰三角形由下至上依次消失。近6点钟,秋分时节的光影奇景完全消失。每年3月(春分)出现蛇形光影时,古代玛雅人便认为长羽毛的蛇神带来雨水,使土地湿润,从此时起,他们开始耕地和播种;而9月这一奇景结束时,蛇神离开人间,这就意味着雨季结束,旱季开始。

上述情况给我们提出了问题:库库尔坎金字塔是宗教仪式中

心,还是天文观测台?实际上,这两种功能兼而有之。

3. 密林中的沟渠网络

公元3世纪至9世纪,是玛雅文明的黄金岁月。玛雅先民生活在另一番天地中。

那里不愁旱,只怕涝。他们在低地种植玉米,就要解决排涝问题。当然,他们也可以在山坡开垦梯田,以保证主食玉米这种旱地作物所要求的土壤条件。他们确实这样做了,直到今天在玛雅地区仍能见到,但这种山坡地都不大。根据学者们研究,此处后来地力不足,一块土地种植几年就必须休耕废弃。这样一来,人们所需的耕地总量就要翻番,以供休耕期也能吃得上饭。

要养活日益增多的人口,这种轮作法肯定是要捉襟见肘的。问题摆在玛雅人面前:要么改进耕作技术,要么缩减人口——而玛雅文明如此辉煌,特别是遗存的如此众多的大型石建筑,必然要有成比例的人口数量才能解释这一现象。据推测,古典期玛雅人口大约有二三百万。这么多人的吃饭问题如何解决,正显出玛雅文化的智慧之处。

1980年6月2日,美国卫星探测系统透过茂密的丛林发现了纵横交错、规模宏大的沟渠网络。这不是幻觉!为了证实图片上的"网络",一批大学教师亲往考察。他们或步行或乘独木舟,进入现今的危地马拉国和伯利兹(英属洪都拉斯)境内的低地热带雨林。他们亲眼目睹了这一奇观——原来这"网络"是玛雅先民的排水沟渠网，它们平均宽度1至3米，深半米。沟渠是用石锄刨挖而成，用于排水，这显然是玛雅人对付沼泽地的淹涝、开辟旱地的策略。经科学方法测算，证明这些沟渠确系玛雅古典时期所为。这也就解开了公元3世纪至9世纪玛雅人在这片低地的生计之谜。

现存遗址中有一种称为"高地"的花畦，就是玛雅人针对大雨淹涝而开辟的，无论雨水多大，上面都可照样耕种玉米。

玛雅人的邻居阿兹特克人在文化上是玛雅人的模仿者。他们有一种叫作"水中田畦"的人工地块，建造方法是先用树枝芦苇编成排筏，用淤泥并掺上其他泥土，敷在筏上。然后种植菜蔬花卉。排筏放在水域中，通常若干排筏相连，用木桩插入水底来固定。还有填湖泊水洼修造的小块土地，也叫"水中田畦"。不知道阿兹特克人的这些做法，是不是也是学自玛雅人呢？

无论怎样说，自然环境迫使玛雅先民采取了一些文化的策略。倘若没有进行大规模关乎生计的工程（排涝渠网系统）的客观需要，那么恐怕也不会有玛雅社会组织体系的进步。由这种集体劳动的组织管理中积累的经验，促成了玛雅古代社会进行宏大的文明创造的气魄和能力。

有学者提出了疑问：为什么玛雅文明会出现在低地热带丛林，那里并不需要灌溉呀？他们认为地球上大多数农业文明都兴起于大河流域（埃及尼罗河、印度恒河、中国黄河、中东两河流域），并且由大规模灌溉系统的建设促进了高度组织化的社会管理体系。玛雅显然不具备这些条件。

其实，这些学者离真相只有一步之遥。低地玛雅人不需引水浇灌，却不得不排水排涝。大型水利工程对他们来说，同样不可缺少。这不正是使玛雅文明进步的绝好契机吗？

进一步说，玛雅地区的很多石建筑都有巨大的台基，这很可能是在洪水到来时的一种防御措施。联系玛雅人的世界观，他们对人类多次毁于洪水的灾难有着很高的警惕，那么一级一级升高的金字塔是否就是他们坚不可移的"方舟"呢？

水，对玛雅人的生存、文明、信念，都有绝大的意义。

4. 纪年柱

在尤卡坦或危地马拉的热带丛林里残存着的玛雅遗址中，我们经常可以看到有大小、高矮不一的巨型石柱，雕刻精细，上面涂抹着鲜艳的色彩和美丽的图案，宏伟庄严而又神秘莫测，诉说着岁月的沧桑。这些石柱数量之多、规模之大、放置位置之考究，令人费解：玛雅人为什么要煞费苦心、消耗大量的人力物力来建造这么多根石柱呢？其中究竟蕴藏着什么秘密？

原来，玛雅是一个重视历史的民族，他们为了记载当时所发生的大事，每隔20年，都要在他们的城镇里立一块石碑或一根石柱，把所发生的大事原原本本、仔仔细细刻在上面。这就是闻名世界的玛雅纪年石柱。这些纪年柱是研究玛雅文化最珍贵的历史资料，可以说，正是有了这些石柱，玛雅文化才成为美洲古代历史上唯一有年代可考的文化。

◆ 科潘纪年柱

玛雅纪年石柱大多是一块长方形的巨石，上部凿成椭圆形，在一面的正中，刻出人物故事，并在其上侧、两侧或下端刻出作为铭记的象形文字。至今发现的这类石碑与石柱已有数百块（根），在帕伦克、科潘、蒂卡尔等城市遗址中都有发现。在科潘发现的36根石柱中，高低大小不一，每根石柱都是用一块整石雕凿而成；石柱正面有祭司雕像，造型逼真，人体比例协调；石柱的背面和侧面刻有记录重要事件的象形文字，每段文字的周围雕有花纹，图文并茂。在玛雅中部地区的卡拉克穆尔（今墨西哥）也发现了这样的石柱，有103根之多。现在已知最早的一块玛雅碑，是在危地马拉境内的蒂卡尔发现的，碑高80公分，正面雕刻着一位年轻的王子。它的纪年相当于公元328年。最后一根刻有年代的石碑是玛雅人在尤卡坦半岛南端的图罗姆城邦于公元516年竖立的。

由此可知，玛雅不仅是古代美洲唯一有纪年、历史的奴隶制

八 伟大的创造

国家,而且玛雅人立柱记事的传统也持续了长达1200年之久。

危地马拉玛雅蒂卡尔神庙石柱上刻有很多玛雅文字。柱子立于公元468年6月20日,恰好是玛雅日历的第13年。石柱上的文字主要叙述了蒂卡尔城第12代统治者坎阿克及其家族成员的一些事迹。石柱上的文字还告诉我们:西阿恩·查阿恩·卡韦尔于公元411年11月27日成为蒂卡尔的统治者,他于456年2月19日死去,并在公元458年8月9日安葬。蒂卡尔城是由一位叫雅克斯·摩克少克的玛雅人所建,他是坎阿克的祖先。经

◆ 道斯皮拉斯纪年柱

过一百多年的统治,坎阿克家族把蒂卡尔城变成当时最为辉煌的城市。较早的一块发现于乌夏克吞,石碑背面刻有代表玛雅日期8.14.10.13.15(相当于公元328年)的象形文字。玛雅人用石碑记事一般是20年一次(有时也有5年或10年一次),直到最后一块纪年柱为止,这一传统始终不变。

考古学家们发现，最早的石碑上的文字已经自成体系，发展得相当成熟，而没有文字过渡时期的痕迹。从记录年代的数字符号体系来说，也已经发展成为一种完全形式化的、精致的工具，没有发现尝试性的偏差和错误。总之，没有初级阶段。

在某些喜欢科学幻想的人脑中，一定已经浮现出外星人传授玛雅人文字的猜想——但这毕竟不是个满意的答案。于是，考古学家们推测玛雅文明的形成时期可溯至公元前，其精美的历法、文字的发展，经历了一个没有留下记录的时期。在这个时期里充当记录材料的可能是木制的或其他易腐蚀的物品。当他们的天文学、数学知识达到能组织一套复杂的历法体系的时候，文字也逐渐定型，他们逐渐发现了更好的保存材料——石头。于是玛雅人留下了高大的石块，对其精心雕琢，倾注了极大热情。

在这些石块堆中间，有许多观星台高耸入云，是为了高过周围的大树，望见遥远的地平线；建祭坛和宫殿可能只是为了显示威仪和奢华；然而，庙宇、石柱、金字塔表现了玛雅人祖先有丰富的节气知识，林林总总的石碑则是为了记录社会大事之用。

玛雅人留下的书不多，这是西班牙人视之为"魔鬼之作"而加以焚毁造成的。现今只留下些图谱，里面讲述了玛雅神话与王室的家史。也许玛雅祖先早就在森林大火或是为了耕种而焚烧林木的大火中，体会到火的毁灭性力量。如今繁华逝去，留下的只有这些石头，经过数百年的风吹日晒、雨水冲刷、尘土掩埋，作为历史的印证，毅然伫立于玛雅人永恒的家园上。它们好像一首凝固的史诗，即使记录它的经书失落了，口传它的人民不在了，却仍在故土的上空回响，让所有踏上这片土地的人感受到这个民族的不朽文化。

事实上，这些石刻、建筑是如此庞大，以至于许多游访者在感慨之余，怀疑它们非人力所为。神乎其神的猜测愈传愈多，玛雅人在这种追思中被抬高到介乎神人之间的位置。不过，只要我们回到这几百块恒久的石碑、回到这些纪年纪事中所描绘的现实世界中来，我们将不难发现，这些石头所见证的历史，完全是人文的历史，完全是人类所能企及的智慧。

◆ 中美洲帕伦克神庙（叶远：《天机》第二部第236页，中华工商联出版社2015年版）

5. 最引人注目的成就

古代玛雅最引人注目的成就是建筑。如果不是那些关于"密林深处有座弃城"的神话，玛雅文化遗址也许永远被尘土和雨林淹没了。上百名考古学家的工作使玛雅人辉煌的历史重见天日。

今天当我们走近这些古城时，只能看到那些凝重的石建筑。

有相当一部分考古发现被美国人带回本国去做研究了。据现有资料来看，找到的书写记录不多，而且至今尚无法破解。然而，玛雅人还留下了那么多用石头垒起来的智慧。西班牙人放的火没能将它们烧毁，雨林也没能将它们吞噬。它们历经人文历史与自然历史的沧桑之变，却依旧屹立于原址，让人们可以依稀想见，玛雅城市当年的情景。

◆ 玛雅的拱形石桥

无论以东、西方哪个时代的眼光来看，玛雅建筑都是精美而有特色的。尤其是那些天文观测台及各种位置精确的石碑，乍看平平淡淡，甚至不知如何把它们彼此联系起来。研究之后，才发现其中处处可见玛雅人对天文探索的重视和执著。

玛雅人有相当丰富的关于地球公转周期、月球公转周期等的天文学知识。许多天文学权威人士认为，古代玛雅人所拥有的

八 伟大的创造

天文学知识比公元前的古埃及人还要丰富。然而,他们没有望远镜、星盘,也不用分数计算,他们到底是用什么办法获得天文数据的呢?难道真是如传说的那样是靠神的指示或外星人的帮助吗?

原来,奥妙在于观察方法。如果观察时间足够长,将观察到的周期误差减到一天以下是可以做到的。玛雅留下的观星台有一座是圆形的,其他都是建在金字塔形的底座上。这些建筑在底下看上去大都高耸入云,有些还整个儿建在一层平台上,与气势恢宏的建筑群融为一体,更显得壮观非常,给人一种泰山压顶之感。与人相比,这些观星台真是太硕大了,但如果我们想到它身处密密匝匝的热带雨林深处,就能感受到其中的良苦用心了。玛雅人唯有垒起高高的塔台,才能从密林之上望及远处的地平线,

◆ 奇布查观星台

从而达到精确观察所必需的视线长度。

玛雅祭司们全权负责所有天文观察任务。他们登上高100英尺左右（70英尺至150英尺不等）的观察塔，走进塔顶的庙宇，从观察室里的十字形观察点向外观察参照远处地平线上的某些固定标志，如两山间的山凹或某座山的山顶；观察太阳、月亮及其他星辰的升起和降落位置，从这些位置的周期性变化计算出会合周期，推论出星辰的运动规律，预测到日、月蚀和其他并升、并落现象。

天文观察的热衷程度，往往跟一个民族关于农时的经验有很大关联。玛雅人主食玉米，而且种植的绝大多数也是玉米，每块地播种前都必须经过烧林这道步骤。参天的大树、丛生的灌木在前一年雨季时砍下，经过暴晒就可以焚烧了。但大约12亩的草木要一把火烧完，必须借助强劲的风势。真可谓"万事俱备，只欠东风"。于是，祭司爬上天文台（金字塔）顶去借东风。他们向天借风，实际是依据早已在地上做好的标记。

玛雅人分别在科潘城东头和西头的山梁上树起两块碑，两碑相距约4英里多，各自所处的高度约在600到900英尺之间。从东边的这块石碑望对面山的石碑，每年的4月12日和9月7日两天，太阳落山时正好落在石碑背后。而4月12日被认为是该地区适宜烧林季节的开始。于是每年祭司们在观察到这一现象之后，当天晚上就通告整个地区的农人，神已经示意第二天起可以烧林了。如诸葛亮装神弄鬼之前先借星象观察为依据，那么玛雅祭司也是先做认真的实地观察，尔后再宣布神的指示。

八　伟大的创造

其实，玛雅人天文观察的手法远不止这些。不过，从烧林日的选择中我们可以看出玛雅天文学的一个特点。他们总是想办法将天文化为地理，把看得见却摸不着、留不住的天象变化，用建筑手段加以物化、固定化，尽可能地用观察研究得来的知识为日后生产提供方便，而不满足于在理论上得出一种抽象关系。这种"物化天文"的倾向与玛雅人经久不息的筑造精神合在一起，为后人留下了相当壮观的自然与人文结合、相映成趣的场景。

比如玛雅人用来确定分、至日的建筑群。它们位于今危地马拉佩顿乌瓦夏克顿遗址群标号 E 组的建筑。西边有个大金字塔的观察台，对面是三座并排呈一线的庙宇。正对着的东方，是一座较大的庙宇，南北两边各有一座较小的。三座庙宇坐落在同一块由北向南延伸的大平台上。从西边的观察台到东边正中的那座大庙宇之间，有两座小石碑，也许还起瞄准器的作用。以西边台上的观察点为基准，每遇春分（3 月 21 日）和秋分（9 月 23 日），太阳总是在东西向的这根中轴上、也就是在东边庙宇的正背后升起。而当太阳向北移至北边庙宇的北角升起时，正是夏至日（6 月 21 日），此时白昼最长，黑夜最短。相应地，冬至日（12 月 21 日）的太阳会从南端庙宇的南墙处升起。在纸上描述固然简单，好像摆弄模型教具那么顺理成章。然而，准确的定位、高台起造的量度都建立在日复一日、年复一年的观察基础之上，其间的耐性与恒心、人工与匠心，恐怕只有站在使人自觉渺小的塔脚下时才能体会到。从这些物化的巧妙关系中，最无知的人也能读懂深不可测的天文含义。

春分和秋分，观察这两个与播种和收获密切相关的日子，不仅有农时的意义，还有文化的意义。在原始农业阶段，没有什么日子比它们对人的生活影响更大的了。因此，在玛雅人心目中，春分是带来雨季的羽蛇神降临之际，而秋分则是羽蛇神归天的时候。关于这一点，在遗址的一些金字塔的南北台阶两端，能看到一些约一立方米大小的石刻蛇头。春分和秋分两天，当太阳落到地平线前，西斜的阳光将蛇影和三角形光影投射在地上，宛若蛇形。只有这两天里才能看到这种蛇影，预示羽蛇神的来临和飞去，也标志着雨季的开始和结束。这些用石头保留的奇观，无论从艺术还是天文的角度，都是令人惊叹的。

说实在的，如果没有这些不说话的石头重见天日来做见证，光凭那些口传的神奇事迹和文字记录（何况其中大多未能了解其中含义），是很难让人深切认识到玛雅文化的伟大的。正是靠了玛雅人蜜蜂般的筑造精神，和他们将繁难的天文标志于地理的巧思，才让今天的人得以见识这种将自然见于人工、将人的智慧又复现于自然的鬼斧神工！

而且，细细想来，与繁难的天文推算相比，不辞辛劳地在山顶、高台上搬石头造房子做标记，纵使再费时费力，也是划得来的。在尤卡坦半岛上密林繁衍速度奇快、地貌常年被密林覆盖和改变的情况下，将遥远地平线上发生的现象搬到附近的山梁上、城里的庙宇上，甚至投射于人人可见的蛇影上，实在是奇思妙想！

玛雅文化是永恒的天问、物化的天文。

九　早熟的抽象思维

1. 在计算中引入"0"

玛雅人在数学上有一个伟大之处,就是将"零"运用到计算中来。这一做法比欧洲人早8个世纪,因而使向来以学统之先进而自豪的西方人大为震惊。

玛雅人有自己的一套计数符号。他们以一个圆点代表"1",一横代表"5"。第一位到第二位采用20进位制,第二位到第三位采用18进位制。因此,"4"是4个圆点,"6"是一横加一个圆点,"9"是一横加4个圆点。"10"是两横,"11"是两横加一个圆点,"14"是两横加四个圆点,"15"三横,"19"是三横加四个圆点。如果逢20进至第二位,则第一位上就用一只贝壳纹样代表"零"。

这种表达法表明,玛雅人已在计算中引入了零。在没有零概念的计算系统中,比如古代中国最初的计数体系中,逢十则仅仅以人命名的十位单位做数字标记,逢百、逢千也依次类推。比如数字135,表明一个100加上3个10加上5个1。用这个数字加上65，等于2个100。而根本不涉及零概念。也就是说，只有具象的单向累加，还没有将空位的空加以形式化。

借助数学上的深刻认识，玛雅人在没有分数概念的情况下，精确地计算出太阳历一年的时间。其精确度比我们现在所通用的格雷戈里历法还要精确。他们通过对金星轨道的观察，计算出金星公转周期为584日。按照他们的办法推算，1000年仅有一天的误差。

古代社会中，天文、历法、农事三者总是密不可分的。而它们又都以计算为基础。玛雅人在数学上的早慧，使他们在天文知识、历法系统、农事安排上都表现出一种复杂高妙而又井然有序的从容自信。

玛雅人多种历法并用，每个日子都有四种命名数字，却丝毫不乱。没有任何特殊仪器，仅靠观星资料，准确定出每年德分、至日，以及各种重要会合日。这样充分掌握了天气变化规律，才能准确计算出雨季、旱季的始终，为农业生产提供重要的保障。

玛雅数学的成就当然还表现在超群的建筑成就上。众多巨型建筑和建筑群落的定位、设计，都涉及数学问题。建筑就是凝固的数学和艺术。玛雅特有的尖拱门造型也蕴含着精巧的数学思维。当然，还有许多用来展现他们天文学知识的建筑，比如观察分、至日的建筑群。精确丈量、定位的相互呼应，都需要分毫不差的数学天才，才能使我们今天透过断壁残垣看到特定的奇景。

在古代玛雅社会，掌握数学的是祭司。他们的首要职责，就是做人与神之间的桥梁。他们告诉人们哪一天羽蛇神降临，给大

九　早熟的抽象思维

地带来雨季；哪一天开始烧林，可以得到风神保佑的许诺；哪一天战神来临，将带来战事，甚至死亡。他们是玛雅世界的权威人士。他们说哪位神动怒了需要人祭，国人就只好照办。据说，玛雅祭司预见了西班牙的入侵，并且从神谕中得知，这些远道而来的人将成为玛雅人的新王。总之，玛雅人心目中的祭司是神游古今、通晓天地之理的人物，凡事都要求教于他们。

作为祭司，他们的首要任务就是要尽可能使自己当得起这种重任。玛雅的天文学知识完全建立在祭司们日复一日、年复一年的不间断观察之上，他们的数字记录系统很好地反映了这种纪年传统。玛雅人将一年划分成 18 个月，每月 20 天，每年有 5 个祭日。有意思的是，他们的数字进位也是分别采用 20 进位和 18 进位。这很可能是起始于逐日记录天象观察的需要。如此也推进了玛雅数学的发展，使得历法、农事发达起来。

从零的概念，可以看到玛雅人抽象思维能力的早熟，以及玛雅文化天文、历法、农事知识系统之完善。而这些可观的成就，这种对抽象规律的追求，可能是与祭司们对神圣地位的追求互为因果的。一种古老的文化职能激发了人们新的求知欲，在追求神人同感的过程中开始了科学的第一步，真可谓歪打正着。

人类想了解自身、了解自然，了解自然力量甚至超自然力量与自身的关联，这种求知欲创造了人类的文明史。而促使人类迈出这精神文化第一步的，就是祭司们：从他们开始，人类开始切实、专职地研究历史、文字、天文、地理、数学、医药和心理；开始创造各种符号，用来记录过去、计算现在、推测将来。

我们常常十分轻视巫师祭司们的勾当,以为在那些"迷信"之中无非尽是些文化垃圾。然而,这个被我们视为"零"一样神奇的信仰世界里,却生出了无数宝贵的"文化生命体"。

2. 奇布查天文台

天文学是历法的基础,玛雅人拥有渊博的天文知识,对于月亮、地球、太阳、金星和其他星体的运行,相应的历法中描述得非常准确。玛雅人有22种历法,涵盖了太阳系及其之外众多星球的运行周期。

正如前面建筑部分所提到的,玛雅人的天文台充满特色,功能或外观都与现代天文台十分类似。以凯若卡天文观测塔为例:建筑在巨大而精美的平台上,有小台阶通往大平台;一个圆筒状的底楼建筑,上面有一个半球型的盖子,是天文望远镜伸出的地方;底楼的四个门刚好对准四个方位,向东方望去,是春分、秋分的日出方向,向东北方望去,是夏至的日出方向,向东南方望去,是冬至日出的方向。

考古学家认为,玛雅人建立了一个天文观测网。最负盛名的奇布查天文台,是玛雅人唯一的圆形建筑物。一道螺旋形的梯道通向三层平台,顶上有一对观察星座的天窗。从上层北窗口的墙壁(厚达3米)所形成的对角线望去,可以看到春分、秋分之际落日的半圆;南窗口的对角线又恰好指向地球的南极和北极。

玛雅人的历法是世界上最正确的历法之一,他们的编年史经

九 早熟的抽象思维

许多研究玛雅文明的专家考证后，是起于公元前 3114 年 8 月 11 日。至于为什么选择这一天，这样有什么特别含义，至今仍是一个谜。

玛雅人有一套复杂的方法，用来记录重要事件的日期，它以三种不同的计时法——阳历年、金星历年和卓尔金历年——为基础。260 天的卓尔金历年与阳历年连在一起，二者都包含在历时 584 天的金星历年之内。

玛雅人建筑金字塔、庙宇并不是为了个人需要，而是在遵照历法上的指示：每隔 52 年要建造一座有一定数目阶梯的大建筑物，一天为一阶，一道平台表示一月，直到顶端共计 365 天，每一块石块都与历法有关，每一座完成的建筑物都需符合天文的一定要求。似乎他们除了宗教热忱的冲动外，并未有建造大型庙宇的念头，只因历法赋予这项义务，他们就按步就班地履行着。

这里要指出的是，虽然同被称为"金字塔"，玛雅人的金字塔与著名的埃及金字塔有所不同。埃及金字塔是空心的，内部为帝王陵寝；而玛雅金字塔为实心，塔前广场是民众参加祭典的场所，塔顶则供教士们办公、居住或观察天象之用。在奇布查的圆顶天文台，玛雅的天文学家可计算月球的轨迹至小数点以后 4 位，甚至可计算出金星上的一年至小数以后 3 位。

我们现在所使用的月历，一年以 365.2425 日计算，玛雅的天文学家则以 365.2420 日计算。根据如今天文学家的计算，一年应该是 365.2422 日。由此看来，古代玛雅人所使用的月历，比我们现在所使用的月历更正确，其误差只不过是 0.0002 天，换算成秒，一年只差17.28秒。谁也不知道，古代玛雅人为何有如此正确的计算？一个天文学家若想得到这样的数值，至少要花上一万年以上的时间来做天体观测才有可能。玛雅文献之一的托兰斯汀古书上，明确载有日蚀、金星会合周期等。

玛雅人高超的数学概念，令世人津津乐道。其数学平均数的准确度，也让人咋舌。据说古玛雅人曾以32.75年的时间，观察405次月圆，计算出32.75年等於11960天。今天天文学家以精密仪器计算的结果是11959.888天；以玛雅人的算法，每292年才出现一天误差，即每年误差不到5分钟。他们的天文知识在高超的数学技巧的帮助之下，也有惊人的成就。

所谓的金星历年，就是指金星环绕太阳一周所需要的时间。玛雅人经过384年的观察，算出584天的金星历年（他们发觉金星在8个地球年中恰恰走了5圈，然后再重复循环，便用5除8个地球年的天数，得出584天），而今日计算则为583.92天，误差率每天不到12秒，每月只有6分钟。当时没有沙漏等计时仪，也没有天文望远镜或光学仪器，竟然能准确无比地计算出金星历年来，实在是件不可思议之事。

玛雅人的金星公式认为：每一种周期经过37960天后，便会相遇在一条直线上，而根据玛雅人的神话传说，那时"神祇"就会到一处宁静的休息处所，这是否象征着玛雅人由哪儿来便回到哪儿去？

除此之外，玛雅人还有一个令我们百思不得其解的历法，那就是卓尔金历。这是根据一年等于260日周期所计算出的历法，但在太阳系中，并没有适用此历的行星，那玛雅人究竟是为了什么才编这个"卓尔金历"？其中究竟含有什么谜？

3. 历法

玛雅人的历法是世界上最独特的历法，他们的历法体系由三种历法构成，即神历、太阳历和长纪年历。

神历也称"卓尔金历"，每年260天，由20个神明图像和1到13的数字，不断组合循环，类似中国的天干地支那样不断搭配组合，得到260种组合图标，代表260天。

太阳历是根据天文测算而来的历法。它将一年分为18个月，每个月20天，另加5天作为禁忌日，这样全年就是365天。精于星象观测的玛雅人经过长期观察、周密计算，将一年的长度修正为365.242129天，这同今天科学测定的绝对年长相差不足万分之一。

而玛雅人特有的长纪年历则极适合做悠远漫长历史的刻度。这套历法建立在极其发达的数学思维之上，玛雅人运用这套历法可以准确无误地记下几千万年中的每一个日子。考古学家根据16世纪西班牙入侵玛雅的时间，再依照玛雅碑文上记录此事的计数单位往回推算，算出这套历法的起始点是公元前3114年8月11日。

不仅如此，玛雅人还制定了"太阴历"，算出了火星和金星公转一周的时间，并找出了纠正太阳历和太阴历积累误差的方法。

卓尔金历

这种历法的名字是后来的玛雅学家取的,至于玛雅人如何称呼这种历法已经无从得知。

卓尔金历以 20 个日名以及 13 个日数构成的周期组成 260 个独立的日子,用来决定宗教及祭典项目的时间,并做占卜用。根据这种历法,每个日期都依序被标上从 1 到 13 的日数和 20 个不同的日名。由日数和日名的 260 个不同组合标示一年 260 天,类似中国天干地支形成的 60 个组合。

玛雅人认为每个卓尔金日都有所影响事物的象征。他们有个称为"日期保管者"的萨满祭司,专门负责研读卓尔金历以预测未来。当小孩出生时,日期保管者会解析卓尔金历来预测小孩将来的命运。举例来说,在 Ak'b'al 日出生的小孩会被认为女性化、富裕并能言善道。Ak'b'al 日出生的小孩被认为具有和超自然世界沟通的能力,所以将来可能会成为一个萨满祭司或婚礼致词者。

人们一直想知道卓尔金历这种一年只有 260 天的历法是怎么来的,然而它确切的起源仍属未知。有些人认为,卓尔金历是由以 13 与 20 为基数运算而来的,因为 13 和 20 是对玛雅人来说很重要的数字。20 是玛雅数字系统的基数,来自于人类手指与脚趾的总数,而 13 象征着神明所居住之天界中的层级数,两个数字相乘等于 260。另一些理论提到,260 天的间隔是从人类的孕期而来的,这个数字与从第一个该来却没有来的月经期开始算起,这样到分娩期间的平均天数很接近 260 天,故有人推测卓尔金历原先是由助产士为了推估婴儿的预产期发展而来的。

太阳历

太阳历也叫哈布历（Haab'），是玛雅的阳历，由每月 20 天的 18 个月，加上年末称为"Wayeb'"的 5 个"无名日"所组成。人类学教授维克特·布里克在其著作中估计，哈布历的首度使用约在公元前 550 年左右某个冬至开始的时候。哈布历是农业历的基础，每个月的月名以季节及农作事件作为命名的依据。如第十三个月（Mak）指的是雨季结束，第十四个月（K'ank'in）意为秋天成熟的作物。

现为人所知的哈布历月名是以殖民时期的犹加敦玛雅语表示的，源自 16 世纪所抄写的资料：来自 Diego de Landa 主教以及像是 Chumayel 的 Chilam Balam（直译为"预言者的秘密"）等书籍。而前哥伦布时期玛雅碑文中的哈布历字符经过语音要素分析之后，显示这些 20 天期的月名会随着不同的时代、区域有着大幅度的变动，反映出古典、后古典时期各种语言、用法之间的不同。

哈布历的日期是由这个月中的日数后面接上月名所表示的，而日数则以译为"位于"有名月的字符开始算起，通常视为这个月的第 0 天。每年的第一天为 0Pop，接下来是 1Pop、2Pop……19 Pop、0 Wo、1 Wo……依此类推。

对于一个标示季节的历法而言，哈布历是既粗略又不准确，因为它把 365 天当作一年，而忽略了实际回归年中额外的约四分之一天。所以每过一年，历法所标示的季节就会比上一年提前四分之一天。在哈布历中以特定季节命名的月份在数个世纪之后便不再对应到与其月名相应的季节。不过也有些人认为，玛雅人已经知道并修补了这四分之一天的误差，即使在他们的历法中并没有无包含类似闰年的这种措施。

另外，玛雅人认为哈布历中最后五个被称为"Wayeb"的无名日是很危险的时期。他们认为，在Wayeb'期间，分隔凡间与阴间的大门消失，没有任何束缚可以阻挡那些邪神兴起灾厄。为了避开这些邪灵，玛雅人在Wayeb'期间有一些习俗并举行仪式，例如人们会避免离开居所或梳洗头发。

因为两个历法分别以260天和365天为基数，所以整个系统正好每52个哈布年重复一次，也就是当神历年轮回了73圈后，刚好和周转了52圈的太阳年回到同一个标记上，由此形成一个52年的大周期，所以玛雅人将52年定为一个世纪，是一个历法循环。历法循环结束前夕对玛雅人来说是动荡以及不幸的时期，他们会期盼神明是否会赐予他们另一个52年期。

卓尔金历和哈布历都不是计年的系统，但两个历法的组合已能满足多数人计日的需求，因为两种历法在同一个日期的组合不会在52年内出现两次，这已经超过当地人的平均寿命了。

长纪年历法

上述两个历法组成的周期只能区别18980天（约小于52年）以内的日期，因此，若要准确地纪录他们的历史，就必需使用另

九　早熟的抽象思维

一种更为宏大的计日方法，也就是玛雅人独特的长纪年历法。

这种历法也被称作"长期积日制历法"，它用五个数字组成的数列表示每一天，是为了能单独计算所有天数而建立的。在玛雅语中，日数的单位称为金（k'in），20金称为乌内尔（winal或uinal），18乌内尔为一盾（tun），20盾称为卡盾（k'atun），20卡盾为一伯克盾（b'ak'tun）。具体的换算关系如下：

1金 = 1天；

1乌内尔 = 20金 = 20天；

1盾 = 18乌内尔 = 360天；

1卡盾 = 20盾 = 7200天；

1伯克盾 = 20卡盾 = 144000天 ≈ 395年。

纪年的五个数字分别对应这五个单位。这样如果有一天写作3.12.5.10.6，就表示3伯克盾12卡盾5盾10乌内尔6金。奇怪的是，长期积日制历法并不是从0.0.0.0.0开始的，而是由13.0.0.0.0算起，"伯克盾"的顺序是13、1、2……12。整个历法的长度是13个伯克盾，也就是约5129年。

金星周期

另一个对玛雅人很重要的历法是金星周期。玛雅人在天文学方面有着极为卓越的成就，他们借由多年来的仔细观察达到了非常高的精确度。他们测算的地球年精度已经非常的高，还掌握了日、月、金等星球的运行规律。他们可以非常准确地计算出金星周期，玛雅人观察到，金星在8个地球年中恰好转5周，所以他们得到金星年是 365 天 ×8÷5=584 天。而现代测算得到的金星年是 583.92 天，两者相差极小。在玛雅刻本之一的德累斯顿刻本（Dresden Codex）中就有六页准确地计算了金星的位置。

金星周期历法之所以对玛雅人格外重要，可能是因为玛雅人认为金星周期与战争有关，并用它来占卜战争及加冕仪式的良辰吉日，玛雅统治者会计划在金星升起时开战。玛雅人也很有可能追踪了其他如火星、水星以及木星等行星的运行，但这目前只是学者的猜测。

如何把玛雅长纪年历法的日期换算成我们现在用的公历日期呢？一个历法中必须至少要有某一个日期能够准确对应于另一历法中相对的同一天，才能在两个不同的历法之间做日期的换算。一般公认的公历与玛雅历之间换算的表达方式，是从儒略周期的开始算起至玛雅的创世日期 13.0.0.0.0 之所经天数。

最广为接受的换算是 GMT 换算，这种换算是将玛雅的创世日期 13.0.0.0.0 定于公历的公元前 3114 年 8 月 11 日。这个转换方式符合天文学、民族志学、碳定年以及历史的证据。举个例子，经过 GMT 的换算，公元 2010 年 1 月 1 日在长纪年历中的表示法为：12.19.16.17.15。

计算的步骤是先计算出这个日期距离公元前 3114 年 8 月 11 日的天数，然后从最高的时间单位（伯克盾）开始，接着算出较小的时间单位，一直到日数（金）。为了方便计算，可以根据 2010 年 1 月 1 日对应的数字进行换算。

一个历法循环之中的典型日期为 9.12.2.0.16 5Kib'14

九　早熟的抽象思维

Yaxk'in，我们可以经由下列的运算来验证该日期是否正确。

或许找出自从13.0.0.0.0 4Ajaw 8Kumk'u 的所经天数会容易许多，并借此表示5Kib'14Yaxk'in 该日期是如何推导出来的。

卓尔金历是从4Ajaw 开始算起的。如要计算卓尔金历日期的数字部分，我们必须将所求日期之所经天数加上4，然后将总天数除以13。

$$\frac{(4+1383136)}{13}=106395\frac{5}{13}$$

这表示有整整106395个13天周期，而卓尔金历日期的数字部分为5。

因为一共有20个日名，所以我们必须将长计历经过的总天数除以20，才能计算当天的日期。

$$\frac{1383136}{20}=69156\frac{16}{20}$$

这表示从 Ajaw 开始，往后算16个日名，我们可以得到K'ib'。因此卓尔金历的日期为5K'ib'。

哈布历日期的8Kumk'u 表示第18个月的第9日，既然每个月有20天，则距离 Kumk'u 的结束还剩下11天。而哈布历中的第19个月，也是最后一个月只有5天。因此，距离哈布年的结束还有16天。

如果将总天数减掉16天，我们将得以计算共有多少个完整的哈布历年：

1383136−16=1383120

$$\frac{1383120}{365}=3789\frac{135}{365}$$

因此，一共经过了整整 3789 个哈布历周期，再加 135 天到一个新的哈布历周期。

接着再找出这一天出现在哪一个月。将 135 天除以 20，我们得到整整 6 个月，还有余下的 15 天。所以该日期在哈布历中出现在第七个月，也就是 Yaxk'in。Yaxk'in 中第十五天的日数为 14，因此该日在哈布历中的日期为 14Yaxk'in。

因此可以确定，长期积日制历法中的日期为：9.12.2.0.16 5K'ib'14Yax'kin。

4. 给宇宙排次序

我们现代人喜欢用冷静的术语把周围的世界分门别类地进行描述和研究，比如气候、地质、植物、动物、环境等。但玛雅人看世界的视角和我们完全不一样，他们对周围的世界充满了炽热的情感和丰富的想象。在玛雅人看来，现代人对世界分门别类的描述，是对世界众多侧面中的某一个侧面做了过于详细的考察，人为地把世界的某一部分分割出来，而不考虑它与其他部分错综复杂的联系，这是他们所不能接受的。

玛雅人给宇宙排列了次序，并用自己的心灵、头脑甚至双手，构筑一个既满足自己、又适用于那个时代的宏大完美的体系。在这个体系里，居住着一大批超自然的神灵：玛雅宗教里的各种神祇、玛雅观念中象征性的动植物、不计其数的次要精灵

九　早熟的抽象思维

们，而它们又都融入于普通人的生活中。每一位玛雅的神灵都和某一个生活中的抽象概念关联，就像中国古代青龙、白虎、朱雀、玄武分别与东、西、南、北，十二生肖动物分别与某一年相关一样。另外，玛雅人的神灵也不是永远位置不变的。玛雅人认为整个宇宙是连续不可切分的，而这些神灵们在空间—时间中不停地流动着。这也和中国古代"易"的思想相近："穷则变，变则通，通则久。"

我们现在认为时间是线性的，就像一根箭一样，不停地向前飞行。现代人浮生百事忙，对于匆匆岁月的关心只是镜中自己容颜的改变；现代人有电视，夜晚不看星星，不想宇宙；现代人有空调有暖气，一年四季同样感受；现代人心高气盛，玩命似的追求似乎没有极限的增长和发展……对现代人来说，时间就是发展的坐标，就是无休止的变化，就是日新月异总是不一样。而玛雅人认为时间是一个圆，它周而复始，是不停地轮回的，是循环的。整个中美洲古文化区都有这种观念，就连古时候的中国也信奉一套类似的观念，比如"五德终始"、"天不变，道亦不变"等。

玛雅人的世界观和古代中国世界观如此类似，是因为他们有着共同的祖先吗？有可能，但最根本的原因是他们都是靠天吃饭的农业文明。冰河期气候干燥，中纬度地区成了许多有培育前景的一年生草本植物的天下。这些地区的人类采集某些草本植物的种子，并进行培育，从而创造了新的生存基础——农业。于是，自然界的"一岁一枯荣"从原本无关紧要的风景，变成了人类生计首要关心的问题。从播种到收获，一个农业周期便告完成，直到自然界下一轮寒暑更替时,这个播种到收获的过程继续重复。对于一个长期依赖农业的社会来说,这个不断重复的过程似乎是没有止境的。现代社会的财富以几何级数的形式"爆炸"增长,这在传统的农业社会中是难以想象的。低下的农业生产效率,使得社会长期稳定地维持着,而没有什么惊心动魄的突变。一个农业周期接着一个农业周期,不会有突发的新鲜花样,就像昼夜和四时的交替重复一样。所以古希伯来人把收获季节之后作为新的一年的开始,而中国甲骨文的"年"字就是庄稼成熟的意思。循环往复的农业生活产生了周而复始的时间观,这种时间概念对玛雅人来说是非常重要的,它渗透在日常生活的方方面面。

因此,玛雅人看到的世界和我们现代人所看到的大为不同,但这不能是说玛雅人的这一套世界观落后、愚昧。确实,对于现代人来说,要完全理解玛雅人的这套自成体系、功能完善的离奇概念,实在是有点困难。然而,这只是我们的理解力问题。假如我们一味地纠缠于玛雅人世界观的"歪曲",那么智慧就被我们所处的文化框死了,就不能透过玛雅人的"歪曲"看到某种文化创造的灵气,也就忘记了智慧的本质。

十　历史的面相

1. 蒂卡尔玛雅遗址

蒂卡尔玛雅遗址位于危地马拉北部佩腾省东北部丛林中，东北距弗洛雷斯约 35 公里。约在 1696 年发现，1848 年发掘，1955 年起对外开放。它是古代玛雅最大的城市之一，建在沼泽环绕的丘陵上，由九组建筑群和大广场组成，以桥梁和堤道相连，占地面积约 2.6 平方公里。城市在公元 800—900 年间被遗弃。1963 年起进行大规模发掘，是考古、游览胜地。可乘飞机抵达，并有公路通危地马拉城。

蒂卡尔是玛雅古典时期最大的城邦，此时玛雅的文明中心已从南部移到中部。公元 292 年，"美洲虎之爪"王开创王朝，建功立业。这位强有力的玛雅王在位六七十年，为蒂卡尔日后称霸奠定了坚实的基础。在他之后，"蜷鼻王"、"暴风雨天王"将蒂卡尔推上了昌盛的巅峰，迎来了第一次盛世。但在公元 6 世纪受到来自墨西哥北部移民大迁徙浪潮的冲击，蒂卡尔发生了巨大的政治动荡，王朝风雨飘摇，城市建设一度停歇。100 多年后，蒂卡尔才又生机重现。从7世纪末到整个8世纪，蒂卡尔再次冠绝当世，连续出现三个强大的国王：阿卡高王、雅克京王和奇坦王。今天考古发掘所看到的美轮美奂的蒂卡尔城，就建于这三个国王的太平盛世之时。第二次盛世时，蒂卡尔城市面积超过65平方公里，居民达5万，共有3000座以上的金字塔、祭坛、石碑等遗迹；影响的区域方圆达500平方公里，控制着近200万人口。仅在其中心区域，就有大型金字塔十几座，小型神庙50多座。它们以古老的中心广场为核心分布四周，旁边还有装饰着浮雕彩画的王宫和廊庑围绕的市场。好几条高出地面的石砌大道，连接着各个宗教中心。

外貌既惊且险的金字塔是蒂卡尔最主要的建筑成就。蓝宝石般明净的天空下，一座座拔地而起的金字塔刺破林莽的密网，在绚烂的热带阳光下遥遥相对，熠熠生辉。更令人叹为观止的是蒂卡尔金字塔斜度达70度的惊人设计，其外形有如欧洲的哥特式教堂般奇峭，因而有人称之为"丛林大教堂"。就是沿着这些陡峻得令人晕眩的石阶，玛雅祭司——通常也是玛雅王，一步步进入金字塔顶端装饰着高耸"顶冠"的神庙，仿佛升入天际。在那儿，他们与众神沟通，获得超越世俗的力量；也是在那儿，他们观测星象，制订历法，成为千千万万玛雅人心目中的世间之神；就是在那儿，神与王合二为一了。

在蒂卡尔的中心广场上，树立着几十块被学者称为"石碑仪仗"的纪念碑，它们排列整齐，记载着当时的自然现象、政治事件和重大的宗教仪式。最早的一块刻于公元292年，最晚的一块

十 历史的面相

刻于公元869年，此后就突然停止雕刻了。与此同时，曾经无比强大的蒂卡尔突然香消玉殒，被莫名其妙地遗弃在丛林中。公元835年，帕伦克的金字塔神庙停止施工。公元889年，蒂卡尔正在建设的寺庙群工程中断。公元909年，玛雅人最后一个城市也停下了已修建过半的石柱……整个9世纪，中央低地数以百计的城邦突然被纷纷遗弃，那些繁华的都市几乎在同一时期褪色荒芜。未留下任何解释，辉煌的古典时期文明匆匆降下帷幕，一出波澜壮阔的历史剧戛然而止。

蒂卡尔地处高地、低地及尤卡坦半岛之间的交道要道，贸易地位十分重要。早在公元前500年，玛雅人就开始在蒂卡尔建城了。开始的时候，特奥提华坎帝国一直通过高地上的卡米纳胡尤（Kaminaljuyu）与蒂卡尔进行间接贸易，也间接地影响蒂卡尔的宗教和文化。这时的蒂卡尔，与高地上的城邦相安无事，国泰民安，稳步地发展，成为低地上地位显赫的大国。可是到了公元378年，情况就改变了。一次来自西北帝国的军事入侵，改变了蒂卡尔的历史，也将这座低地上的玛雅城邦推上了其辉煌的顶峰。

378年，特奥提华为了取得蒂卡尔的直接控制权，派大军远征这座低地上的玛雅中心城邦。当年的1月8号，特奥提华的武士们在亲王火中生（Siyah K'ak'）的率领下，直扑蒂卡尔附近的小城邦瓦卡（Waka）。瓦卡国王很快就投降了，其手下的武士被编入火中生的快速突击队。很快，合成军迅速向蒂卡尔进军。火中生的军队装备先进，使用一种先进的飞标。蒂卡尔的武士在敌军铺天盖地的飞标和火箭之下，不是命丧黄泉，就是飞奔逃命，完全失去了战斗力。几天之后的1月16号，火中生就攻破了蒂卡尔城。蒂卡尔的国王被杀。后来，火中生扶植特奥提华坎的一位年青王子于次年登基，成为蒂卡尔的蜷鼻(Nun Yax Ayin)王。就这样，蒂卡尔成了特奥提华坎的一个属国，为其控制高地和低地之间的贸易通路。

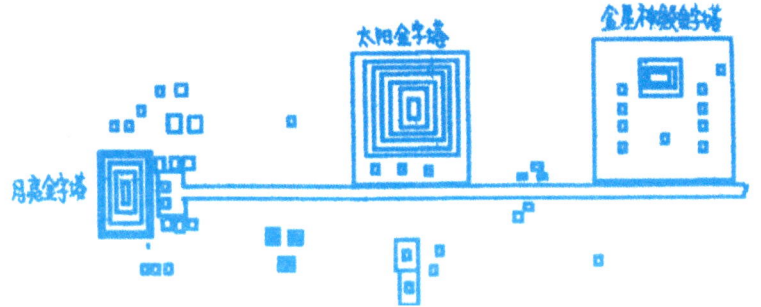

◆ 泰奥蒂华坎古城内三大阶梯金字塔的位置排列示意图（叶远：《天机》第二部第199页，中华工商联出版社2015年版）

新王的叔父火中生，也就自然成了蒂卡尔的摄政王。火中生继续率军扩大王国的势力范围，很快就攻占了低地上的另一个大城邦——乌夏克吞(Uaxactun)。从此，蒂卡尔就成为低地上的超级强国了。到了公元426年，蒂卡尔支持特奥提华坎的另一个王子在科潘称王。后来，蒂卡尔与帕伦克(Palenque)结盟。其势力范围进一步地扩大，控制了整个玛雅低地。蒂卡尔的强权延续了近200年。到了6世纪中叶，特奥提华帝国的势力趋弱，低地上的卡拉克穆尔(Calakmul)城邦趁机崛起。公元562年，卡拉克穆尔在联合了另一个大城邦卡拉考尔(Caracol)之后，打

十　历史的面相

败了蒂卡尔，成为新的区域霸主。

又过了一百多年，蒂卡尔才重新恢复了元气。公元695年，蒂卡尔的双月王崛起，领兵打败了卡拉克穆尔，夺回了低地上的霸主地位。蒂卡尔帝国的辉煌从此又延续了三代，重新控制了低地的贸

◆ 玛雅波安巴克神庙壁画

易。各地的可可、玉石、盐和羽毛等原料，源源不断地运入蒂卡尔。而加工好的珠宝和燧石产品，也从蒂卡尔出口到各地。蒂卡尔城内的大市场又热闹了起来，商贸为蒂卡尔积累了大量的财富。有了财力，又可以大兴土木了。蒂卡尔王重建了蒂卡尔的祭祀中心。在那些不朽的建筑中，除了那

◆ 玛雅的"四抬大轿"（叶远：《天机》第二部第248页，中华工商联出版社2015年版）

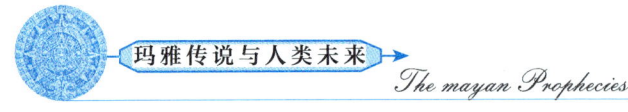

些高大的神庙，还有中央广场、北卫城和中卫城等。

　　北卫城是蒂卡尔重要的祭祀场所，建在一个高高的平台上面。北卫城有四个大的庙塔，其间又建有几十个小塔，真是庙塔林立。北卫城的前面也有一个碑林。由于蒂卡尔使用的石料比不上科潘，石碑上残留的文字和雕像多已模糊不清了。北卫城也是新庙压着老庙建的，已挖掘出来的就有三层神庙。从新庙的下面挖出了不少的宝贝，如出土的几个大型石面具，就很有特色。北卫城的庙塔还未全部修复，左右对称的庙塔中，可能一个已修复了，另一个还埋在泥土中，对照起来看，很有意思。其实，在蒂卡尔遗址区中，随处可以看到这样的土堆。土坡的倾斜度高达

◆ 帕伦克遗址

十　历史的面相

70-80度，不像是自然形成的山包，相信不用找考古学家，随便一个土包一挖，就能挖出个庙塔来。

从北卫城越过中央广场就来到了中卫城。据说，中卫城是蒂卡尔贵族居住的宫殿，由45个宫室和6个庭园组成，规模很大，宫殿多为两层建筑，十分古朴厚重。宽宽的台阶，厚厚的墙，方方的门。一些宫殿前面设有舞台，供祭祀典礼使用，只是今日已不知当年的舞姿如何了。宫殿的布置十分奢华。御用的庙堂都曾使用贵重装饰品点缀，精品从燧石刀到玉雕装饰，从黄宝石到黑曜石镶嵌装饰，一样不少。

和其他玛雅城邦一样，蒂卡尔每隔数年就会树立一个新的石碑。蒂卡尔的最后一个石碑，是公元869年的24号石碑。在此之后，长年的干旱耗尽了蒂卡尔的国力。蒂卡尔不靠近河流，每年的雨季，雨水就装满了各个蓄水池，供旱季使用。干旱使蓄水池都干枯了，玉米没有收成，饥饿的人们再也无力修建什么新的建筑了。同时，他们也对万能的国王及祭司产生了怀疑。当年，蒂卡尔究竟发生了什么事，已没人知道了。我们只是知道，从此之后，蒂卡尔就走向没落了，被玛雅人彻底地抛弃了。

2. 科潘玛雅遗址

科潘玛雅遗址是玛雅文明最重要的地区之一，有着宏大的建筑，还有丰富的象形文字，是极少数起源于热带丛林的文明的例证。这些建筑表明科潘的玛雅人有高度发达的经济和文化。

◆ 玛雅陶画中的羽冠博带（叶远：《天机》第二部第 238 页，中华工商联出版社 2015 年版）

公元 1839 年，美国探险家史蒂芬斯（John lioyd Stephens）和卡瑟伍德（Frederik Cather Wood）受一个古老传说的暗示，披荆斩棘，深入浓荫蔽日的雨林之中。然而，他们没有找到被巫师催眠的美丽公主，却发现了一座已荒废千年的古代城市遗址。在这座叫作科潘的旧城废墟上，高大的纪念碑被藤条缠绕，湮没在荆棘之中；雄伟的金字塔上长满了粗壮的树木，变成一座座荒丘。史蒂芬斯等人被眼前的这一切惊呆了，这些遗迹所代表的就是辉煌灿烂的玛雅文明。

科潘的经济与政治实力仅次于蒂卡尔而远远超过其他城邦，在文化上则完全可以和蒂卡尔比肩，甚至还略有超越。有学者认为科潘的重要意义绝不在蒂卡尔之下，它们如双峰并立，是玛雅文明两座最伟大的灯塔。确实，从考古发掘的城市遗址看，科潘在规模上可能略逊于蒂卡尔，但美丽却有过之而无不及。

十　历史的面相

科潘玛雅遗址位于洪都拉斯首都特古西加尔巴西北部科藩省，距特古西加尔巴西北约 225 公里处。靠近危地马拉边境。科潘玛雅遗址坐落在 13 公里长、2.5 公里宽的峡谷地带，面积 0.15 平方公里，海拔 600 米。科潘玛雅遗址是公元前 7~前 1 世纪洪都拉斯玛雅古城的遗址，是古代玛雅人的宗教和政治中心之一、玛雅文明中最古老且最大的古城遗址之一。遗址中有金字塔、广场、庙宇、雕刻、石碑和象形文字石阶等建筑，是十分重要的考古地区。它吸引了许多外国学者到此进行考古研究，也是洪都拉斯境内重要的旅游点之一。

◆ 科潘玛雅遗址

遗址的核心部分是宗教建筑，主要有金字塔祭坛、广场、6 座庙宇、石阶、36 块石碑和雕刻等；外围是 16 组居民住房的遗址。最接近宗教建筑的是玛雅祭司的住房，其次是部落首领、贵族及商人的住房，最远处则是一般平民的住房。这反映了阶级社会中等级制度的宗教特点和宗教祭祀的崇高地位，具有鲜明的等级特征。

在广场的山丘上有一座祭坛金字塔，高30米，共有63级台阶，它是由2500块刻着花纹及象形文字的方石块垒成的，由一个宽约10米、长约60米的石梯直通塔顶。石阶两侧雕刻着两条倒悬着的花斑大蟒。每级石阶都刻着玛雅人的象形文字。石碑都用整块山岩雕凿而成，上面刻满了象形文字。这些图案和文字记载了玛雅人的重大事件，所以又名为"象形文字石阶"。这个石阶是祭司和部族首领在玛雅人祭祀时登上塔顶进行祭祀的通道。

在广场附近，一座庙宇的台阶上立着一个非常硕大、代表太阳神的人头石像，上面雕刻着金星。另一座庙宇的台阶上，是两个狮头人身像，雕像的一只手握着一把象征着雨神的火炬，另一只手攥着几条蛇，嘴里还叼着一条蛇。在山坡和庙宇的台阶上，耸立着一些巨大的、表情迥异的人头石像。据说，玛雅人的第一位祭司、象形文字和日历的发明者伊特桑纳死后，就被雕刻成众神中的主神供奉于此。另一个长1.22米、高0.68米的祭坛上，刻有4个盘腿对坐的祭司。他们身上刻有象形文字，手中各拿着一本书。在这个祭坛的雕刻群中，还有用黑色岩石碎片镶嵌成花斑状的石虎和石龟。

在广场的中央，有两座有地道相通、分别祭祀太阳神和月亮神的庙宇，各长30米，宽10米。墙壁和门框中有丰富多彩的人像浮雕。在两座庙宇之间的空地上，耸立着14块石碑，这些石碑建于公元613年至783年之间，所有的石碑均由整块石头雕刻而成，高低不一，上面刻满了具有象征意义的雕刻和数以千计的象形文字。在众多的人物雕像中，只有一个看起来像女性。

据记载，公元 805 年以后，玛雅人突然放弃科潘城北迁，科潘城随之变成一片废墟。

十一　第五个太阳纪元

1. 屠杀与焚毁

公元 1519 年，也就是哥伦布发现新大陆后的第 27 年，西班牙探险家柯尔特斯率领西班牙军队，在他的印第安情人兼翻译玛丽娜的引导下，侵入墨西哥地区。

墨西哥地区当时最强大的国家——阿兹特克帝国的统治者蒙特祖玛二世坚信，白皮肤、高鼻梁的西班牙人是古代预言中所说的从东方归来的羽蛇神后裔，因此不但未做防御，反而派使者沿途为科尔斯特安排住宿，并给入侵者送去黄金和其他礼物。可惜蒙特祖玛二世的天真与友好并没得到

◆ 美洲阿兹特克帝国的象征，雄鹰站在仙人掌上

十一 第五个太阳纪元

善意的回应,反而助长了西班牙人的野心和贪欲。

1519年11月,在阿兹特克人的欢呼声中,柯尔特斯进入阿兹特克王国的首都——特诺奇蒂特兰。他进城后,迅速俘虏了蒙特祖玛二世,并进入他的王宫大肆劫掠财宝。第二年,又趁着阿兹特克人举行宗教庆典,展开了大屠杀。

阿兹特克人这才清醒过来,开始组织抵抗,要把西班牙人赶走。可惜他们让内心对神固有的畏惧

◆ 矗立在南美古城蒂华纳科的羽蛇神华拉科查雕像

和虔诚束缚了手脚,以至于抵抗活动并没能坚持多久。1521年8月,西班牙人再次攻入特诺奇蒂特兰城,"如同路人随手折下路边的一朵向日葵"一般,轻易地摧毁了阿兹特克文明。

其实,在西班牙军队横扫墨西哥地区之时,玛雅文明便已接近尾声。虽然在尤卡坦半岛上还残存着少量的玛雅城邦,但昔日的辉煌早已败落,不少让今人为之惊叹的知识也已经失传。

当然,西班牙人此时进攻特诺奇蒂特兰城,其目的并不在于摧毁阿兹特克文明,而是另有所图。早在征服阿兹特克人之前,

西班牙人就曾与玛雅人遭遇过。1511年，一艘从巴拿马前往圣多明戈的海船遇险沉没，12名幸存者登上尤卡坦半岛，与玛雅人不期而遇。玛雅人对他们发起进攻，俘虏了5人，剩余7人狼狈逃回西班牙占领区。1517年，3只西班牙舰船载着110名士兵，在尤卡坦半岛北部登陆。士兵们在疯狂地掠夺了玛雅神庙里的财宝后，遭到成群结队的玛雅武士的突袭，但他们最终借助舰船上的炮火击退了玛雅人，带回了他们的战利品。西班牙人惊喜地发现，战利品中有黄金制成的饰品。这就意味着，玛雅人生活的土地上可能存在着不可估量的财富。也正是因为这些潜在的财富的吸引，柯尔特斯在攻占了阿兹特克帝国之后，又派出部队继续向东、向南进发。

1526年，在尤卡坦半岛上，征服者与玛雅人不期而遇，他们遭到了玛雅人的顽强抵抗。玛雅人用箭矢、棍棒、长矛、木剑对抗配有炮火的征服者，用鹿角敲打大海龟的背壳来指挥战斗，坚持了21年。

1547年，西班牙人全线占领尤卡坦半岛。部分玛雅人被迫转入丛林，在古玛雅人的遗迹上，与世隔绝地生存了150年。

西班牙人进入玛雅的城邦，见识了雄伟精致的石质建筑、神秘的象形文字、高超的艺术技艺，以及超越当时欧洲人的理解力的知识，同时也见识了极端血腥野蛮的宗教仪式。

当时的欧洲殖民者被狭隘的宗教感情束缚，双眼被金灿灿的财宝吸引，内心装满了无知和偏见。玛雅人神秘的象形文字，与天主教义格格不入的信仰，完全背离"地心说"的历法和天文知

十一 第五个太阳纪元

识,让西班牙人惊呼:"这是撒旦所为!这里是魔鬼的巢窠!"

于是,在强制推行基督教信仰的同时,西班牙人展开了对玛雅文明的野蛮摧毁。

1562年,西班牙随军神父——迪亚哥·德·兰达下令搜集玛雅人的古籍抄本、故事画册和书写在鹿皮上的象形文字书卷,并在这年7月,亲自在曼尼城中心广场上将之集中焚毁。就这样,成千上万的书卷在大火中灰飞烟灭……

随后,他又命人捣毁了无数神像和祭坛,并将玛雅祭司全部处以火刑。与此同时,他还强迫玛雅人抛弃原有的书写系统,代之以稍有改动的西班牙字母书写的表音文字。

和很多消失的古文明情况一样,玛雅人的知识也被少数精英阶层所垄断。玛雅祭司掌握着用象形文字书写玛雅历史和文化的权利。玛雅人严格的社会分工,使得普通民众无法接近这些文字和知识。消灭了玛雅的祭司,就等于杀死了玛雅文化。

虽然现在的玛雅后裔一直坚持自己的语言、信仰和习俗,然而古代玛雅人留下的石柱上记录的玛雅象形文字,却是再没有人能读懂它们了。灿烂神奇的玛雅文明从此沉没在历史深处。

劫后余生的玛雅文献,仅残存4个刻本流落到异国他乡。它们和丛林中的玛雅遗迹一样,在西方人"印第安无文明"的自欺欺人中,沉寂了近200年,直到18世纪末才重新被考古界重视。这四个抄本分别如下。

① 德累斯顿刻本:现存于德国德累斯顿图书馆,是一本有39页长纸的书籍,每页都是双面记载。从1831年公开以来,无

数考古学家进行了解读。因此它是四个刻本中注释最多的一本。德累斯顿刻本里记录了众所瞩目的玛雅预言、宗教仪式、金星运行规律、日蚀周期表和天神的生活图画。

② 马德里刻本：现存于马德里的美洲博物馆，共112页。该刻本于蒂卡尔发现，那里是古代玛雅人遗留下来的空城。在抵抗西班牙人入侵的过程中，部分深入密林的玛雅人找到这处遗迹，在此生活了近百年，直到1697年才最后被西班牙人征服。这个刻本虽是记载最详尽的刻本，但是缺头少尾，并一度被一分为二，直到1888年才得以重组。

③ 巴黎刻本：被认为是方士的秘录。它集中记述了盾及卡盾的预言以及玛雅天文二者的组合，也就是现在盛传的"世界末日"预言。

巴黎刻本最早于1832年在巴黎法国国家图书馆被发现，3年后造了一个复本。现在原稿已经遗失，只有一些复印本留在芝加哥的纽波瑞图书馆。1859年法国东方学者莱昂·戴罗斯尼在法国国家图书馆炉角发现了一篮被遗弃的旧文献。他在这篮文献中发现了巴黎刻本，故巴黎刻本原件的现存状况较差。

④ 格罗里刻本：1970年代被发现于某个洞穴。从面世以来，其可信性就备受质疑。这个刻本是只有11页的碎片，现存放在墨西哥的博物馆，并不公开展览。每页都比其他刻本小，并且都有一个向左望的英雄或神祇。每页最顶处有一个数字，而左排则有日期列表。

古玛雅人有记录历史的习惯，每隔20年便会树立石柱，用

十一　第五个太阳纪元

象形文字记事。从1839年美国外交官约翰·史蒂芬斯与英国画家弗雷德里克·卡塞伍德首次探索丛林中的玛雅遗迹开始，目前已发现百余根这样的记事石柱。

可惜能解读玛雅象形文字的祭司们已经被消灭，这些石柱和刻本对现代人而言，已如天书一般，很难解读。虽然语言、历史和考古学家们破解玛雅文字的努力一直没有停止，但一直到20世纪中期，玛雅象形文字的破解工作仍没有大的突破——当时能破解的符号，不外乎数字、时间和天体运行周期等。

想要进一步了解玛雅人的神话、宗教和历史，就不得不借助第二手资料，从早期殖民时期留下的西班牙语文献中，探求古玛雅人的踪迹。而这些资料，有些是西班牙人翻译的玛雅文献，有些则是玛雅人用西班牙符号记录的玛雅历史，或多或少有些歪曲和改造，不过倒也基本体现了文献和历史的原貌。

这些资料中，被认为最可靠、最接近玛雅文献原貌的就是《波波尔·乌》和《契兰·巴兰》。

《波波尔·乌》被称作基切玛雅人的"圣经"，记载的是玛雅人的创世神话和史诗。而《契兰·巴兰》是玛雅各村落的"契兰"（即先知）怀着传达"巴兰"（即美洲虎，玛雅人神的化身）神意的理想，用西班牙文书写的玛雅人各村落历史的合集。

了解了这些典籍所蕴含的玛雅人的信仰，便不难理解西班牙人当年何以轻松横扫墨西哥地区了。阿兹特克人和玛雅人之所以这么轻易地被征服，除了武器上的劣势和瘟疫的意外来袭之外，还有一个很重要的原因：他们笃信古代预言。正因如此，他们一开始就在心理上败给了入侵者。

玛雅文明和墨西哥其他地区的文明有许多共同之处，阿兹特克虽不是玛雅人的分支，却被认为与玛雅人有共同的起源和类似的风俗。他们的神话传说、宇宙观和所信仰的神明大同小异。在他们的古代宇宙起源说中，最受敬仰的神明是羽蛇神。传说他创造了农业、教育、诗歌和艺术等行业。

传说中他强大并且受人敬仰，众魔神都对他心怀嫉妒。为了将他拉下荣耀的巅峰，在夜神的带领下，众魔神来到羽蛇神的宫殿，向他献上一件用棉花包裹的礼物。

"这是什么？"羽蛇神问。

◆ 美洲早期文明"奥尔梅克文化"的"蛇中人"石碑，碑刻中的羽蛇当为最初的美洲羽蛇形象（叶远：《天机》第二部第188页，中华工商联出版社2015年版）

"是一面镜子。"夜神回答。

羽蛇神将礼物打开，在镜子里，他第一次看到了自己的面孔。

他是神，本来以为自己没有面孔，是永恒的，可镜子里的他，却有着跟人一样的面孔。于是，他开始担心自己也会有像人一样的命运——短暂的，必死的……

十一 第五个太阳纪元

夜神用阴谋击溃了羽蛇神的意志。第二天,羽蛇神便乘坐着一条用蛇编成的筏子,离开中美洲,去了东方。走之前,他许下承诺:终有一天会回来。他定下了自己归来的年份,换算成公历,正是公元1519年。

因此,早在西班牙人到达之前,蒙特祖玛二世就已经认定自己将败在归来的羽蛇神手上。在他们的神话中,神拥有高挺的鹰钩鼻和雪一样的白皮肤。白种人的相貌特征让西班牙人捡了一个大便宜。

除了蒙特祖玛二世的例子,还有一段历史可以印证。1697年,西班牙军队进入中美洲丛林,发现了在蒂卡尔城避居了150多年的玛雅人。玛雅人的首领平静地对西班牙人说:此时尚不到他们祖先预言中灭亡的日子,请西班牙人四个月之后再去。四个月之后,这支玛雅人坦然接受了自己的灭亡。

2. 创世神话

土地尚未出现,世上只有平静的大海和广袤的天空。

没有什么能发出噪音,没有什么可以运动或者颤抖,没有什么能打破天空的寂静。

地球上一无所有,只有平静的水、祥和的海面,孤独并且安宁。

在夜晚的黑暗中,只有凝滞与沉默。

光芒环绕的水中,只有伟大的创世神、万物的祖先

Tepeu 和 Gucumatz。他们包裹在绿色和蓝色的羽毛中。天与地的心脏与他们共存。

——《波波尔·乌》

从此天与地汇合,玛雅人的神明给万物以滋养,给万物命名,一如基督教神的创世。

当这两位神明说要有光时,霞光照亮了天与地;他们说要有土,于是土与水分开,覆盖了地球表面;他们说要有山,于是山从海中升起……

他们给万物命名。于是,地面上魔术般地出现了峡谷与山脉,柏树与松树的幼苗覆盖了土地,水汽凝成云、雾和尘埃,升起在山谷间,鸟、兽、鱼随之出现……

这一切都是语言所创造,但是,它们偏偏没有语言的能力。神决心创造一种生物,他们可以使用语言,于是,人类诞生了。人类的出现,是为了使用语言,使用那创造了天地万物的语言,以把神的创造一天天地维持下去。人类和语言是神的荣耀。

有了人类,神明得到了应有的供奉。后来,新的神明诞生,太阳、月亮和星星也被创造出来。

这便是《波波尔·乌》中所记载的中美洲的创世神话。

然而,在玛雅人的宇宙观中,神所创造的世界万物,只要有形象,就都不能永恒——太阳也会毁灭,羽蛇神也担忧自己有死亡的一天。

玛雅人相信,宇宙是以一种大循环的形式,周而复始地运转的。

十一　第五个太阳纪元

在《波波尔·乌》记载的和现代玛雅人口耳相传的神话中，创世神最初用湿泥塑造人类。但是这些人类相当脆弱，一不小心便会被打碎，他们也无法流畅地用语言说话，无法保证在特定的日子里为神献上祭品，无法领会神的旨意。于是神愤怒了，他将泥塑人统统打碎，召唤来一场大洪水，毁灭了第一个太阳纪。

在第二个太阳纪里，神尝试着用木头创造人类，但是这些人类麻木拙劣。他们对创世神毫无崇拜之心，并且身体无法灵活运动，依旧是失败之作。创世神再次招来一场洪水，毁灭了木头人，幸存的木头人变成了鱼。

在第三个太阳纪里，神用黄的、白的玉米面团塑造了玛雅人，这次尝试是成功的。但这些玛雅人也灭亡在洪水中，幸存者变成了猴子。然后这个世界迎来了第四个太阳纪，也就是我们生存的世界，终有一天它也将毁灭。

已破解的玛雅人的原始典籍中的记载，也与之大同小异：第一纪的居民是矮人，他们建造了许多伟大的城市，这些城市的废墟仍留在玛雅人现在居住的地方。所有的建筑都是他们在黑夜中修建的，因为太阳一出来，他们就变成了石头。考古学家在一些石祭台上发现了雕刻的矮人形，这些祭台是现今发现的最古老的石块之一。玛雅神话中所说的那些废墟中的石头人，也许就是这些石祭台所刻的人形。第二纪的居住者是 Dzolob，意思是"侵略者"，他们也为大水所吞噬。第三纪居住的是玛雅人，普通的百姓。第三次大水被称为 Hunyecil 或者是 Bulkabal，意思是"浸没"。前三纪分别为三次洪水摧毁之后，出现了现世，也就是第四纪。这一纪的居民,包括前三纪所有的幸存者,以及这一纪新出现的人。根据玛雅人的推算,这一纪开始于公元前 3114 年,结束于公元 2012 年。

虽然对毁灭的原因有不同的看法,但与玛雅人共同存在的中美洲大陆上的各个民族,几乎都有类似的大循环观念。

例如阿兹特克人就相信这个世界已经毁灭了四次,我们生活的是第五个世纪。阿兹特克人留下的文献《梵蒂冈拉丁抄本》中记载:

第一太阳纪,马特拉克特里·阿特兰纪,为期 4008 年。生活在这一纪的人是巨人,他们以水生玉米为主食。这一纪毁于洪水,人类变成了鱼。只有一对夫妻得到水边生长的一棵树的庇佑,侥幸逃过灾难。洪水消退后,他们使人类重新得以繁衍。

第二太阳纪,伊厄克特尔纪,为期 4010 年。当时的人吃一种叫作亚科钦特里的野果。这一纪毁于狂风,人变为猴子。只有一男一女立于岩石之上,得以幸免。

第三太阳纪,特雷奎亚威洛纪,为期 4081 年。这一纪的人类是第二季的后裔,他们以一种叫作钦可科克的果实为食。这一纪毁于天火。

第四太阳纪,宗特里里克纪,为期 5025 年,这一纪同样毁于洪水。阿兹特克人所留下的举世闻名的太阳历石也印证着这一点。太阳历石被雕刻在一座巨石上,很像一个圆盘,直径 3.6 米,重 24 吨,是阿兹特克人奉献给太阳神的一块纪念碑。它本来装饰在诺提特兰神殿的墙上,后来神庙被西班牙人拆毁,太阳

十一　第五个太阳纪元

历石却奇迹般保存了下来。

太阳历石的中央是太阳神托纳提乌,四周环绕着阿兹特克人的历法有关宇宙的文字与符号,是阿兹特克人文明的综合体现。据考古学家解读,太阳历记载了这个世界的五个太阳纪:创世之后,世上曾经有五个太阳,它们

◆ 墨西哥阿兹特克历法石（〔英〕克利斯·马顿等:《水晶头骨之谜》,田力、曾臻译,光明日报出版社 1999 年版）

先后主宰着一个太阳纪。第一个太阳纪毁于洪水,以水神的头像表示;第二个太阳纪毁于猛兽的吞噬,以美洲虎的头像表示;第三个太阳纪毁于从天而降的火焰之雨,以火和雨组成的头像表示;第四个太阳纪毁于狂风,以大气之神的头像表示;第五个太阳便是太阳神托纳提乌本身。浮雕上太阳神满脸皱纹,已进入衰老期。他的舌头如黑曜石刀一般,饥肠辘辘地从嘴里伸出来,表示对人血和心脏的渴望。有人说这表明这个太阳纪将因太阳本身的衰老而毁灭。也有人说,太阳神处在表示运动的符号中,这表明这个太阳纪将毁于地球的剧烈运动。

和玛雅人以及中美洲其他民族一样,阿兹特克人相信,太阳也会死亡,而根据前四个太阳纪的周期来推算,这个太阳纪也将毁灭。但是推算方法已经失传,阿兹特克人并不知道具体的灭亡

日期。为了延缓太阳的衰老,让它放射光芒,就必须不断地用人血和心脏喂食它。

用人血和心脏延续神明的生命,维持世界的运行,这也是阿兹特克人和玛雅人举行血腥的人祭仪式的高尚动机。

3. 纪元的轮回

其实,了解了玛雅人的宇宙观,便不难理解他们预言中的大循环观念。

在玛雅人的意识里,存在着许多超自然的实体。其中既有他们供奉的神祇,又有象征性的动植物和不计其数的精灵们。这些超自然的实体,往往与某一个特定的区域和时间片段相关联,甚至成为它们的标志,比如,阿兹特克人被西班牙入侵的那一年,便被称作"芦竹之年"。这些超自然的实体并不是独立于宇宙之外的存在,而是宇宙的构成部分,在时间与空间构成的体系里,跟人和动植物一样,连续地流转运行。

在玛雅人的意识空间里,有一个严密嵌套的封闭结构。在垂直层面,它被分成三层。最上一层是太阳和众多星座的运行区域,也是诸神居住的地方。神灵的意志通过星辰的运行和变化来传达。自杀者、战死的武士、作为人祭牺牲的人、难产而死的妇女和祭祀们可以沿着银河进入上界。

中间一层是个类似于"十字"的结构,"十字"的中心是一棵枝叶繁茂的木棉树,上面栖息着一只圣鸟。木棉树贯穿三界,

十一　第五个太阳纪元

是宇宙的生命之轴，而三界所释放的超自然的能力，也沿着它上下流淌。死者的灵魂可以通过它上下，神灵也可以通过它进入"中界"帮助人类。十字结构的另外四个部分也分别有各自的木棉树和圣鸟组成的贯通上下的中心轴。

最下一层被称作"西巴尔巴"，也就是冥府，自然死亡的人最后会被分配到这里。这里有两条河流贯穿，是一个孕育着生殖和丰产力量的潮湿之地，但同时也是个腐朽与疾病并存的恐怖之地。死者的灵魂通过岩洞、泉水或湖泊进入这里。

在玛雅人看来，时间也是闭合的，而不是线性流淌的——玛雅人的历法本身就是用相互嵌套的圆来记录的，时间自然也是周期循环的闭合圆。玛雅人认为时间可以测量，可以用数字记录，可以划分成特定的一小段。玛雅人认为时间与空间是不能分割的，特定的时间片段有它的特定方位，因此，象征着它的超自然实体同时也代表着特定的空间。

时间是轮回循环的，而时空是不可分割的。于是，在玛雅人观念中，时间就有了这样两大特点：第一，它不具备唯一性，玛雅人的历法，每一个周期都会重新从零开始计数，同一个数字可能代表不同的时间；第二，它有历史的对应性，现在发生的每一个事件，都会重叠映现过去同一个时间点发生的事。也正因如此，有人认为，与其说玛雅人是对未来预测得准确，不如说是对过去认识得透彻。

玛雅人的时间轮回循环、文明毁灭与重生的大循环观念，也许便源于此。

理解了这一点,我们对所谓的玛雅人预言的世界末日,便无需悲观。因为它也许只是一个轮回的结束、一个全新的起点。而且毁灭与重生,在玛雅人的轮回观念里,也是密不可分的。

有这么一种说法:如果把整个地球的历程凝结在一天中,那么人类文明将出现在这一天的最后一秒。之前漫长的23小时59分59秒,是否真的是文明的空白期?玛雅人所说的三个太阳纪文明,究竟有没有真的出现过?

没有确切的证据,谁也不敢轻易下结论。

古老的神话隐含着人类对宇宙的最初认识,随着人类知识和认识水平的提高,神话也逐渐失去它解惑答疑的权威性。玛雅人对四个太阳纪的论述,无疑包含了相当浓厚的神话色彩。然而,在玛雅人拥有让现代人也为之惊叹的天文和数学知识的情况下,这些神话仍旧为他们所坚信不疑,直到17世纪末。这不能不令人生疑。

抛开玛雅人和阿兹特克人大循环宇宙观中的神话色彩,我们可以发现,他们所提到的导致各太阳纪灭亡的罪魁祸首,如洪水、天火、飓风、地震等,都曾在地球历史上有迹可查的物种毁灭过程中扮演过关键性的角色。

现代科学已经发现,在历史上发生过几次特大的灭绝性事件,几乎灭绝了所有的生物。而地球周期性灾变的直接证明非常多,英国剑桥大学的古生物学家认为:"自从寒武纪以来,生命似乎是被刻写、抹去,然后又重写了四到五次。"根据他们的研究,在历史上的几个不同时期中,生命曾繁荣昌盛过,然而几乎

十一 第五个太阳纪元

又在瞬间从地球上销声匿迹了。

无论是周期性的洪水、地震、火山、大陆板块的升降,还是偶然的外来星体撞击,其威力都可能迅速毁灭一个文明。尤其是洪水毁灭文明,不仅有科学推测,更有世界不同地区不同民族的文献记载或者相关传说。

英国民族学家的研究表明,在北美洲、中美洲、南美洲的130多个印第安种族中,没有一个种族没有以大洪水为主题的神话。基切族的"圣经"《波波尔·乌》中,对灾变做了如下描写:"发生了大洪水……周围变得一片漆黑,开始下起了黑色的雨。倾盆大雨昼夜不停地下……人们拼命地逃跑……他们爬上了房顶,但房子塌毁了,将他们摔在地上。于是,他们又爬到了树顶,但树又把他们摇落下来。人们在洞穴里找到了避难的地点,但因洞窟塌毁而夺去了人们的生命。人类就这样彻底灭绝了。"

在中国,不仅汉族有大禹治水的传说,蒙古族、满族等民族也有大洪水的记忆。《天宫大战》中有洪水造民的记载;《老爷岭》中记载洪水毁灭人类,仅剩下一个少年被洪水冲到了山坡上,后来救了母鹿并与母鹿成婚育子;满族的婚俗中也有九天女与渔郎婚配,产下后代,而这些子女后来又死于大洪水的传说。

印度有一则传说,说的是一个名叫摩奴的苦行僧在恒河沐浴时,无意中救下一条正被大鱼追吃的小鱼,他将这条小鱼救回家,放到水池中养大,又送回恒河里。为了报答他,小鱼告诉他,今夏洪水泛滥,将毁灭一切生物,让摩奴做好准备。到洪水泛滥时,小鱼又拖着摩奴的大船到安全的地方。此后摩奴的子孙繁衍，成了印度人的始祖，而《摩奴法典》一书也由他传了下来。

在古希伯来也有大洪水的记载。《圣经·创世纪》中这样写道："此事发生在2月17日。这一天，巨大的深渊之源全部冲决，天窗大开，大雨40天40夜浇注到大地上。"诺亚和他的妻子乘坐方舟，在大洪水中漂流了40天以后，搁浅在高山上。为了探知大洪水是否退去，诺亚连续放了三只鸽子。等到第三只鸽子衔回了橄榄枝，他才确定洪水已经退去。

在出土的公元前3500年的苏美尔泥版文书中，对大洪水做了如下记载："早晨，雨越下越大。我亲眼看见，夜里大粒的雨点就密集起来。我抬头凝视天空，其恐怖程度简直无法形容……第一天南风以可怕的速度刮着。人们都以为战争开始了，争先恐后地逃到山里，什么人都不顾，拼命逃跑。"

据说古巴比伦的《季尔加米士史诗》便是由大洪水中幸免于难的人口述而成的。在这部史诗的记载里，洪水伴随着风暴，几乎在一夜之间淹没了大陆上所有的高山，只有居住在山上和逃到山上的人才得以生存。

古希腊神话说，为了惩罚人类，雷神降下狂风暴雨，海神掀起滔天巨浪。泛滥的洪水涌上田野、冲垮庙宇和房屋，淹没城邦和宫殿，将大陆变成一片汪洋。人们爬上山顶求生，而丢卡利翁夫妇因为提前得到警告，准备了船只才得以幸免。

据科学家推测，大约在一万年前，一场大洪水席卷了北半球，所有大约低于1000米的山峰都被淹没。洪水的高峰期持续

十一 第五个太阳纪元

了约 40 天左右,而这场洪水的最后消退,则是 100~120 天以后的事了。这场大规模的灾害,毁灭了地球上绝大部分的人类。幸存下来的人类,大多是平时居住在高原和山区的人。在河域文明时代,他们的进化程度要远比居住在富饶的平原和大河流域的人群低的多。洪水消退后,他们进入平原,接受了原来的文化遗产,这便是我们现代文明的发端。

我们或许可以这样理解:世界各地所记载的这场大洪水,也许就是玛雅人所说的毁灭了第三太阳纪的那场灾难。

那么,第三太阳纪的世界是不是完全无迹可寻呢?

事实上,不少考古成果都表明:从上古到现在,我们的文化似乎经历了一个断层,以至于世界上出现了许多未解之谜,诸如玛雅人精密的历法、埃及神秘的金字塔、复活节岛上的巨型石像……这些所谓的未解之谜,因为断层前后存在着巨大的文明落差,所以才出现了"有外星文明介入"的说法。

因此,我们有理由做出假设:在我们的文明之前,曾经有过被洪水毁灭的文明,也就是所谓的"史前文明"。

而古代文献最著名的"史前文明"事例,莫过于亚特兰蒂斯的传说。

在柏拉图的著作《对话录》中,记录着由他的表弟柯里西亚斯所叙述的亚特兰蒂斯的故事。柯里西亚斯是苏格拉底的门生,他曾在对话中三次强调亚特兰蒂斯的真实性。柯里西亚斯说,故事是他的曾祖父从一位希腊诗人索伦(Solon,约前 639–559)那儿听到的。索伦是古希腊七圣人中最睿智的一位,他在一次埃及之旅时，从埃及老祭师处，听到了亚特兰蒂斯的传说。

据柏拉图记载，亚特兰蒂斯位于"海洛克斯之柱"（直布罗陀海峡）外的大西洋中，面积比北非和小亚细亚合起来还更宽广。它强大的权力则不仅控制着周边的大西洋诸岛，还远达欧洲、非洲和美洲。

传说中，创建亚特兰蒂斯王国的是海神波塞冬。波塞冬娶了岛上一位少女，生了五对双胞胎，于是便将整座岛划分为十个区，分别让十个儿子来统治。这座岛以长子为最高统治者，因为他叫"亚特拉斯"，所以这个国家被称为"亚特兰蒂斯"王国。

亚特兰蒂斯大陆中央的卫城中，有献给波塞冬和其妻子的庙宇，以及祭祀波塞冬的神殿。这个神殿内部以金、银、黄铜和象牙装饰着，无比壮丽。亚特兰蒂斯的海岸设有造船厂，船坞内挤满了三段桨的军舰，码头上都是来自世界各地的商船和商人。亚特兰蒂斯王国十分富强，除了岛屿本身物产丰富外，来自埃及、叙利亚等地中海国家的贡品也不断地输入。

十位国王分别在自己的领土上握有绝对的权力，各自采取不同的组织形式。他们彼此间为了保持沟通，每隔五到六年，便在波塞冬神殿齐聚一堂，讨论彼此间的关系和统治权力。当协议成立后，就割断饲于波塞冬神殿中的母牛喉部，用它的血液在波赛冬神殿的柱子上写下决议条文，以增加决议神圣不可侵犯的权威性。

十位国王都很英明，亚特兰蒂斯美丽并且富强。但是很快，岛上的人便开始骄纵并且腐败，他们依仗强大的武力发动对外战争，惹恼了天神。在即将与雅典人开战时，亚特兰蒂斯突然遭遇地震和水灾，不到一天一夜就完全没入海底。

亚特兰蒂斯的存在与否，历史上曾经有过很多争论。很多历史学家认为亚特兰蒂斯是一个神话，柏拉图只不过借它比喻雅典社会的价值观。但不少考古学家和历史学家都希望能够找到这个沉没了的岛屿，还它一个真面貌。

在"亚特兰蒂斯学"界有一种观点：亚特兰蒂斯是破解未解历史之谜的关键。因为亚特兰蒂斯沉没前，逃亡者分散到非洲、亚洲和中美洲。埃及文明、苏美尔文明、玛雅人的文明，甚至黄河文明都源自亚特兰蒂斯文明或者受到它的影响，埃及和玛雅的金字塔、历法都与亚特兰蒂斯有关。

也有不少人认为，玛雅人所说的第三个太阳纪的人类文明，就是以位于大西洋的亚特兰蒂斯文明和位于太平洋的姆文明为主体的。后者虽无文献记载，但是因有人发现了上一个冰河时期留下的疑似人工建筑的"海底遗迹"而被人相信。考古学家推测这一东一西两个岛屿约于12000—9000年前沉入海底。近年来考古和探险界对史前文明的探索，以及不断报道的新发现的"海底遗迹"，也许很快就会为我们揭晓这个谜底。

4. 文明的对应

近年来，有人将历史上可能存在的"史前文明"——附会到阿兹特克人所说的被毁灭了的四个太阳纪中。他们认为：

第一个太阳纪对应根达亚文明。该文明发源于一块叫作根达那的大陆上，现在连结非洲大陆和南美大陆的海域就是该陆块以前所在的位置。他们认为当时的"文明"以"超能力"为核心。那时的智慧生物高1米左右，男人有第三只眼，翡翠色，这只眼具有各种各样的超能力。女人没有第三只眼，但是她们的子宫有孕育神的能力，女人怀孕前会与天上要投生的神联系，谈好了，女人才会要孩子。该文明毁于大陆沉没。

第二个太阳纪对应米索不达亚文明。该文明兴盛于一块叫米特拉姆的大陆上，据说该大陆与现在的南极洲重叠，但在当时它位于气候舒适的温带。他们认为，这一纪的文明以饮食文明为主，农耕业和饮食文化尤其发达。而这一纪的智慧生物之所以被玛雅人称为"入侵者"，是因为他们是来自猎户星座的地外生物。该文明毁于地球磁极转换。

第三个太阳纪对应穆里亚文明。该文明发源于姆利亚大陆，是上个文明的延续。传说该大陆位于太平洋，包含了今天的日本群岛和冲绳群岛。该文明以"生物能文明"为核心。据说这个文明的智慧生物已经开始注意到植物在发芽时产生的能量，并发明了可以利用并放大植物能的机械。该文明毁于大陆沉没。

第四个太阳纪对应亚特兰蒂斯文明，位于大西洋。与柏拉图的记载不同，这个文明以"光的文明"为核心，发展出匪夷所思的高度发达的文明。他们认为早在姆文明时期，亚特兰蒂斯就建立了，后来这两个文明之间还爆发过核战争。该文明毁于大陆沉没。

很显然，这些论述中所谓的"史前文明"与科学界对文明的认识有相当大的出入，但"文明"发生的地点却有着不谋而合之处，例如太平洋和大西洋中确实已发现多处"海底遗迹"。另外，据瑞典一支探险队声称，他们在南极洲发现了一座热带城市废墟。这座城市的建筑大部分为积雪所覆盖，隐藏在冰川后面，有的摩天大厦直插云霄，形状像金字塔，也有的是圆柱体形，墙壁薄而结实。科学家们用不同的方法进行测试，结果显示这座城市是在约 3 万年前建造的。这些建筑物最大的特征是没有门，入口呈马蹄形，高约 6 米。科学家由此推测，这些特殊建筑物的居民高约 3.6 米到 4.2 米。

我们对以上说法做简略梳理，或许对解读玛雅文明不无启发。

5. 第四个太阳纪

我们现在正处于玛雅人所说的第四个太阳纪中。这个太阳纪开始于公元前 3114 年 8 月 11 日——在玛雅历法中，这一天记作 13.0.0.0.0。

大多数玛雅人的手稿都认为：现在这一代人类被称为"玉米人"，是第三代人类的后裔。我们所在的第四个太阳纪，可能是人类的最后一个时代。在这一代人类繁衍起来之前，地球曾一度笼罩于黑暗之中。新创造出来的人类有黄皮肤的也有白皮肤的，他们离开了图拉这一起源地，在黑夜中焦灼地等待着黎明和太阳。接着他们看见了"金星这个太阳的向导与使者，然后燃起了香以表达内心的喜悦"，这个太阳纪便开始了。

公元前 3000 年左右，正是世界几大古文明区的肇源期。在尼罗河流域，古埃及人已经创造了独特的象形文字圣体书；他们通过观察天狼星和太阳，创造了世上最早的太阳历科普特历；他们建立了第一王国，开始了金字塔的建造。在两河流域，苏美尔人创造了世上最早的文字——楔形文字，他们开始使用独特的太阴历，并建立了最早的城邦。在印度河流域，古印度人也发明了文字，建立了城市。在黄河流域，早期的城市出现，汉字也开始形成。然而对玛雅人而言，此时距离他们创造自己的文字、在丛林中建立城邦和金字塔还有至少 2000 年。

公元 1500 年后，欧洲人开始纵横全球，他们给世界带来了发达的工业文明以及民主体制，影响了各地的文明进程。在此过程中，玛雅文明几近灭亡。

因为历史的巧合与地理环境的局限，从创立到毁灭，玛雅文明的影响范围似乎一直局限于新大陆的原住民中，而那些超前的历法和金字塔也几乎从未走出中美洲的丛林。

现代西方对玛雅文化的关注，也许并不仅仅因为它的"超前性"，而是出于人类对神秘事物固有的好奇；另一方面也可能是因为现代文明的弊病，让人们开始重新审视自己的精神世界，寻求与外界的和谐。而玛雅文化同时满足了两方面的需求。与之类似的西藏也受到相应程度的关注。

而世间流传的种种与玛雅预言类似的末日"预言"，恰似一面镜子，照出物质高度发达的同时我们精神上的焦虑，显示出人们对永恒的渴望和无法克服死亡之间的矛盾。

十一　第五个太阳纪元

其实玛雅预言中的世界末日同时也可以解读为一个新纪元的开端——就像每年的元月一日一样，我们也可以做乐观的展望，之后人类的精神和科技都能获得新的突破。

现代科学技术的发展速度实在惊人，可以说，人类在过去两百年间取得的成就，已经远远超过了之前几千年的成果。看看我们现在的中国，当最新型的大型拖拉机在广阔的东部农场上驰骋开垦时，西部农村还在使用几千年前发明的犁。再试想一下，把我们这一代网络人投放在二十年前，恐怕也会适应不了没有计算机的生活吧。

技术发展了，生活方便了，人的生活方式也随之改变了。随身携带的移动电话，既让我们免去了"千里候佳音"的苦恼，也使我们再难有"不速之客"和"访友不遇"的生活意外；网络的普及，让我们足不出户便可知晓天下事，但也让我们沉溺于虚幻世界而忽视了现实生活。

你或许上个月还在为买了个新款手机而炫耀，这个月它可能已经成了"街货"。现代技术的发展速度似乎在狂吼："就是要让你猜不到！"就是这样，现在很难想象明年的生活方式是怎样的，说不定几年时间里，人类自己就引爆一个毁灭性的炸弹，也说不定已经实现了星球间的穿越，把60亿人口全部转移到了别的星球去。

为什么人类会抛弃过去几千年都一成不变的生活方式呢？

现在的生活方式好吗？似乎也没有想象中的那么好。和两千年前的老祖宗一样，我们依然吃饭睡觉，并没有变成三头六臂的高级人种。当我们开着车兜风时,老祖宗也可以"浴乎沂,咏而归",当我们看着令人捧腹大笑的肥皂剧时,老祖宗也可以仰观天文、灯下对弈。但是,用沙漏计时的老祖宗不必每天受上班闹钟的折磨,不必忍受路上的汽车尾气,也不必整天处理各种空洞的数字,看起来,他们不会在这种生活中迷失了自己。

为什么现在的人类变成这样?生活节奏越来越快,什么东西都在比速度:我们要让自己的车子跑得更快,要让赚钱速度更快,要让军备升级更快……这些速度已经开始让我们感到心悸。

我们由血和肉构成的心脏,能够顶得住这种高强度的压力吗?我们万古未变的大脑结构,能够理解不断升级的科学技术吗?我们软弱无力的手,能够抓得住转瞬即逝的时间之箭吗?

面对不断变化的生活环境,我们必须改变自己。

改变有两个方面:一个是物理的身体,一个是精神和心灵。

在身体方面,如果人类的生理构造变化了,或许可以远远把现有的先进技术抛在后面。人类想象中的外星人总是奇形怪状的,说不定某一天我们一觉醒来就变成那副模样了。那时候,三岁的孩童也可以理解最先进的知识,我们的最前卫的科学成果都变得幼稚不堪。

在精神和心灵方面,人类至今没有很好地理解自己。物质和意识,是亘古长新的哲学话题。如果说某个时期人类会毁灭,是不是是指人类心灵的升华呢?在技术理性的支配下,我们的时间完全是直线型的,每一个人都像一部战车,轰轰隆隆地往前冲撞。或许在某一年的冬至日,我们集体入眠,等到再次苏醒时,

十一 第五个太阳纪元

我们对时间的理解已经变化了,我们对物质和意识的理解也变化了。旧人类逝去,新人类诞生!或许,我们突然意识到一味地发展科技已经让我们走火入魔,我们开始渴望老祖宗那种安定和闲逸,开始渴望"诗意地栖居",开始停止技术的发展。就像中国古人一样,发明了火药,并不用来制造枪支弹药,却用来制造美丽的烟火。人类可以像玛雅人一样,虽然有着最先进的技术知识,却过着最简朴的物质生活。

下面,让我们展望一下未来的人类在身体和精神层面可能出现的变化。

现代人类文明的发展是比较片面的,尽管医学技术日新月异,但是人类对"人"自身的提升依然不明显。那些体外文明,比如日常生活中的汽车、飞机等,探究宇宙的火箭、飞船等都在迅猛发展,而体内文明却没有得到相应的发展。回顾过去的数百年,谁都想不到我们会把这个郁郁葱葱的星球改造成现在这个钢筋水泥的世界。人类生活的环境变了,使用的工具变了,但是人类的形态始终没有变化,这一点是很难想象的。依照目前的科技发展速度,总有一天科学技术的复杂程度会达到现有人类的智商无法理解的程度,那时候该怎么办?

有一种情况是很可能的,那就是人类自身的物理形态也得跟着变化,才能适应瞬息万变的外部世界。

看看现有的人种,北欧人、东亚人、非洲人尽管人体构造并无二致,但是依然有外在形态的差异,可见,未来世界里,人类变化成别种形态是很有可能的。同时,人类自身只有向更高级的

形态进化,整个世界才能进一步发展。人自身的文明是必须要发展的,如果只顾着发展体外文明,不发展体内文明,人类的发展很快就要到头了。

那么人的物理形态会变成什么样呢?

不如通过解决一个现有的问题,来开启我们的想象力。人口问题是目前人类面临的一个巨大问题,人类历史上不乏人口爆炸而导致文明消亡的先例。人口问题最突出的矛盾就是人类的需求和外部的资源无法平衡。现在,我们致力于通过增加物质供给,试图来缓解这个矛盾,比如开发更高产的水稻等等。但是这些手段治标不治本。

那我们设想一下,假如人类缩小到现在体积的一半,不就节省了一半的资源了吗?人类身体太大,消耗的资源就会增加。车子要加长的,楼房要加宽的,各种欲求难以满足。如果把人类缩小,不仅食量变小,而且车子也随之变小了,房子也变小了,物质资源自然就相对丰富了。到时候,一个小小的盒子就可以住上百万人,一艘飞船就可以把全球的人都送上太空。

技术上可行吗?

20世纪50年代,人类第一台计算机使用了5000多个电子管,重达几十吨,占据一座大楼,需要一座小城镇的用电量。如果50年代制造计算机的人来到现代,看到现代指甲盖大小的CPU集成上亿个晶体管,他会不会说不可思议呢?

类似的,人的身体也是可以变的!

通过改变人类的物理形态,很多灾难就可以避免了。

想象一下，电影里的超人就是未来人类的模型，该是多么刺激的一件事情。

通过基因或者别的未知技术，到时候，人类可以承受千度高温，可以坚硬得像钢铁，可以快得像闪电。那个时候，你还会怕火灾吗？还会怕车祸吗？还会怕海啸吗？海浪压过来时，你小跑一下就避开了。

不要觉得不可思议，人类认识到越微观的层次，就越能创造出更多的奇迹。科技不仅仅可以改变我们的外部世界，也可以改变我们人类自身。

6. 精神变革

根据玛雅文明的记载，2012年12月21日是世界末日，当这一天黑暗降临后，第二天的黎明永不到来。尽管这个预言没有成真，但不得不让人想起"人类灭亡"这四个字。

"人类灭亡"这个词，乍听起来感觉很遥远，因为在我们的想象中，这是应该发生在遥远的未来的事情。未来总是显得很遥远。但对于每一个人来说，未来又总是可期盼的，尤其是当我们隐约或明晰地感觉到将会有某些异乎寻常的、让人惊喜的事情发生时，这种期盼便会越发让我们激动不已，信心和勇气倍增。

有西藏僧人认为，2012年以后，人类文明将会明白，科学和技术最前沿是在精神灵性区域，而非物质的物理和化学。此后，技术将转到另外一个方向。人们将懂得精神的升华，身体与灵魂的关系、轮回、我们相互之间的联系都是"上帝"的一部分。

这些藏僧有遥视功能，他们看到目前世界正在自我毁灭，但他们同时也看到，世界不会被毁灭。

西藏僧人说，世界超级大国将继续参与地方战争，恐怖主义和隐蔽的战争将是主要问题。2010年以后，世界政治将发生某种变化，世界大国将威胁互相毁灭。全世界将变得极端化，并为末日做准备，而繁杂的政治回旋与交涉却不会有一点进展。

神秘的藏僧安慰忧愁的世人：神正在观察着我们所有的人，人类不能也不会被准许大幅度地改变未来。虽然每个人目前生活中的"业"可能在某种程度上改变其未来的生活，但那样大幅度地改变未来是不会被允许的。

也就是说，某种意义上的世界末日的确要发生，只是我们人类不会灭亡；经过一场劫难之后，人类在精神层面将发生一场大变革。

那么，这场精神大变革到底是怎么一回事？

让我们来看看一种星相上的说法。

"新时代"说

新时代，也称宝瓶座时代（Age of Aquarius）。在西方星相学中，每个时代是一个时间单位，对应于黄道十二宫，每个时代延续2000年至2400年。有一种说法：我们现在正由双鱼座移至宝瓶座。新时代确切的开始时间是从1981年1月1日至2012年

十一 第五个太阳纪元

5月5日。显然,2012年是一个新的时代开始的标志,它的重要性要远大于刚刚过去的世纪末。2000多年才来一回,着实不易。

甚至有人说,基督也要再来一趟。上次基督降生,双鱼座才刚开始。如果预言是实,基督将在这个世纪再临,又逢宝瓶座刚刚开始。在有生之年,我们或许也能亲眼瞻仰基督。

协波汇聚(Harmonic Convergence)是新时代人的又一项创举。在1987年8月,它由裘丝阿贵勒斯(Jose Arguelles)依据玛雅预言和占星术推测而来。协波汇聚,是指在特定时间和特定场合,特定人群以一种特殊的冥想、发愿、祈祷方式将第五级别能量流汇聚,达到人类、地球、宇宙进入新的次元的转变。协波汇聚的重要日期是1987年12月31日,而2012年是一个顶峰。

在这里,不得不提到玛雅历法。根据玛雅人的长纪年历法,2012年12月21日将是本次人类文明终结之日。此后,人类将进入一个全新的文明。但这个终结并非世界末日,而是暗示全人类在精神和意识方面的觉醒和飞跃。

这也正好与许多新时代人的信念不谋而合。他们认为,宝瓶座的特征就是:人类的灵性或宇宙意识达到了一个更高的高度;地球也将从现在的第三维度进入第四维度。

有一个预言告诉我们:地球将经历一场精神的和物质的大扫除,这就是通常所说的"地球巨变"。这些变化已经开始,我们的太阳系正在进一步移入光子带(据称,这是一种由银河中心发出的更高频率的宇宙发散)。我们现在已经处于这条光子带的边

缘有数年之久,在将来的2000年中一直处于其中。

预言又说,洪水、地震、大陆板块移动、火山喷发以及最终的两极变换,将会在某某年发生……

不过,我们没有必要恐惧或悲哀,还是"光之灵"欧林说得好:

"当你与这些正在到临的光能合一,你的生活将会变得更为美好、更为喜悦。你现在可以立即对人类做出的贡献之一,就是放下任何对未来的恐惧,而专注于人类未来正面的愿景。因为即使在种种挑战之中,也会充满许多快乐的好时光,在其中你能获得更多的关爱、自信与勇气。"

物质和意识

我们不妨用科幻的眼光来看看恩格斯的这段话:

"物质的任何有限的存在方式,都同样是暂时的。……但是……我们还是确信:物质在它的一切变化中永远是同一的,它的任何一个属性都永远不会丧失,因此,它虽然在某个时候一定以铁的必然性毁灭自己在地球上的最美的花朵——思维着的精神,而在另外的某个地方和某个时候一定又以同样的铁的必然性把它重新产生出来。"

不可否认,物质的有限性限制了我们的行动。我们的身体迟早会停止运转,我们在睡梦中有可能不再醒来,但是物质的毁灭就意味着意识的消失吗?用科幻的眼光来看,恩格斯也是一位科幻大师,他给了我们解答。或许到了某一时刻,即便我们的身体

十一　第五个太阳纪元

消逝了，但是我们的意识却能以另外一种方式继续存在着。

我们来想象三个场景：

一、在一片荒无人迹的原始森林，一棵大树因为腐烂而倒下了，它会发出声响吗？我们可以说它倒下撞击地面产生了一些震荡，但是由于没有耳膜的震动和共鸣，撞击地面的声音还存在吗？对于这个问题，不同的人有不同的看法。

二、我们现在虽然坐在屋子里，但是完全可以想象一幅行星撞击地球的悲剧，也可以想象自己飞向天空，或者身处法国的卢浮宫，参观各种珍宝，甚至我们可以想象饥饿和寒冷的感觉。这时候，我们的意识和身体似乎并不是一回事。

三、众所周知，我们的大部分感觉来自对大脑的刺激，那么我们想像这样一个人：他完全睡着了，我们用各种奇怪的管子连接他的大脑，给他的大脑发送刺激信号，让他有饥饱寒暖等各种感觉。如果我们所有的人都处于这种状态呢？我们还活着吗？

这几个设想，可以给我们一些关于物质和意识关系的启发。世界并不一定就像我们大部分人所理解的那样，我们学会了从别的层次（一种现在无法理解的层次）去理解物质和意识的关系，那是不是意味着现代人的毁灭呢？

到那个时候，人类可以不再关注物质形态存在的身体，开始将所有的注意力贯注于心灵的力量。想象一下新人类，两个人的斗争不再是拼拳脚，而是念力的对决，该是多么刺激的一件事。

诗意的栖居

技术文明是西方文明。目前，它在全球范围内大行其道，但是很多人已经开始反省，这头披着"文明"外衣的技术野兽，更多的是不是一种暴力和野蛮？

人类的欲求总是难以满足，技术的不断前进便是人类试图填平自己欲壑的努力。但是，仅仅依靠技术，能够实现吗？前面所说的改变我们物理的身体形态去适应不断变化的环境是一条路，但终究有"以暴制暴"的嫌疑，它的逻辑是人类身体的进化比技术发展要来得更快。那么是不是有着一种相反的方式呢？

不如让我们放缓脚步，看看中国的禅道。那些厌倦了现代生活节奏的人们，开始纷纷转向内心淡定之道，禅道讲求的是"外不着想，内不动心"。

有一天，人类开始集体放缓脚步。那个时候，我们学会了欣赏月色，而不再想象它是地球影子里的一束太阳反射光；学会了享受自然的田园风光，而不再沉湎于钢筋水泥城里的灯红酒绿；学会了休闲地生活，而不是疯狂地工作。到了这样的一个时期，是不是意味着一个时代的末日呢？

埃及把法老的遗体做成了木乃伊，他们相信只要身体还在，灵魂迟早归来，这就是他们的长生不老之法。

长生不老真的可能吗？

目前最可行的办法是，你花个高价钱，找最厉害的科学家把自己的身体冻起来，到了未来的某一天再解冻，因为在那个时候

十一 第五个太阳纪元

说不定有了长生不老的方法。这个办法的思路,和埃及木乃伊是相似的。

那从根本上能解决人类寿命的问题吗?让我们从基因学上去找找答案。到目前为止,人类对自己基因的认识逐渐深化,很多疾病在此找到了解决之道。人类在这方面的研究成果,让我们对生命本身有了更深的把握。到某一天,也许人类就可以找到古代帝王梦寐以求的长生不老之道。

假如梦想成真,是否意味着人类重返《圣经》中的伊甸园,开始一个新的时代?

目前医学上已经取得的进展是令人激动的。生物学家认为,限制人类寿命的主要因素是细胞分裂次数。理论上,人类寿命是其细胞分裂次数与分裂周期的乘积。人类自胚胎期开始,细胞可以分裂 50 次以上,分裂周期平均为 2.4 年。因此,如果不受疾病等外界因素影响,人类寿命至少应是 120 岁。

而细胞分裂次数则取决于"端粒酶"——染色体末端有一种叫作"端粒酶"的物质,它如同染色体的一条"小尾巴",细胞每分裂一次,端粒酶就缩短一点。最后当端粒酶耗尽,细胞分裂即中止,而人的生命也告完结。激活端粒酶的物质自胎儿出生后即停止工作,端粒酶的长度随之确定,人的寿命也由此决定。

因此提高人类寿命可从两方面入手:一是通过修复基因减少疾病,生命之初即去除人体内疾病易感基因,代之以健康基因;二是利用转基因技术,激活端粒酶的产生,从而大幅增加细胞分裂次数。前者需要人类对基因组信息有更准确的解读,而后者的主要障碍是细胞的分化——目前所知,可无限分裂的细胞除了胚胎干细胞,就只有癌细胞。

2008年《自然》杂志评出的年度十大科学新闻中:第二名是个人基因组测序新增2例;第五名是首次人工合成基因组;第十名是制造出多能干细胞iPS以及细胞再编程。基因组的人工合成即体现了人类对基因的认识,同时也表明人工创造生命的可能。而iPS的制造和细胞再编程,是人类实现无老病技术上的一个飞跃。相信随着细胞与基因研究的理论和技术的进一步成熟,总有一天人类可以实现永生的梦想。

7. 等待飞往太空的那一天

从目前的科学技术水平来看,只要地球上还能住人,那人类就不会轻易灭亡。一般说来,决定着人类最终命运的是太阳、地球的寿命及其运动变化状态,即地球适宜人生活的期限。科学家们已经比较准确地估算出,太阳的寿命大约还有50亿年,地球适宜人生活的时间还有20多亿年。

当然,在这20多亿年里,人类可能会碰到自然力量的各种干扰,甚至是致命的打击。比如像电影中演的那样,可能出现某个小行星突然撞击地球;或者地球磁场突然发生骤变,使得太阳风及其他宇宙粒子、射线猛烈袭来;地质状况和气候也有可能发生种种剧变,从而危及人类生存。不过,我们回顾过去两百年取得的科学成就,就应该满怀信心,人类应该能够经受住自然界的

十一 第五个太阳纪元

种种考验。

目前，人类在应对地震等毁灭性天灾时，确实力有不逮。我们现在只能从一些"不够科学"的"周期性"与"灾前反应"来预测。虽然理论上有利用和控制它们的可能性，但这一天从各方面看来都遥遥无期。因此如在灾难片中所见的那样，毁灭大都通过地质和气象灾害来实现。但科学技术的发展，虽不能阻止这些灾难，却可以使人类免受灭顶之灾，甚至可以去寻找更适合的生存空间，这就是太空和宇宙探索技术。

1961年苏联就已成功发射了宇宙飞船，如今俄罗斯的载人航天飞行甚至已经开始商业化。1969年，美国阿波罗计划首次将人类送上月球。美国20世纪70年代发射的行星探测器已经登陆火星和木星。先驱者10号和旅行者1号甚至飞出了太阳系。国际空间站已配置完成。我国的载人航天飞行技术也已取得长足发展，登月计划即将展开。随着太空技术的日益完善，也许人类很快就能开始移民太空。

虽然没人知道外星人带给我们的到底是技术和友好交流还是战争和毁灭，但随着太空探索的进行，也许终有一天我们会发现地外文明。

我们可以大胆地设想，人类还可以利用接下去的20多亿年来探索太空，甚至有可能的是，在数年内就能在银河系里找到若干适于人生活的星球。而且到那时，人类可以在银河系内自由航行，就像现在在地球上旅行一样。那样，人类就可以早早地向银河系其他适于人生活的星球移民，在地球变得不适于人生活之前

全部撤离完毕。

我们再进一步大胆地想象,在更遥远的将来,人类可能征服了一个又一个太空星球,从一个恒星系转移到另一个恒星系,而人类自身却靠着不尽的智慧在宇宙中不断延续下去,直到宇宙的大环境不再允许人类生存为止。据说宇宙将来会进入快速收缩坍聚期,到了那个阶段,无序运动会占据支配地位,也就是说整个宇宙都会毁灭。当然,人类也只好随之寿终正寝了。但是,现在我们的宇宙还很年轻,到它快速坍聚还极其遥远,至少应该是上千亿年以后的事了。

展望一下人类运动的轨迹吧!我们从最初在山洞周围散步,到奔驰于广阔的森林;从建立起村落,在村落间、田野里散步,到建设城市,在街道间穿梭;从骑着自行车压过乡间小路,到开着汽车驰骋于城中大道;从城市间的穿梭,到国家间的穿梭,再到全球任何一个角落间的穿梭……终有一天,我们可以在广袤的太空中自由行走,这将是多么惬意和快活的一件事情。

或许大家很难理解,我们人类的大脑如何凭空进化呢?一觉醒来,我们对时间的观念,对物质和意识的看法已经发生了天翻地覆的变化。或许,在你看来很不可思议,也太过神秘。其实,有一条路径可以殊途同归,那就是我们人类的计算机技术进步到可以使用某种物质去影响和改变我们的大脑。

这也是人工智能工作者想做的事情,而且已经取得了很大的成果。

有消息称欧洲科学家正在紧锣密鼓地研制一种迥异于传统电

十一　第五个太阳纪元

脑的"大脑芯片"。这项"大脑复制"计划，由欧盟七国 15 个研究院所的 FACETS 项目发起。根据神经科学的研究成果，他们正在构建一台像大脑一样工作的神经计算机。

他们记录人脑神经组织的数据，以期模仿大脑皮层的神经形态建立硬件模型。测绘、建模只是研究的第一阶段，第二阶段是建立模拟电子脑细胞网络，就是在单个芯片上建立一个有 300 个神经元和 50 万个突触组成的网络，就像人脑的神经系统一样。

现在，各国都在积极研究机器人。从目前已有的成果来看，机器人已经可以模仿人的视觉、听觉、触觉等感觉。只要人类有能力制造出和人体一样构造的皮肤、骨骼和大脑，机器人根本不再是梦想。

反过来看，一旦人工智能的技术成熟到这个程度，那么人类想要改造自身的某种能力，只需向自己的大脑芯片输入相应的程序就可以了。到那个时候，前文所说的硬得像钢铁、快得像闪电的新人类就产生了。

尽管现在这个世界并不像我们大家希望的那样美好，甚至活着充满了痛苦，但我相信绝大部分人还是愿意选择活下去。只有活着，世界对于我们才有意义；只要活着，人类就会有无尽的希望。毕竟，这个世界还有太多的东西值得我们留恋。

人类文明发展到今天，崇尚理性的观念早已深入人心了。科技的进步，使人们取得了一系列辉煌的成就。我们已经登上了月球，发射了火星探测器，甚至能够左右天气，修改基因，至于上天入地，削山填海，更不是什么难事。人类有理由为自己的文明

而自豪，但必须指出的是，尽管这种声音比较刺耳，在面对无穷无尽的未知世界的时候，人类所知道的还是太少，甚至浅薄得可怜，以至于可以忽略不计。

对于末日预言能否会变成现实，我想现在任何简单的肯定或否定都会显得过于武断。为什么要这么说呢？为了讲清这一点，我们暂且把这个恼人的问题放在一旁，从几个与此不相关的历史故事说起吧。

十二　人类的未来

1. 历史是一张普罗透斯的脸

在希腊神话中，普罗透斯是海神波塞冬的后代，他有预知未来的能力，但他经常变化外形，使人无法捉到他。历史也是这样，它变化莫测，让身处其中的人难以捉摸。下面几个故事，均是影响人类文明的大事件，但是有意思的是，它们都是以出乎所有人意料的方式发生的。

伟大的错误

哥伦布是人类历史上最伟大的航海家之一，他发现美洲大陆的功绩，怎么高估都不为过。长期以来，哥伦布留给我们的印象，就是一个有着远见卓识、毅力非凡的伟大人物。但是熟悉这一段历史的人都清楚，哥伦布之所以会名垂青史，并不在于他有多么英明；相反，正是因为犯了一系列错误，才让他取得了非凡的成就。

哥伦布是意大利热那亚人，父亲是一个纺织匠，不过年轻的哥伦布对织布机可没有太大兴趣。他喜欢看另一个意大利人马可波罗所写的游记，这本书让哥伦布对以中国为代表的亚洲充满向往，这种向往主要体现在对黄金的渴望上面。尽管马可波罗本人确实到过中国，但今天严肃的历史、地理学家都知道他是一个有名的大话王。出于虚荣心和多卖书多赚钱的考虑，他过分夸大了旅途的艰辛以及东方的繁荣。比如他并没有去过日本，但这并没有妨碍他把谎话说得那么完美：日本遍地都是黄金，宫殿是黄金盖的，道路是黄金铺的，窗户框也是黄金做的。为了增强效果，马可波罗还煞有介事地说，忽必烈就是为了日本的黄金而进攻日本，结果遭到失败。《马可波罗游记》中这类关于财富的描述，强烈吸引了拜金狂哥伦布，他曾在一封信里写道："谁占有黄金，谁就能获得他在世上所需要的一切，同时也就取得了把灵魂从炼狱中拯救出来，并使灵魂重享天堂之乐的手段。"

胸怀大志的哥伦布在20多岁的时候，就开始计划向西去往中国或亚洲的航行。满怀激情的他带着企划书找到了当时的葡萄牙国王若昂二世，结果却遭到了无情的拒绝。否决的原因并不是因为葡萄牙人"目光短浅"，而是因为葡萄牙人自亨利王子以来，探索外海的热情与努力远远超越了欧洲其他国家，因此葡萄牙人掌握的航海和地理知识也比欧洲其他国家更为丰富与准确。葡萄牙航海家一致认为哥伦布的计算是错误的，事实上，哥伦布的计算也确实是错误的。

哥伦布使用的是托勒密所绘制的世界地图，他认为地球很小，欧亚非三个大陆的面积，占地球总面积的6/7，海洋面积只

十二　人类的未来

占地球总面积的 1/7。因此他对地球直径的估计，在今天看来完全是一个很离谱的错误。再根据马可波罗书中的估计，日本距亚洲大陆大约有 1500 里。哥伦布由此推断出分隔欧洲和日本的海洋宽不超过 3000 里。对于地球大小的不同计算，决定着航海策略的制定。如果大家都认为地球像哥伦布所说的那么小，那么，向西航行到达中国的航线确实应该是最短的。但是，经验更加丰富的葡萄牙航海家认为，地球要比哥伦布的计算大得多，因此，绕过非洲通向亚洲的航线，要比哥伦布想象中的航线近得多。既然如此，何必舍近求远呢？而且葡萄牙人已经在非洲海岸线上有了长距离的探索和积累。葡萄牙人的看法在今天看来是正确的，他们只是不知道，也想象不到，在那个通向亚洲的更远的道路上，还有一块巨大的陆地。

哥伦布在青年时期没有受到过多少正规教育，所以他的文化水平不高。不过他很自信，对于自学得来的知识从不怀疑。因此，他一直坚持自己的错误，甚至到了偏执的地步。幸运的是，西班牙王室的知识水平也不高，轻信了他的错误计算。当哥伦布向西班牙推销他的计划时，西班牙像葡萄牙一样，组织了专门的委员会，讨论哥伦布的计划。显然，西班牙的委员会都是一帮不甚高明的家伙，其中一个所谓的"专家"甚至问哥伦布：如果地球是圆的，你的船有一段航行必然是从低处向高处的"爬坡"，如何才能"爬"上去呢？对于这个问题，哥伦布也回答不上来。但是，哥伦布对于黄金的追求是不可阻挡的，这一点西班牙王室与他一样，他们都希望获得大量的黄金。在这个目标的驱使下，

一个计算错误的冒险家和一个不懂科学的有钱国王一拍即合，开始了一场错误的航行。

1492年8月8日，哥伦布受西班牙国王之命，带着由国王写给中国皇帝的证明信件，率领由可靠的水手和饱经风霜的能干的船员操纵的三艘帆船，从帕洛斯角启航。到9月6日，远征队已把加那利群岛丢在后面，驶入烟波浩渺的海洋。根据哥伦布的计算，就算是以平均10节的航速，日夜不停向西航行，大概10天就能到达西边的"中国"，算上各种风险，顶多也就个把月。但是，日子一天天地过去，船上的人们烦燥不安起来。为了消除他们的忧虑，哥伦布偷偷篡改了航行的里程数来忽悠水手。10月7日，发现了飞鸟，但在地平线上仍没出现陆地，哥伦布也开始焦虑起来。10月9日，他许诺要是三天内再看不到陆地就返航，然而恰好在三天期满前，瞭望台发现了巴哈马群岛中的一个小岛，于是乎，美洲被发现了。

世界历史的最大嘲弄之一，是被后世公认的美洲大陆的发现者哥伦布到死都不承认他到达的是一片新大陆，他将其称之为"印度"。但很快，西班牙和整个欧洲就喜欢上了哥伦布的"错误"。1532年，西班牙探险者皮萨罗毁灭了秘鲁的印加王国后，获得了将近5吨黄金，比当时欧洲一年的黄金生产量还多。从此，将北美洲当作后院的西班牙成为最大的贵金属输出国，整个西欧的贵金属产量连年翻番，然后又源源不断地流向东方，换回胡椒、宝石、丝绸、瓷器。这些黄金，最终成为西方崛起的资本。

即使没有哥伦布，美洲大陆迟早也会被发现，这是历史的必

十二 人类的未来

然。但如果不是由哥伦布发现,而是此后的1510年由法国人或英国人来发现,那么整个世界的历史,将会是一个截然不同的面貌。正如18世纪法国著名的地理学家让·巴吉斯塔·安维里评论的那样:"一个极大的错误,导致了一次极其伟大的发现。"

滑铁卢的一秒钟

在世界战争史上,滑铁卢大战以战线短、时间短、影响大、结局意外而著称。这一战,不仅彻底结束了拿破仑的军事生涯和政治生命,也深刻地改变了欧洲的历史进程。从此,"滑铁卢"这三个字成为"失败"的代名词,并在全世界广泛使用。

1815年2月26日,拿破仑逃出厄尔巴岛,率领1000人于3月1日回到法国,被派来阻止他的法兰西王国军队却转而支持他。3月20日拿破仑回到巴黎,此时他已经拥有了一支14万人的正规军和20万人的志愿军,路易十八逃跑,百日王朝开始。

这个消息着实让维也纳会议上的各国惊恐不已,4天后,英、俄、奥、普四国组成反法同盟,准备结集军队向法兰西进军:威灵顿率军从北向法兰西推进;布罗歇尔率领一支普鲁士军队在他的一侧向前推进;施瓦尔策因贝克在莱茵河畔整装待命;俄罗斯军团作为后备力量穿越德意志国土进军。

拿破仑很快就发觉自己已身处危亡之境,他自然不能眼睁睁地坐等着这几支军队集结起来。他必须把它们分割开来,在其尚未结成欧洲联军摧毁他的帝国军队之前,就把他们各个击破。6月15日凌晨3时,拿破仑派遣大军的先头部队越过边境,16日

在里尼地区向普鲁士军队发起攻击,并击败了对方。普鲁士军队遭到打击,但主力尚存,于是退回了布鲁塞尔。

6月17日上午11点钟,在滑铁卢大战的前一天,拿破仑第一次把独立指挥大权交给了格罗希元帅。他很清楚,格罗希没有英雄气概,也缺乏战略家的风度,他只是一个忠诚可靠的老实人。可是没有办法,因为此时之前的元帅半数都已作古,另一半则厌倦了长期的军营生涯退隐了,他不得不将这一举足轻重的大事委派给这样一个平凡的人。拿破仑的命令非常明确:在他本人向英吉利人进攻时,格罗希率领1/3的部队追击普鲁士军队,并一直与主力部队保持联系。这位元帅迟疑地接受了命令,但他是个缩手缩脚、缺乏主动思考的人,不惯于独立作战。他只有在皇帝指派他详细行动时,才可以做到四平八稳。好在这次他的部队距皇帝仅有3小时的急行军路程。在大雨中,格罗希告别离去。他的士兵在松软的泥泞路上尾随着普鲁士军队,或者说是在朝着他们所猜测的希罗歇尔的部队退去的方向前进着。

雨下个不停,拿破仑军团在沉沉夜色之中,像一群淋湿了的野兽没精打采地前进着。清晨5点,雨停了,拿破仑下达命令,要全军必须在9点钟准备出击。但持续3天的大雨弄得地面稀烂泥泞,增加了所有活动的难度,更妨碍了炮兵部队的随后跟进。因此直到11点钟他才得以向炮手发出命令,向山岗上身着红色军服的人开炮。接着,"最勇敢"的拉埃率领步兵向前推进,拿破仑决定性的时刻开始了。

此时的格罗希,正在一户农家匆忙地吃早餐。按照命令他应

十二　人类的未来

该在 6 月 17 日晚上出发,按预定的方向追击普鲁士军队。但是雨停了之后,他一直没有发现普鲁士军队的踪迹。此时他突然感到脚下的大地震动起来,于是他立即召集众人商量下一步。他的副司令格拉特强烈要求:"必须迎着炮火方向进军。"另一位军官深表赞同:"前进,立即冲杀过去!"无疑他们都认为,一场恶战开始了。格罗希举棋不定。他一向惯于服从命令,胆怯地死守着皇帝给他的一纸命令:在普鲁士人撤退时追击他们。格拉特看他一如既往地优柔寡断,情绪变得更为激烈:"朝着炮火方向进军!"这位副司令提出的要求简直像是给他下达了一道命令,而绝非一种请求。这可惹恼了格罗希,他越发强硬,严厉地声称,只要没有接到皇帝新的命令,绝不容许擅离职守。所有的军官都大失所望,只听到炮声隆隆,在打破这可怕的沉静。

从 17 点到 1 点,法国军团向敌人冲去,攻下一座座村庄和阵地,可是又一次次被击退,于是再次发起冲锋,成千上万具尸体铺满那湿漉漉的泥泞山岗,两支军队都疲惫之至,双方统帅都烦躁不安。大家都明白,谁先得到增援部队,谁将获胜,是布罗歇尔来支援威灵顿,还是格罗布来支援拿破仑。拿破仑神经过敏地拿起望远镜,他一再派出传令兵。倘若他的元帅及时赶来,那么奥斯特尼茨的阳光就会再一次普照法兰西大地。

格罗希无意中掌握了拿破仑的命运。这时,格拉特试着做最后的请求。他迫切恳求,至少允许他率领自己的师和一些骑兵奔赴那边的战场,并约定及时到达预定地点。格罗希思考着,思考了一秒钟。这一秒钟决定了他本人的命运,也决定了拿破仑和全世界的命运，决定了整个19世纪的风云。倘若格罗希此时能鼓起勇气，相信自己和重视明显的征兆，果敢地违背皇帝的旨意，那么法兰西就得救了，可是这个唯命是从的人，只会一味地遵从既定的命令，对命运的召唤置之不理。

格罗希就这样果断地拒绝了大伙的忠告，他眼里只有拿破仑交给他的任务，那就是追击普鲁士军队。军官们情绪沮丧，闷声不响，在他的四周一片死静。不多久，侦察兵来报，普鲁士人已经撤退，改向侧翼进军，奔赴战场了。此时要是赶紧去救援皇帝，也许还来得及，可格罗希还在分外焦急地等待消息，盼望着拿破仑给他下达回师的命令，可是却毫无消息。

决战从清晨起，双方400门大炮不停地怒吼着。骑兵在前线向着炮火连天的方阵冲去，鼓声咚咚，擂得震天动地！可是在这两座山岗上面，两名统帅都在透过杂乱的声响倾听着，他们两人在谛听更细微的声音。拿破仑和威灵顿两人都紧紧握着怀表，计算着有决定意义的援兵可能到来的时刻。威灵顿知道布罗歇尔就在近旁，拿破仑则指望着格罗希的到来。双方都不再有后备部队了，谁首先到达，谁就主宰着这一战役。法国的部队已疲惫至极，英国军队也只是在做最后的抵抗。就像两名摔跤运动员一样喘着大气，垂下无力的双臂，相对站立着。

终于，一大群人声势浩大、毫无阻拦地从森林里涌了出来。让拿破仑万分失望的是，为首的不是格罗希，而是布罗歇尔。他只好下令撤退，不想却被对手抓住了战机。英军的剩余人马突然一下子站起来，冲向松散的法国军队。与此同时，普鲁士的轻骑

十二　人类的未来

兵也从侧面向正在败退的法兰西人马冲去。那些策马奋进的轻骑兵，像是滚滚激流，冲击着快速后撤、毫无防范的敌人。

多亏那降临的夜色，才拯救了这位皇帝的性命。午夜时分，他满身污泥，精疲力竭地躺在一家低矮的村庄小客店的长椅上。此时，他知道自己已不再是一个皇帝了，他的帝国，他的王朝和他的命运已彻底完蛋了。就这样，一个小人物的胆小怕事，在瞬间毁了一位极勇敢、见识极远大的人物用 20 年的英雄岁月所缔造的一切。

一场谋杀案与一个帝国

公元 88 年，东汉章帝刘炟逝世，10 岁的皇太子刘肇登基，朝政由他的母亲窦太后临时处理，而窦太后的哥哥窦宪也因此有机会入宫主持机要。不久，都乡侯刘畅到洛阳参加章帝的葬礼，受到窦太后的赏识，被数次召见，俨然已是太后的新宠，这引起窦宪的忧虑。窦宪的权力全部来源于做太后的妹妹，他害怕刘畅的受宠最终会分割自己的权力，于是找人暗杀刘畅，并嫁祸刘畅远在山东的弟弟利侯刘刚。惨死的刘畅是皇室疏宗，他的死无疑具有很大的政治敏感性。窦太后大怒，严令彻查此事，中间却遇到了很多不正常的阻力，在一批正直官吏的不懈追查下，最终才真相大白。

窦太后看到这样的结果也傻眼了，本来想显示一下自己的英明，没想到却会要了哥哥的命。窦太后骑虎难下，从法律上来说，虽然是窦家掌权，但这到底还是刘家的天下。窦宪谋杀皇族，犯了死罪，但毕竟手足情深，再加上自己的位置坐得稳不稳，全靠几个兄弟手中的实权，当然不能处死兄长。窦太后一时不知如何是好，只有先将窦宪关在宫中再另想办法，名为囚禁，实为保护。

当时匈奴分裂为南北两部分，北匈奴在政局动荡以及乌桓、鲜卑、西域诸国的不断打击之下逐渐衰弱，而南匈奴则在中国的庇护下日渐强大，并不断请求中国出兵帮助消灭北匈奴，以促成匈奴的统一。于是东汉政府内就是否出兵一事争论得相当激烈，对东汉来说，问题不是能不能打赢，而是有没有必要去打。此事一直没有商量出结果，也就搁置了下来。

不久，南匈奴又提出要攻打北匈奴，窦宪马上主动请求率军出击，以赎死罪。这让窦太后终于有了借口。这件事是不是经过窦太后的授意，我们现在已经不得而知了，但是很明显，这正中窦太后下怀。显然，汉军的胜利是十拿九稳的，否则窦宪也不会将此视为救命稻草。于是，窦太后不顾朝廷众多的反对声音，执意任命窦宪为统帅，讨伐匈奴。

公元89年6月，窦宪带领由汉人、羌人和匈奴人组成的部队，史无前例地出塞三千里，攻打北匈奴。战斗从上午一直激战到傍晚，北匈奴终于分崩离析，北单于抱头鼠窜。此一役，消灭了北匈奴名王以下一万三千人，俘获牲畜一百万余头。在汉军的沉重打击下，北匈奴再度分裂，温犊须、日逐、温吾、夫渠王等八十一部二十万人先后降汉。北匈奴就像一间破旧的房子，只需轻轻一推，就轰然坍塌了。战斗结束之后，窦宪登上了燕然山，

十二　人类的未来

令中护军班固刻碑立铭纪念这次大捷。

窦宪这次出征匈奴，打垮了北单于的主力，取得了稽落山之战的重大胜利。这一震撼人心的喜讯传到京师后，窦太后不仅赦免了窦宪的罪，还派使节至五原郡，加封他为大将军，封武阳侯，食邑二万户。后又经窦宪几次征讨，北匈奴被彻底打败，无法继续在大漠中生存下去，残余的匈奴人只有向西迁移，从此在中国人的视野中消失了。

窦宪意识到自己正在创造历史，因此在极北的燕然山上勒铭纪念，但他却无法想象自己创造了怎样的历史。事实上，他导致世界历史上最重要的一次民族大迁徙。北匈奴的远走在北方草原上造成了巨大的权力真空，不久东胡的鲜卑族便乘虚而入，成为这片草原的新主人。在鲜卑的压力下，南匈奴等胡族纷纷内迁汉朝境内，成为日后"五胡乱华"之源。而北匈奴的西迁更引起了一连串的连锁反应，将西方世界搅得天翻地覆。

对西方世界来说，匈奴人的到来毫无预兆。一场大饥荒迫使匈奴人大举西迁，去争夺顿河以西被东哥特人控制的草原。在匈奴人排山倒海般的打击下，东哥特王自杀，一部分东哥特人逃到了西哥特人那里。匈奴随后追击，西哥特人惨败，只得向西逃窜至多瑙河流域。在匈奴人的进攻下，几乎所有的日耳曼部落都纷纷向西逃窜到罗马帝国境内寻求庇护。

东西哥特人得到罗马皇帝瓦伦斯的允许，越过多瑙河进入帝国境内的色雷斯地方避难，人多得无法计数。但罗马帝国官吏对这些流民进行残酷压迫，导致哥特人纷纷起义。公元378年，瓦伦斯调集大军欲在阿德里亚堡一举消灭反抗的哥特人，但在哥特人的重装骑兵面前，罗马步兵溃不成军，瓦伦斯和四万禁卫军全数战死。这一战动摇了罗马的根基，从此罗马帝国处于风雨飘摇之中，再也没有恢复元气。没过多久，显赫数百年的神圣罗马帝国最终亡国，西欧进入了长达六百年的黑暗中世纪。

一次严重的拐错弯

1914年，在德国的大力支持下，奥匈帝国决定在邻近塞尔维亚边境的波斯尼亚萨拉热窝举行大规模军事演习。时间定在6月28日，这一天是塞尔维亚被奥匈帝国征服的纪念日。这次演习以塞尔维亚为假想敌，出动了两个兵团，王储斐迪南夫妇决定亲自前往萨拉热窝巡视。

这天清晨，"青年波斯尼亚"组织便在奥皇太子要经过的大街上布置了7名刺客。上午10时左右，斐迪南夫妇在城郊检阅军事演习之后，乘坐敞篷汽车进入萨拉热窝城。一长列皇室汽车缓缓驶过人群拥挤的街道，只有稀疏的宪兵和警察布置在道路的两旁警戒。斐迪南坐在第二辆车上，索菲亚坐在他的右边。波斯尼亚军政府长官奥斯卡·波蒂奥雷克将军坐在左边，司机旁边是侍从官哈拉希伯爵。

当车队经过市中心米利亚茨卡河上的楚穆尔亚桥时，埋伏在这里的第一个暗杀者没有得到动手的机会，因为一名警察刚好走过来站在他面前。相距不远的另一个暗杀者察布里诺维奇突然从人群中冲出来，向斐迪南夫妇乘坐的车掷出一枚炸弹，但被车篷

十二　人类的未来

弹到地上,在第三辆车前爆炸,碎片击伤了波蒂奥克雷将军的副手和索菲亚的女侍。斐迪南故作镇静地走下车,察看了现场,对被警卫捉住的察布里诺维奇瞄了一眼,然后登车挥手说:"先生们,这个人疯了,我们还是按原计划进行吧。"车队迅速驶进市政厅,斐迪南夫妇参加了市政厅举行的欢迎仪式,然后略作休息,驱车前往医院看望受伤的随从。

本来是去医院,但司机偏偏走错了方向。这辆车本没有打算离开大街,但它却的的确确拐出了大街,上了一条没有退路的窄道。一般说来,这并不是一个严重的错误,在拥挤不堪、尘土飞扬的街道上,这种失误是难免的。但是这位司机这天犯的错误,却打乱了无数人的宁静生活,改变了整个世界历史的进程。

这辆车恰好停在了一位19岁的波斯尼亚塞族学生普林西波的面前。普林西波恰好是"青年波斯尼亚"的成员,他几乎不敢相信自己的运气竟然如此之好。他大步走到汽车跟前,拔出手枪,刚要举枪射击,被离他不远的一个警察发现了。警察箭步冲上来欲抓住他的手臂。真是太巧了,就在这一瞬间,刚好赶到这里的一位名叫米哈伊洛·普萨拉的"青年波斯尼亚"成员,挥手朝警察颈部猛击一拳,警察冷不防一个趔趄摔倒在地。这时,普林西波的枪响了,奥皇储夫妇一命呜呼。顿时,四下一片混乱,米哈伊洛趁机飞快地逃离了现场,而普林西波当场被捕,后来因结核病死在了狱中。

事发之后,奥地利以这次暗杀为由,开始入侵塞尔维亚。俄国保证要保护塞族人,而德国则表明如果俄国人介入,他们将站在奥地利一边。仅在20天内,这种国际间威胁和承诺的链式反应便调动了大量的军力。当5年后第一次世界大战结束时,一千万人为此付出了生命。20年后,欧洲再一次陷入了动荡之中,第二次世界大战又夺去了三千万人的生命。仅在30年内,世界就遭受了两次重创。这是为什么呢?难道只因为一个司机的过错吗?

第一次世界大战,是所有战争中最血腥的,也是最荒谬、最出乎意料和最矛盾的,它是世界史上无法预料的大动荡的原型。经历过这段历史的人,没有谁真正相信这场战争会不可避免地爆发,也没有哪一个政府真正想发动这场战争,甚至在战争爆发前的几小时,也没有哪位领袖认为战争真的会爆发。战争爆发前的这次"历史上最著名的拐错弯",将欧洲国家拖入一场致命的舞剧中,然而这个舞剧更适合在荒诞的舞台上表演,而不应成为人类历史上最惨重的悲剧的开端。凭借着"事后诸葛亮"式的聪明,许多历史学家认为他们理解了20世纪世界大战的爆发原因,并做出了许多清醒的前瞻。然而,现在我们之中却没有几个人——包括历史学家在内——看起来要比当时的人更聪明些。

2. 薛定谔的那只猫

我们总是认为我们生活的这个世界比它实际上更加可理解、可解释、可预测,尽管它远远超出了我们的认知能力。也许你会觉得以上历史事件的发生都过于偶然,然而令人沮丧的是,纵观

十二 人类的未来

历史,这种深刻影响着人类历史却又让人大跌眼镜的例子,几乎数不胜数。

薛定谔是概率波动力学的创始人,于 1933 年获得了诺贝尔物理学奖。20 世纪 20 年代中期,以物理学家玻尔为首的"哥本哈根学派"对刻画微观世界物质运动规律的量子力学的概念基础进行了全面的理论诠释,提出了量子力学的"哥本哈根解释"。薛定谔是一位对哲学有着浓厚兴趣的物理学家,他把量子理论应用到宏观世界,具体而言,是把在描述微观世界方面已经取得极大成功的量子力学的叠加原则,扩展到用经典物理学描述的宏观系统中,提出了著名的"薛定谔猫佯谬"。薛定谔发明这个棘手的实验不是想要说明对猫而言发生了什么,而是通过质疑量子力学对量子实在的"哥本哈根解释"的荒谬性,企图出示现存的量子理论对诸如猫这样的宏观物体有令人困惑的方面。

"薛定谔猫"是薛定谔提出的一个颇具困惑性的思想实验。他在 1935 年发表了一篇论文,题为《量子力学的现状》。在论文的第 5 节,薛定谔描述了那个常被视为恶梦的猫实验:一只猫被关在一个密闭的钢盒中,盒中有一个极其残忍的装置可以致猫于死地,原因是这个装置中的辐射原子会发生衰变,通过一组仪器会让一个装有毒气的小瓶破碎,从而毒死这只猫。当然,这样的事情也可能不会发生,因为辐射原子可能不发生衰变。这是因为微观量子受量子统计规律的支配。

由此我们可以做出这样的推论:当猫被关在箱子里时,因为我们没有观察,所以那个原子处在衰变和不衰变的叠加状态。因为原子的状态不确定,所以猫的状态也不确定,只有当我们打开箱子查看,事情才能定论——要么猫四脚朝天躺在箱子里死掉了,要么它活蹦乱跳地"喵呜"直叫。问题是,当我们打开箱子之前,这只猫将处在什么状态?似乎唯一的可能就是,它和我们的原子一样处在叠加状态,也就是说这只猫陷于一种死与活的混合态。宏观物体叠加态的存在,从经验上讲,是非常奇怪的。一只猫同时又是死又是活,这可能吗?它处在不死不活的叠加态?这未免和我们的常识相冲突,因为在日常生活中我们从未看到过诸如猫、狗等宏观物体处于生死两可的叠加态。同时从生物学角度来讲也是奇谈怪论。如果打开箱子出来一只活猫,那么如果它能说话,它会不会描述那种死活叠加的奇异感受?恐怕不太可能。

就是这只猫,让许多的科学家或困惑、或愤怒、或憎恨,以至于"希望薛定谔的猫死去","像恐怖电影那样从视线中消失",甚至连全身只有大脑和一个手指可以活动的霍金,听到"薛定谔猫"时,都"忍不住要去拿他的枪了"。可见这只猫的影响之大,半个多世纪以来,"薛定谔猫佯谬"一直处于哲学思辨之中。作为一个思想试验,我们从中可以得出以下的启示:

首先,它告诉我们:在没有特定的结果之前,任何人、任何事物都可能是最好的,同时也可能是最坏的。你无法向别人证明是其中的哪一个。

其次,它还提醒我们:一旦有了某一特定的结果,人们就只能认定它,而对此前任何的可能性都不予考虑。

十二　人类的未来

实际上，现实生活要远比箱子里的情况复杂得多，因此更加难以预料。在人类历史上，没有任何事件在绝对相同的条件下或以完全一样的方式发生两次。所以，准备好接受出乎意料的历史转折吧，因为这是人类经常要面临的事实。

世界的末日真的会来临吗？

或许永远不会，或许明天你一睁开眼，它就已经不期而至了。

3. 科学与真理并不能划等号

前些年在全球各地热映的灾难片《2012》，讲述了一个关于世界末日的故事。根据玛雅文明的记载，2012年12月21日是"世界末日"，这一天当黑暗降临后，黎明便永远不会到来。影片中更是援引美国国家航空航空局（NASA）的种种"科学说法"来证实末日说。由于对影片中的灾难场景感同身受，再加上玛雅文明的神秘性，一些观众开始相信影片中的故事，他们纷纷登陆各大网站留言，谴责NASA隐瞒第十大行星Nibiru即将与地球相撞的真相。

2009年11月9日，NASA被迫做出公开声明，表示《2012》中宣传的"世界末日"根本不存在。而美国宇航局天体生物学研究所资深科学家大卫·莫里森等人针对神秘的玛雅预言为普通大众一一进行了科学的解读，对某些荒诞的言论进行了批驳。现在我们就将其主要内容摘录如下。

神秘预言 1:"世界末日"

"世界末日"预言中提到,根据玛雅文明记载,2012 年是第五个"太阳纪"结束的时候,12 月 21 日末日将会到来。

科学家批驳:只是重新计时,开始新时代

玛雅历法并没有结束于 2012 年,玛雅人自己也没有把这一年当作是世界的末日。玛雅文化研究专家、美国科尔盖特大学考古天文学家安东尼·阿维尼认为,玛雅预言中关于 2012 年 12 月 21 日是"世界末日"的说法是一种被误解的说法。那一天是玛雅历法中重新计时的"零天",表示一个轮回结束,一个新的时代开始,而并非指"世界末日"。阿维尼表示:"在玛雅历法中,1872000 天算是一个轮回,即 5125.37 年。"根据"长历法",到 2012 年冬至,只是意味着当前时代的时间结束,即完成了 5125.37 年的一个轮回。长历法于是重新开始从"零天"计算,又开始一个新的轮回。阿维尼认为:"这仅仅是一个重新计时的思想,与我们每年元旦或周一早上重新开始一年或一周的生活完全一样。"

神秘预言 2:两极倒转

某些"世界末日论"的预言者声称,到 2012 年,地球将会两极倒转,地球外壳和表面将会突然分离,地心内部的岩浆将会喷涌而出,分离的大陆会将整个人类填入大海,地震、海啸、火山以及其他灾难将一起出现。

十二 人类的未来

美国普林斯顿大学地质学家马尔卢夫认为，岩石中的某些磁性迹象表明，地球可能发生过这样剧烈的磁场变化，但是这一过程是一个持续数百万年的缓慢过程，缓慢至人类根本感觉不到这种变化。

神秘预言 3：天体重叠

一些星象学家认为，2012 年可能会出现"天体重叠"，太阳在天空中的线路将会穿过银河系的最中央，会让地球处于更为强大的未知宇宙力量的牵引之下，会加速地球的毁灭。

莫里森解释说："2012 年绝对不会出现这种可怕的'天体重叠'现象，或者说只会出现一些正常的天体现象。比如每年冬至时，从地球上看太阳就像是处于银河系的中央。一些星象学家或许会对这种现象很兴奋，但对于科学家来说，这种现象毫无特别之处。它不会造成地球引力、太阳辐射、行星轨道等事物的变化，也不会对地球上的生命造成任何影响。没有任何奇怪之处。只有认为世界即将面临末日的人才会把这些普通的天文现象看作是一种威胁。"

神秘预言 4：X 行星撞地球

有些人预测，一颗神秘的 X 行星（即 Nibiru 行星）正在向地球的方向飞来，如果行星正面撞上地球，地球将会因此毁灭。即使只是轻轻擦过，也会造成地球引力变化，引起大量小行星撞击地球。

莫里森批驳："不可能。可以最直接地讲，本来就没有这个天体存在。"这个关于未知行星撞击地球的预言最早出现于2003年，一位妇女声称她收到了来自宇宙某行星的信息。莫里森强调："从2003年到现在已经好几年了。如果在太阳系内确实存在这样一颗行星的话，天文学家肯定在过去十年中就已经开始研究它了，我们肉眼也应该能看到了。"

神秘预言5：太阳风暴袭击

在许多灾难预言中有这么一种说法，太阳会于2012年产生致命的太阳耀斑，将地球上的人类烤焦。

事实上，太阳耀斑是有规律可循的，其爆发周期大约为11年。剧烈的太阳耀斑可能会破坏地球上的通讯设施以及其他一些地面物体，但是科学家们从来没有说过太阳释放出强大的太阳风暴足以烤焦整个地球，至少短期内不会出现这种现象。莫里森解释说："除非是太阳已明显不遵循其活跃周期。我们预计，太阳耀斑这个周期的最顶峰并不是2012年，而在之后的一两年。"

毕竟科学要比不知何处来的传言可靠得多。但是正如前面所言，在结果出来之前，任何可能都是有可能发生的。历史是一位出色的小说家，它给出的结果，往往远远超出人类最大胆的猜测。

实际上，科学并不是万能的，它的根基本身就不那么牢固。现代科学建立在实验的基础上，即便是纯粹的理论，也需要经过不断地验证才会被承认。科学研究的指导原则，就是培根创立的

十二 人类的未来

经验归纳法。

弗兰西斯·培根尽管在科学史上声誉颇高,但他本人却从未有过任何令人瞩目的科学成就,甚至在某种程度上可以说是缺乏真正意义上的科学知识。他反对吉尔伯特的磁学理论、哈维的血液循环理论,对作为近代科学诞生标志的"日心说"也持否定态度。然而就是他,为后来的科学研究开辟了道路。

1620年,培根的伟大著作《新工具》一书问世。之所以起这么一个书名,就是要与亚里士多德的《工具篇》相区别。他抱着"必须给人类的理智开辟一条与以往完全不同的道路,提供一些别的帮助,使心灵在认识事物的本性方面可以发挥它本来具有的权威作用"的动机,想通过分析和确立科学经验的认识方法,给新科学运动以发展的动力和途径。

培根指出,科学在本质上是经验的,把认识建立在经验基础上,应该是科学的一个鲜明特点。他认为简单的经验是不行的,真正的经验方法是经过适当安排的特定程序和规则进行的实验,才能成为科学知识的可靠源泉。他一再强调:"从事观察,进行试验,重视经验,从个别的东西引出普遍的规律。"为此,培根提出了经验归纳的方法,后被称为"科学归纳法"。其基本内容是:如果大量的A在各种各样的条件下被观察到,而且如果所有这些被观察到的A都无例外地具有B性质,那么,所有A都有B性质。比如,经过大量和长时间的观察,我们发现世界上全部乌鸦都是黑色的,那么从科学上我们就可以认定,乌鸦就是黑色的,并且"天下乌鸦一般黑"。

但是，这里会出现问题，英国大哲学家休谟敏锐地觉察到了这一点。在他看来，人类的一切知识都应该来自于感觉经验，比如，每当烈日照耀之时，我们就会感到石头发热，因此人们就会把阳光的照射说成是原因，而把石头发热说成是结果。我们可以感觉到阳光的照射，也可以感觉到石头的发热，但是，它们两者之间的因果联系却是我们永远感觉不到的。那么，我们有什么根据把前者看作原因，把后者看作结果呢？既然这样，那么我们的因果观念是从何而来的呢？休谟回答：它们都不过是由于经验的重复而在人类心灵中造成的一种心理联想、习惯和信念而已，根本经不起逻辑的推敲。

休谟对因果关系的质疑，引发科学史上一场严重的危机。两百多年来，很多思想家都尝试着对此进行解答，但迄今为止，尚没有一个能够有普遍说服力的解决办法。因此，科学只是对已经存在的事物进行了不完全归纳，这就为可能出现的错误埋下了伏笔。虽然科学是人类为了追求真理而产生的，但是科学并不能与真理划等号。

十三　人类将以何种方式灭绝？

1. 外星生命入侵

古今中外一直有关于"外星人"的假想，在各国史书中也有不少疑似"外星人"的奇异记载。古罗马哲学家、诗人卢克莱修在其诗篇《物性论》中就指出，整个可见世界绝不是唯一的，我们必须相信在其他的星球上也有人和动物。意大利哲学家和天文学家布鲁诺在名著《论无限、宇宙和各个世界》中指出，在无限的宇宙中，存在着无数个太阳和地球，在这些地方住有生物。现代天体物理学确证，地球人的出现是宇宙演变的结果。由于自然法则在宇宙中有普适性，导致地球人诞生的因素也会出现在苍茫宇宙的某处。

宇宙中约有 1000 亿个像银河系那样的星系；在银河系中有 1000 亿颗像太阳那样的恒星。1961 年弗兰克·德雷克提出了"宇宙文明方程式"，即著名的德雷克方程式 $N=R \times Fp \times Ne \times Fl \times Fi \times Fc \times L$。其中 N 是银河系中的文明数量，R 是每年银河系中诞生的恒星数，Fp 是拥有行星的恒星比率，

Ne 是行星系中的类地行星平均数，Fl 是类地行星中具有生命的行星比率，Fi 是演化出智能生命的比率，Fc 是能够进行星际无线电通讯的智能生命比率，L 是通讯文明的平均生命。根据该方程式，美国天文学家卡尔·萨根估计，银河系中存在的文明大概有 100 万种；德雷克的估计数是大约 10 万种。

近年来美国和俄罗斯科学家经对来自太阳系或其他星系的陨石残片进行研究，发现陨石中有低等菌类和细菌化石。从外表来看，这些生物体很像浮游生物，这些化石生物的年龄在 60 亿至 70 亿年之间，而地球的生命才 50 亿年。"伽利略"号探测器考察木星的结果也曾令人振奋——发现卫星木卫二的表面有巨大的冰山，冰层下蕴藏着海洋，而海洋中适宜的环境可以维持生命。美国科学家认为，木卫二是最有可能存在地外生命的地方，在水下火山口附近可能存在着微生物，甚至更高级的生命形式。

由于世界多元性观念的影响以及不断发现的地外生命的痕迹，近年来存在外星人的说法已渐成定论，这激起了人类探索外星人的极大热情。自赫伯特·乔治·威尔斯 1898 年出版《世界大战》之后，外星人入侵地球便成为科幻影片和科幻小说的一个惯用桥段。在科幻作品中，发动这种进攻的入侵者主要是火星人或者来自太阳系以外的物种。人类对这种威胁的恐惧感会随着现实生活的焦虑程度增加或者减少。研究人员发现，现实威胁的恐惧感增加时，人们对外星人入侵地球的恐惧感也随之水涨船高。

一些人相信外星人将入侵地球，并拿出一系列他们认为的铁证，其中包括越来越多的 UFO(不明飞行物) 目击事件：1947 年

十三　人类将以何种方式灭绝？

◆ 飞碟

一只飞碟在美国新墨西哥州罗斯维尔坠毁，以及一系列天空中出现怪异飞船的照片和录像。在他们看来，地球遭受外星人入侵的威胁性正不断提高。

目前有一种比较流行的说法，认为人类只是外星人的试验品而已。在持这种观点的人看来，世界上原本只有低级动物，一切都是按照自然规律繁衍生息。而在其他某个星球上，居住着某些高智慧生物，他们懂得各种先进科学技术，知道怎样穿越时空，可以用很短的时间到达地球等其他星球。也许是因为他们面临着或经过预测知道将要面临能源危机，因此需要探索其他适合生存的星球，于是在几百万年前，他们来到了地球，也许同时也去了其他认为适合生存的星球。外星人把自己的DNA与地球上一部分生物的 DNA，如啮齿类动物、海洋生物、猿类、犬科等动物结合在一起，以猿类为母体，孕育出一种具有地球上很多生物的特性，同时又有一部分来自于外星人的遗传基因的新物种，那就是人类。

既然外星人是造物主，并且拥有极高的智慧，那么也许某一天，他们还会光顾地球，来检验他们的试验品。如果他们看到现在人类也面临着严重的资源危机，并且把自然环境弄得一团糟的话，那么很可能会一怒之下毁掉这些失败的实验品，于是人类的末日就到了。

听起来似乎太过于荒诞了。虽然很多人声称自己见过外星人，但是到目前为止，仍找不出太多可信的证据来。人们对外星人的所有观念，几乎都停留在想象阶段。那么我们不妨看看一部名为《外星人入侵》的科幻片都讲了些什么吧，或许会有助于我们的想象。

所有的一切都开始于1957年，群星闪烁的夜空笼罩下的加州莫哈韦沙漠……那是一个非常特别的夜晚，著名的天文学家泰德·刘易斯正在准备一场豪华的晚宴，以庆祝他和美丽迷人的妻子拉娜的结婚周年纪念日。与此同时，同一个小镇里，一位名叫泰米的女服务生正在当地的一家小饭馆里酝酿和她有关的未来大计划。当她从窗户望向星空的时候，意外发现了一颗流星，她觉得对于自己的梦想来说，这无疑是一个好兆头。

但那个被当成流星的闪光体，其实是一架来自外太空的UFO，它像一个火球一样冲向了地球，最终迫降在了加州沙漠的

十三 人类将以何种方式灭绝？

一个山丘上……唯一目睹了这一切发生的是迪克和佩妮，他们当时正在附近的一个情侣最爱的隐蔽处亲热呢。

　　一个个头非常高、浑身散发着金属光泽、名叫厄普的外星人从坠毁的飞船中毫发无伤地走了出来，却在下一秒钟惊恐地发现，应该被囚禁在飞船上的"格塔"借着这个机会逃跑了，那是一个血腥、残忍、嗜杀的怪物，它的爱好就是毁掉见到的所有有形的生命体……作为一个只有一只眼睛、极具威胁的生物，"格塔"对吞噬生命有着一种无法抑制的欲望，很可能就此毁掉地球上的人类文明。

　　只有厄普知道如何阻止这个可怕的外星生物，为了能够重新捕获"格塔"，厄普无奈之下只好侵占了泰德的身体，以人类的面貌出面干预……当地的执法人，包括警察局长道森和警官弗农在内，都对这种超现实主义的事件充满了怀疑，所以基本上而言，他们起不到什么实质性的作用。在泰米的帮助下，厄普必须在"格塔"消灭当地所有的居民之前制服它，而他需要利用的就是泰德身体里与人类有关的养分供给——这种能量足以让人类在这个世界上繁衍生息，直至支配整个地球……

　　我想大部分人对外星人都抱有极大的好奇心，将来外星人真的会来吗？如果真的是要毁灭地球的话，依照人类现在的科技水平，恐怕还远远不是对手。因此，还是祈祷他们永远都不要出现为妙吧。

2. 不可预知的大地震

人类文明在诸多领域都取得了辉煌的成就，但是地震预测一直以来仍是让科学家们尴尬不已的一个领域。一个多世纪以来，人类在这方面的进展，几乎可以忽略不计。

1990年冬天，美国整个中东部的伊利诺、阿肯色、田纳西等州陷入了巨大的恐慌之中。临近圣诞节，街上空空荡荡，所有大商场均门可罗雀，完全看不到以往熙熙攘攘的购物人群。更让人不可思议的是，郊区超市和五金店却生意兴隆，成千上万的人不是在准备欢度圣诞，而是一窝蜂地在抢购饮用水和罐头。不仅如此，蜡烛、手电筒、毛毯、铁锹和小发电机全部脱销……歇斯底里的人群，似乎想要把世界上现存的上述物品买光才罢休。

面对这一片混乱的局面，局外人或许会感到莫名其妙。到底发生了什么？

实际上，当时你只要随便买上一份当地的报纸，就会立刻明白其中的原由。所有的媒体铺天盖地都是这类消息：在12月份前5天的某一时刻，圣路易斯将会发生一场惊人的大地震。而从所有当地居民惊慌失措的表情中，我们也足以相信，这场即将到来的地震已经成了不争的事实。

不仅是民众，各地政府也专门制订了计划以对付这场即将降临的大灾难。许多学校纷纷关闭，紧急救援人员处于高度警备的状态。一队队的志愿者们被组织起来，各司其职：送水、建立临

十三 人类将以何种方式灭绝?

时医院、宣传安抚……很快就都忙碌开来。当地政府估计,在圣路易斯一地,至少会有300人死亡,建筑物损失将会超过6亿美元。因此,密苏里州政府投入20万美元的资金进行准备工作。在圣路易斯,忧心忡忡的人们又加投了2200万美元以加强保险。

引发恐慌的原因,是一位叫艾本·布朗宁的科学家所做的一个预测。他宣称在其预测的时间里,太阳、地球和月球将会排成一条直线,三者的联合引力,会引发骇人的潮汐力。它的威力是如此强大,以至于会对新马德里断层地带的岩石产生巨大的压力,最后超出岩石承受极限,从而引发强烈的地震。

时间一天一天过去了,但是,布朗宁煞有介事的预测除了引发了民众的一场大恐慌之外,并未得到地壳的验证。圣路易斯平静地度过了那年的圣诞节,这次事件似乎成了一场闹剧。不过,布朗宁并不孤单,实际上,科学家在地震预测方面已经出现了一大串丢人的败绩。尽管科学家们从20个世纪以来一直对地震进行研究,但是很遗憾,几乎所有地震的发生都没有被预测到。

难道地震的发生真的那么难以预测吗?我们生活在一个科学崇拜的时代,人们深信,我们生活中的一切,大至整个宇宙,小至原子夸克,其背后都存在着一个简单的运行规律。不仅如此,这种崇拜还渗入人类生活的方方面面,不论是政局动荡还是猪肉涨价,只要运用足够的理性,一切都是不难预测的。因此,地震预测虽然每每遭遇惨败,但科学家依然相信人类能够像预报天气那样,精确地预报地震的发生。

1979年,情况似乎出现了转机。原来,设在加利福尼亚州门罗公园的美国地质调查局传来了令人振奋的消息,科学家威廉·贝肯和他的同事在一份关于圣安德列亚斯断层中一小段地区曾发生的地震报告中,有了一个惊人的发现。该地区位于旧金山以南240公里的帕科菲尔德附近,那里在1966年发生过地震,另外一次地震发生在1944年。再往上追溯,一个有意思的现象出现了。原来,该地区在1922、1901、1881和1851年都发生过地震。不知大家注意到没有,我们来看一下这些地震的间隔年数:24、20、21、22和22,这些数字相当规则!

还有比这更巧合的数字吗?不仅如此,贝肯还注意到,这里发生的所有地震的震级都在5.5级和6级之间。全世界的地球物理学家无不欢欣鼓舞,毫无疑问,他们马上都一致认为,这附近的断层就相当于黄石公园大约每小时喷一次水的间歇喷泉一样,既然上次地震发生在1966年,那么,下一次发生的时间就应该是在1988年前后了。看来,地震预测要有重大的突破了,虽然来的比较迟缓,但好歹为科学家们挽回了一些面子。

在一个世界专家小组对贝肯的预测做出评判之后,美国地质调查局主席在1985年4月5日发布了一项罕见的公开预测,声称在未来几年内将有一场地震袭击该地区。研究人员用世界上最先进的地震监控仪器,以最大的密度覆盖了那里的山地,之后就开始了耐心的等待。美国国家研究局地球科学委员会信心十足地描述道:"在世界上其他地区,没有任何预测可以像该地区的地震预测一样有如此高的可信度。在这段至圣安德列亚斯断层25公里的地区,过去十年的研究表明了在这几年之间,发生一场6

十三　人类将以何种方式灭绝？

级左右地震的可能性为95%。"

一切准备就绪，人们都在翘首以待，等着科学的又一次重大胜利的来临。然而，让科学家们无比恐慌的是，尽管这一地段过去的地震呈现非常规则的分布，但是迄今为止，再也没有5.5级至6级的地震袭击过该地区。即便是马上再发生一次，也已经为时过晚了。科学家的热切期望，再一次落空了。

这种让人难堪的局面比比皆是，在日本就出现过这么一次。我们知道，日本是一个多地震的国家，全世界每年所发生的里氏6级以上地震，有20%发生在日本。因此，日本举国上下，一直以来都十分重视地震的预测工作。不过，地震的发生却还是幽了人们一默。

从20世纪70年代末开始，许多日本地震专家以及负责灾难预防的国家与地方官员都确信：一场8级左右的大地震将会袭击日本中部位于东京和名古屋之间的东海地区。他们的理由很充分：在历史上这一地区经常发生地震。根据估算，以前这里差不多每隔120年左右就会发生一次地震。上一次地震发生在1854年，到现在已经有120多年了，因此，完全有理由相信另一场地震即将发生。

基于这种认识，日本政府早在20世纪70年代初就建立了早期警报系统。任何异常的地震信息都会使地震评估委员会召开紧急会议，决定是否应该关闭核反应堆、高速公路、学校和工厂。从这年开始，当地民众在每年的东京大地震纪念日那天，都会演习如何对警报做出反应。然而令人尴尬的是，几十年过去了，东

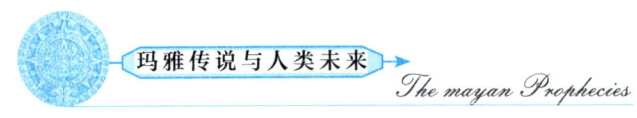

海地震仍没有发生，不仅如此，连一点地震的迹象都没有。

就在日本国内对以为要发生却一直没发生的东海地震惶恐不安之时，专家们认定不可能有大地震的关西一带却实实在在地山摇地动了起来。1995年1月17日清晨，一场里氏7.2级的大地震出其不意地袭击了神户地区，无情地嘲弄了日本的地震专家。仅在几秒钟之内，神户地面就裂开了一条大约50公里长的裂缝，地震释放出相当100颗原子弹的能量，几乎摧毁了神户所有主要的干道和铁路线。在市区内，10万多幢楼房瞬间倒塌，很多人在睡梦中被夺去了生命。地震引发了大火，并很快失控，最后导致神户港186个泊位只剩下了9处。事后清点，这次地震共死亡5400余人（其中4000余人系被砸死和窒息致死，占死亡人数的90%以上），受伤约2.7万人，无家可归的灾民近30万。据日本官方公布，这次地震造成的经济损失约1000亿美元。总损失达国民生产总值的1%～1.5%。这次地震死伤人员之多、建筑物破坏之多和经济损失之大，是日本关东大地震之后72年来最严重的一次，也是日本战后50年来所遭遇的最大的一场灾难。

难道地震的发生真的无法预测吗？一个多世纪以来，地球物理学家们一直都在寻找大规模地震之前可以识别的先兆。一些研究人员注意到，在一场大地震之前，曾有奇怪的电波在地上穿行，或者地表水位会突然发生变化。有人则看到牲畜家禽的行为异常，天气也会发生显著的变化，甚至有神秘的亮光……然而，东京大学地球物理学家R.J.盖勒在研究了700多份自称已经识别了某种先兆的论文之后，心情沉重地说："地震预测研究已经

十三 人类将以何种方式灭绝？

进行了 100 多年，但是成绩惨不忍睹。许多所谓的突破性进展，实际上根本经不起推敲。大量的搜寻工作并没有发现可靠的先兆，看来对即将发生的大地震进行可靠的预警，并不十分可能。"

面对一连串的失败，科学家束手无策了。不久之前的汶川地震，相信大家都还心有余悸，那是一个国家和民族最惨痛的记忆。将来会不会再有一场地动山摇的浩劫呢？我们不得而知。

下面是我国近百年来一些重大的地震记录，我们除了哀悼，似乎别无他途。

1920 年 12 月 16 日 20 时 5 分 53 秒，宁夏海原县发生震级为 8.5 级的强烈地震，震中烈度 12 度，震源深度 17 公里，死亡 24 万人，毁城 4 座，数十座县城遭受破坏。

1932 年 12 月 25 日 10 时 4 分 27 秒，甘肃昌马堡发生震级为 7.6 级的大地震，死亡 7 万人。嘉峪关城楼被震坍一角，疏勒河南岸雪峰崩塌。余震频频，持续竟达半年。

1950 年 8 月 15 日 22 时 9 分 34 秒，西藏察隅县发生震级为 8.5 级的强烈地震，震中烈度 12 度，死亡近 4000 人。喜马拉雅山几十万平方公里大地面目全非，雅鲁藏布江被截成四段。

1966 年 3 月 8 日 5 时 29 分 14 秒，河北省邢台专区隆尧县发生震级为 6.8 级的大地震，震中烈度 9 度；1966 年 3 月 22 日 16 时 19 分 46 秒，邢台专区宁晋县发生震级为 7.2 级的大地震，震中烈度 10 度。两次地震共死亡 8064 人，伤 38000 人，经济损失 10 亿元。地震发生后，漫天飘雪。

1976 年 7 月 28 日 3 时 42 分 2 秒，河北省唐山市发生震级为

7.8级的大地震。死亡24.2万人,重伤16万人,一座重工业城市毁于一旦,直接经济损失100亿元以上,为20世纪人员伤亡最大的地震。

2008年5月12日14时28分,四川汶川县发生震级为8.0级地震,直接严重受灾地区达10万平方公里,遇难69227人,受伤374643人,失踪17923人,直接经济损失达8452亿元。

在国外,1906年4月18日晨5时13分,旧金山发生8.3级地震,无数房屋被震倒,水管、煤气管道被毁。地震后不久发生大火,整整燃烧了3天,毁掉了520个街区的近3万栋楼房。

1908年12月28日晨5时25分,意大利西西里岛的墨西拿市发生7.5级地震。地震时,城市房屋跳动旋转,地缝开合喷

◆ 海啸掀起巨浪

十三 人类将以何种方式灭绝？

水，海峡峭壁坍塌入海。

1923年9月1日上午11时58分，日本横滨、东京一带发生7.9级地震。两座城市如同米箩做上下或水平筛动，建筑物纷纷倒塌。城市陷入火海，日本全国财富的5%化为灰烬。

1960年5月21日下午3时，智利发生8.5级地震。从这一天到5月30日，该国连续数次遭受地震袭击，地震期间，6座死火山重新喷发，出现3座新火山。5月21日的8.5级大地震引发了20世纪最大的一次海啸。

1970年5月31日，秘鲁最大的渔港钦博特市发生7.6级地震。在地震中有6万人死亡，10万人受伤，100万人无家可归。该市以东的容加依市，地震引发的冰川泥石流埋没了全城2.3万人。

1995年1月17日晨5时46分，日本神户市发生7.2级直下型地震，造成5400人丧生，3.4万人受伤，19万幢房屋倒塌和损坏，直接经济损失达1000亿美元，震后又发生500多处火灾。

2001年1月26日8点46分，印度库奇大地震，震级7.9级。这是50年来印度发生的最大一次地震。震区的基础设施遭到严重破坏，不少村庄和城镇被夷为平地。至少2万人死亡。

2004年12月26日7时58分，印度洋地震海啸，震级8.9级。这是21世纪震级最大的地震之一，地震引发的海啸波及印度洋沿岸十几个国家，远至波斯湾的阿曼、非洲东岸的索马里及毛里求斯等国。20万人死亡或失踪。

3. 超级火山爆发

在什么样的情况下，大地被灰尘覆盖、地球进入冰河世纪、生命从此终结？答案是：超级火山的爆发。

超级火山是指能够引发极大规模爆发的火山。虽然对于"极大规模"没有严格的界定，但一般是指瞬间改变地形、瞬间改变全球气候，导致全球性的生态灾难。

地球上的超级火山虽然非常稀少，但确实存在，并曾数次爆发。已知的最后一次超级火山爆发，发生在大约7.4万年以前，是位于苏门答腊岛上名为"多巴"的超级火山。人们今天仍然能

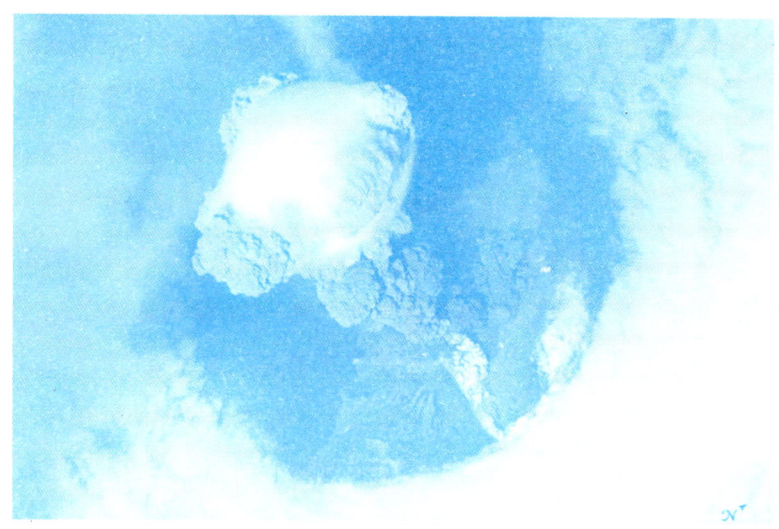

◆ 国际空间站的宇航员从高空拍摄到的火山爆发。由于火山爆发的冲击波的作用，在云层中形成了一个帽子一样的圆环，与原子弹爆炸产生的蘑菇云相似。

十三 人类将以何种方式灭绝？

够看到的是一个长 100 公里、宽 60 公里的火山口，里面充满了水。它就是如今印度尼西亚最大的内湖——多巴湖。多巴超级火山的爆发不仅使周边广阔地区完全被大雪覆盖，还把整个世界推向了冰川时代。火山喷发出的大量火山灰物质悬浮在空气中，阻隔了光和热的传输；白雪皑皑的大地反射走更多的光热，使全球气温持续下降，出现了所谓的"雪球效应"：持续的降温天气导致降雪过程的延长；大量雪花堆积在地表，反射或散射掉更多的光线，气温随之继续下降，进入下一轮循环。地表的冰雪逐渐累积延伸，形成冰川大陆，最终使海水的温度也呈下降趋势。

众所周知，海洋面积约占地表总面积的 70%，海水温度的下降将进一步引发全球气候的恶化。在多巴火山爆发后的 1000 年的时间里，仅格陵兰地区冰雪的厚度就增加到 1600 米，逐渐演变成格陵兰冰川大陆。生活在深海中的有孔虫类也没有逃脱这场全球性的大灾难。与此同时，几乎所有的地表植被在极度严寒的环境中纷纷凋零、衰亡。食物链的基本环节中断了，人类和其他动物因为饥饿而大量死亡。科学家相信，火山喷发前非洲人口众多，但在喷发后数量锐减。在那个时期，地球上只剩下大概几千人口，最多也就是 1 万人，差点全部灭绝。冰雪覆盖下的地球陷入漫长而萧条的"寂静期"。这种情况直到冰期结束、气候转暖之后才得到改善。

由英国布里斯托尔大学教授史蒂夫·斯帕克斯领衔起草的英国地质学会报告称："超级火山"每 5 万年喷发一次。报告说，超级火山喷发给人类带来的灾难规模远远超过印度洋海啸。火山喷发有可能会使数百万人丧生，升入大气的火山灰还会引发自然"核冬季"，全球温度下降5℃至15℃，亚洲的季风气候也会因此消失，数百万人因饥荒而死亡，最终的死亡人数将可能达到10亿。在自然灾害中，只有直径达到1公里或更大的小行星撞击地球所产生的威力才能与超级火山喷发相提并论。更可怕的是，一些足以引起全球性影响的小行星每隔4万至5万年便会向地球发起冲击，而超级火山的喷发频率大约是小行星撞击地球频率的10倍。

令人担忧的是，人类目前对超级火山的了解甚少，因为无法亲眼目睹超级火山的爆发。英国威尔士大学火山学家约翰·格拉顿说："我们从来没有亲眼看过超级火山爆发，因此无法确定我们将来会看见什么。"纽约大学地球科学教授迈克尔·兰皮诺则说："超级火山的爆发威力太大，我们无法在近距离观察它的同时还能确保自己安然无恙。我们只能通过卫星，才能看到超级火山爆发的情景，看到火山灰四处飘落。"

由于超级火山下面的熔岩面积非常大，使得火山的喷发时间很难预测。最近十多年来，科学家们才开始找到这些致命的"热点"，但仍不知道所有超级火山的位置。目前，科学家们已证实了近40个超级火山喷发的"热点"，其中一个正好位于美国著名的黄石国家公园地下。

黄石国家公园是世界上历史最悠久的自然保护区，它位于美国西部，始建于1872年，每天都有数以万计的游人来到这里旅游观光。可是，谁也不会想到：公园的地下岩浆正在一天比一天激烈地滚动，这浩大的岩浆层简直就像埋伏在地下的定时炸弹。

十三　人类将以何种方式灭绝？

就在成千上万名游客观赏这里奇异多彩的各种温泉时，科学家们却因为其地下正在汇聚着的大量岩浆而忧心忡忡。这个地下"超级火山"有朝一日必定会爆发，其强度将与一颗小行星撞到地球上相差无几。

地质学家们发现，黄石公园所在的地壳中，有一个盛满岩浆的洞。就在北美大陆板块缓慢地漂过洞顶的时候，岩浆的巨大热量便会熔化板块上的岩石，使得大陆板块越来越薄，而它下面滚烫的岩浆却在渐渐增多，离地表越来越近。地下浓稠的岩浆处于极大的热压力之下。这种压力正在不断增大，一旦超过临界值，便会爆发出来。伦敦本菲尔德危险研究中心的火山学专家麦克吉尔说道："黄石公园就像盖在一个巨大的高压锅上不很结实的锅盖。"

◆ 黄石公园

科学家们通过分析得出结论：黄石公园下的岩浆体积有40~50公里长、20公里宽，大约10公里厚。而且这团岩浆还在继续变大。这个超级火山一旦爆发，它所释放出的岩浆、灰烬和气体的数量之大，将超出人们的想象。它们将会像巨大的火焰喷泉，冲向天空。英国有科学家用计算机做过模拟试验，如果黄石公园的超级火山爆发，3~4天后，大量的火山灰就会跨过大洋到达欧洲大陆。模拟试验显示，美国将有3/4的国土受到影响。危险最大的是在方圆1000公里内的地区，这里90%的人口将难以幸免于难，大部分人会因为吸进的火山灰在肺里固化而死亡。美国的东海岸也会覆盖一层1厘米厚的火山灰。在欧洲，危害更是无法预测，因为这些火山灰形成的粉尘将到处飘荡。更大的影响是紧随而至的气候变冷。超级火山对大气层的影响，将远远超过历史上任何一次火山喷发，比如坦博拉火山喷发。根据计算机的预测，地球年平均气温会下降10℃左右，北极地区会下降12℃左右。这是非常严重的冷却效应，连赤道地区都会结霜、下雪。热带植物不具备抗寒能力，霜冻将使地面上的所有植物枯萎，这个后果将是灾难性的。

那么这个"超级火山"将在何时爆发呢？地质学家发现，在地球史上，那里曾经发生过三次这样的火山爆发，爆发的时间很有规律。第一次是在200万年前，随后是在140万年前。最后一次，是在大约63万年前。假如它真的遵循过去的规律，每隔60万年左右爆发一次的话，那么可能很快就到时候了。由于人们还从来没有机会现场观察过"超级火山"的爆发过程，所以，人们

十三 人类将以何种方式灭绝？

也不知道爆发前可能会出现什么样的征兆。

是不是会先发生大大小小的地震作为前兆？还是会发生小型的气体喷发？或者什么前兆都没有，就突然来一个超级爆炸？"我们根本就不知道应该注意观察什么"，科学家颇有些束手无策地说道。只有在火山爆发的后果方面，科学家们才有几分把握：爆炸声在世界各地都能听得到；全球的天空将灰暗下来，天上会下起黑雨，地球上将是一派荒废的景象，就像经历了一场原子战争，只是没有放射性辐射。

长年研究火山爆发对生态环境所造成影响的纽约大学生物学家拉姆匹诺说："假如黄石公园下的火山爆发，将给美国，给整个世界，带来灾难性的后果。"

除了黄石超级火山之外，地球上还存在至少七处超级火山，它们分别是：位于苏门答腊岛的多巴超级火山、位于美国加利福尼亚东部中心长谷河谷的长谷超级火山、位于新西兰的陶坡超级火山、位于美国新墨西哥州的瓦勒斯超级火山、位于日本南部鹿儿岛的爱拉超级火山以及位于西伯利亚地区的特纳普超级火山。

谁也不知道下一次超级火山爆发何时来临，以及人类是否能采取措施阻止它爆发或减小其破坏程度。超级火山平时只是静静地隐身在地壳之下，一旦苏醒，就将是一场浩劫。

4. 太空中的不速之客

某年的某一天，一颗巨大的火球从天而降，撞击了尤卡坦半岛。顷刻之间，在大气层最底部的对流层中，灰尘随着激荡的空气翻滚着，直到上升到平流层。平流层中空气流动平缓，于是尘埃长时间滞留在那里，遮挡了阳光。即使是在中午，大地依然笼罩在一片黑暗之中，危机开始了。

撞击发生一周后，撞击点附近的温度还有300℃。由于撞击引起了火山喷发，空气中充满了硫磺的味道，大气的pH值竟然达到了4.2。海水溶解了大气中的硫磺粉尘，变成了一片毒水，大量浮游生物、鱼类相继死亡。在陆地上，土壤接触了酸性的空气后，里面的重金属被空气腐蚀并吸收，使空气变得具有了毒性。在环境恶化严重的地区，人们发生了铅中毒。

小行星撞击彻底破坏了飞机、铁路和公路运输，没有了运输系统，人类的电力供应系统很快崩溃，各种工业活动都停止了。

◆ 位于亚利桑那州的流星坑，形成于5万年前的一次撞击。在沙漠上凿出这一弹坑的铁质流星只有50码宽。远处墙的边缘距离观察者差不多有一英里远。注意右下角的人，通过对比可以看出它有多大。（〔美〕菲利普·布雷特：《地球的终结》第8页，李志涛译，中央编译出版社2009年版）

十三 人类将以何种方式灭绝？

整个人类社会陷入一片混乱之中，人们走上街头只有一个目的，就是找到还可以吃的食物，还可以饮用的水。岛屿与外界的联系完全中断，离撞击点不远的岛屿可能已经遭受了撞击引发的巨大海啸的冲刷。岛屿上的物资极为匮乏，人们在黑暗中摸索到海边，希望找到船只逃到大城市的大陆上。

各种植物的光合作用都已经停止了，其中自然包括种植的庄稼。在一片狼籍的地球上，菌类开始放肆地生长，因为只有它们不需要阳光，不需要用光合作用养活自己，它们分解动植物的遗体获得能量和养分。由于到处都是死亡的生物，因此菌类的食物十分丰富。3周过去了，大地上开始长出蘑菇，但人们却不敢食用，因为蘑菇在水源、土壤和空气都被毒素污染的环境中长大，本身很可能也带有毒素。

黑暗依旧笼罩着大地，人类社会笼罩在悲哀之中。现代社会中的许多职业——金融从业人员、艺术家、许多行业的技术人员全都没有了用武之地；相反，猎人成为此时最受尊敬的职业，因为只有他们能搞到粮食，他们将暂时成为灾难幸存者们的领袖。医生依旧会享有他们昔日受到的尊敬，长期的黑暗使人们的免疫系统脆弱不堪，极易受到疾病的侵扰。但是药品却十分缺乏，医生有时也只能眼睁睁地看着伤病员死去。

冰河时代开始了，赤道地区竟然降雪了，两极的冰雪开始向纬度比较低的地区蔓延。幸好此时空气中漂浮的灰尘逐渐飘落，天空日渐放晴。在撞击发生两个月后，第一缕阳光照射到大地上。重新目睹阳光的降临，人们不禁泪流满面，如同看到奇迹的发生。

星球开始解冻,但依旧寒冷,尤其是在大陆的内部,即使没到冬天,温度可能也在 −10℃ 以下。食物越来越少了,光合作用的中断对整个生态系统是致命的打击。虽然阳光重新照耀大地,但灾难的后果开始显现。陆地上的环境很恶劣,长时间的黑暗使大气不同高度的温差变大,于是产生了强风,风速甚至可达每小时几百千米。在饥寒交迫中,人群不断大批地死去。

……

以上就是对小行星撞击地球之后的设想,不要以为这纯粹是"杞人忧天"。人类的历史记载中有没有发生过这类碰撞事件呢?

◆ 避免小行星撞击的一个新想法是运用一个小宇宙飞船的引力把一个危险的小行星移出危险的轨道。假如给定足够的时间,这是一种非常精巧的改变小行星轨道的方法。(丹·德达和 B612 基金会)

十三 人类将以何种方式灭绝？

答案是肯定的。本世纪，这些小天体就至少两次轻轻地敲了一下地球的大门，而且这些不速之客是在人类事先毫无觉察的情况下"偷袭"的。

1908年6月30日清晨7时17分，一颗比太阳更耀眼的大火球在俄国西伯利亚通古斯上空8公里处爆炸，其爆炸当量相当于600至1000颗广岛原子弹（但无明显的放射性辐射），强大的冲击波与高温大火摧毁了两千平方公里的古老森林。研究与计算表明它是由一颗直径仅60米的小行星与地球相撞发生的。假若它落在世界某个大城市的上空，其损失将高达几千亿美元以及几十万乃至上百万人的生命。这样大小的近地小天体，平均每200年与地球相撞一次（非周期性）。

1972年8月10日白天，一颗火球飞越美国加州和加拿大西部上空后离开了地球，不少目击者耳闻它从58公里上空传来的隆隆声响，美国的空间红外探测器记录了这一事件。研究表明，它是一颗直径约为10米、质量为几千吨的小行星，飞行速度为每秒15公里，假如落下来，其爆炸当量相当于2～3颗广岛原子弹。这颗小行星简直是擦着地球的鼻尖掠过的。

2002年1月7日，除了几名知情的天文学家外，恐怕再没有人会觉得这天与往常有什么不同了。然而正是这天，一枚直径300米的小行星以11万公里/小时的速度与地球"擦肩而过"，确切的时间是北京时间15点37分。小行星在地球门前掠过并非第一次，然而这次却令科学家们至今心有余悸。道理非常简单，尽管这枚小行星很久以来一直朝着地球的方向飞速运行，但直到

2001年12月26日，即小行星驶向地球近地点前的12天，它才被美国国家夏威夷天文台的一台小型天文望远镜发现。如果这枚小行星真的驶向地球，那么人类只能坐以待毙，因为以现在的科学手段，科学家虽然能很快计算出它的运行轨道并预见到它所威胁的具体地区，却没有能力在12天的时间里采取任何有效的预防措施。

上述事件仅是较小质量小行星产生的局部地区效应，而对人类危害更大的是质量较大的小行星。研究表明，直径两公里左右的石质小行星与地球相撞就会引起全球效应，其爆炸释放出的能量将相当于1万亿吨TNT的能量，是上述事件的5万倍以上。它除了直接摧毁100万平方公里的地区以外，还将大量的亚微米微尘抛向同温层。这个全球性尘埃层将阻断植物的光合作用，形成类似核冬天的"星击之冬"，从而造成全球性粮食大幅度减产，引发大范围饥荒和疾病流行，估计损失将高达200万亿美元，并危及全球四分之一人口的生命。这一量级的碰撞事件平均50万年发生一次。

当直径为10公里的石质小行星与地球碰撞时，其爆炸能量将高达100万亿吨TNT的量级，足以触发全球性大灭绝事件，人类中的大多数可能丧命。研究表明这一量级的碰撞事件平均每1000万年会发生一次。现在有足够的证据表明，6500万年前白垩纪与第三纪之间的恐龙灭绝事件（简称K-T事件），就是由一颗直径大于10公里的近地小天体撞击地球引发的，当时还有一半左右的动物和植物物种随同恐龙一起灭绝。

十三 人类将以何种方式灭绝？

小行星撞击地球终究是会发生的，根据历史经验和科学预测，这个问题只是时间早晚而已。但以人类现有的技术和手段，阻止小行星撞击地球的预警期需要 50 年。虽然从理论上讲，人类已有防止小行星撞击地球的手段，但是，还没有做过这方面的试验。说说很容易，实际操作没准儿会出现什么预想不到的问题。科学家们认为，小行星的飞行速度可能会超过人类现有飞行器的速度。所以，人类只能早早地发现它们，并将飞行器发射到外太空去"等候"，然后再想办法将它推离轨道。这一"战场"离地球越远，人类就越安全。所以监测是第一位的，预警时间越长对我们也就越有利。

但遗憾的是，在地球周围尚有 90% 的直径 1 公里以上的小行星、彗星未被我们发现，就是已发现的 200 颗直径 1 公里以上的近地小天体（指时常飞到地球轨道周围的小行星和彗星），许多还是在它们飞近地球以后才发现的。美国宇航局喷气推进实验室近地天体项目办公室主管约曼斯说："当观测直径 150 米或更大直径的天体时，我们认为发现近地天体的概率为 15%，当观测直径 50 米左右的天体时，我们认为发现近地天体的概率不足 5%。"

5. 神秘的 Nibiru 行星

20 世纪 70 年代，考古学家发掘了 6000 年前的苏美尔文明遗迹，并发现了一张雕刻在石板上的星图。石板上面标有 12 个天体，除了古代人类能观测到的日、月、水、金、火、木、土以及地球之外，还有古代人类不可能发现的天王星、海王星和冥王星。更令人惊异的是，上面还有一颗连现代人类都没能发现的星球，被称作"Nibiru"。至此便有了"太阳系内还有一颗没有被发现的大型行星"的假说。

数千年前的苏美尔人，是人类历史上最早的文明之一。在上古时期，他们竟然有这样的记载："就像命运的安排，在一次的轨道交会中，Nibiru 走得如此接近以至于它的一个卫星撞上 Tiamat(地球)，地球分裂成两半，分裂后较大的一块 Tiamat 及它的主要卫星在撞击后跑到了金星与火星之间，形成了我们现在的地球，而另一块则分裂成无数块，成为锤打成的手镯。"这里所说的"锤打成的手镯"即散布在火星与木星之间的小行星带。这令当今的天文学家感到异常惊异，苏美尔人是如何知道小行星带的？因为它们不是人类肉眼可见的，更夸张的是地球如何形成的他们也知道？！

刚发现土星的时候，就发现它的轨道"不正常"，似乎是受到某种力量的牵引，所以预测土星之外还有其他行星。在海王星与天王星相继被发现以后，天文学家们在这两颗星球上也发现了类似的情况，认为那颗对其他临近星球有某种引力的神秘星球 planet X 还是未被找到。最后，冥王星被发现了。这颗遥远的看起来有点奇怪的小星球，就被一部分人认为是 planet X。可是很快人们就失望了，因为冥王星体积太小了，不足以拥有影响其他星球轨道的力量。从那时候开始，planet X 在天文界里还是一个未解之谜。直到 1982 年，另外一颗神秘天体被发现了。为了确

十三 人类将以何种方式灭绝？

定其属性，NASA 于 1983 年发射了 IRAS 卫星，并于猎户星座的方向找到了这颗当时估计有木星那么大的天体，这很可能就是苏美尔文献中提到的 Nibiru，即神秘的 planet X。

Nibiru 是另外一个临近恒星系的最外围行星，它超级阔大的轨道使它大约每 3600 年会进入太阳系一次，

◆ 丢勒笔下性格忧郁的"土星人"（〔美〕亨利·欧内斯特·西格李斯特：《疾病与人类文明》第 192 页，秦传安译，中央编译出版社 2016 年版）

地球历史上的巨大灾难（如恐龙灭绝）的导因猜测都是这颗巨大的行星引起的。虽然它的轨道应该不会交叉太阳系的任何一个大行星，可是当它在近距离移动到地球附近时，其巨大的引力作用及磁场都会在地球上造成灾难——由于引力的关系，地球上的活动火山将会全部爆发，随即便是地震、海啸及恶劣的气候，那将是名副其实的世界末日。

据有人推测，2012 年 12 月 21 日，Nibiru 会经过 Ecliptic

plane(黄道面)。届时,它将像太阳一样呈现亮红色,大约有月亮一样大小。然而最糟的情况将出现在 2013 年 2 月 14 日,当地球移动到太阳与 Nibiru 之间时,极轴会转移,全球的风暴、地震与海啸将达到最糟的情况,海洋将掀起几千米大浪的巨大海啸。到 2014 年 7 月 1 日,Nibiru 对地球的巨大影响才会消失。

当然也有很多人对这个说法提出质疑,甚至嗤之以鼻。NASA 的科学家就站出来对这个说法予以澄清。现在来看,当然是虚惊一场。我们应该相信科学,但是即便是 NASA 的科学家,也没能完全排除 Nibiru 出现的可能,不过谁也预测不到它会何时出现。

6. 核子大战

1945 年 8 月 6 日 8 时 15 分,美军一架 B-29 轰炸机飞临日本广岛市区上空,投下了一颗代号为"小男孩"的原子弹。"小男孩"是一颗铀弹,长 3 米,直径 0.7 米,内装 60 公斤高浓铀,重约 4 吨,TNT 当量为 1.5 万吨。炸弹在距地面 580 米的空中爆炸,在巨大冲击波的作用下,广岛市的建筑全部倒塌,全市 24.5 万人口中有 78150 人当日死亡,死伤总人数达 20 余万。8 月 9 日,美军又出动 B-29 轰炸机将代号为"胖子"的原子弹投到日本长崎市。长崎市约 60% 的建筑物被毁,伤亡 8.6 万人,约占全市总人口的 37%。8 月 15 日,日本宣布无条件投降,9 月 2 日签署投降书,第二次世界大战在核武器的阴影下结束了。

十三　人类将以何种方式灭绝？

我相信，如果再次爆发世界大战，整个人类都将因核武器而遭殃。核子战争一旦爆发，根本没有回旋的余地，人类将会亲手将自己送上绝路。

目前全球核武器的总数已达到 1.7 万～3 万枚。美国核武器最多，共有 1.1 万～1.2 万枚核弹头。其中，陆基、海基、空基战略弹道导弹和巡航导弹 7000 多枚，战术核弹 4000 多枚。俄罗斯仅次于美国，有约 5000 枚核弹头，其中 2916 枚装配在洲际弹道导弹上，1072 枚装配在战略导弹核潜艇上，864 枚装配在空基巡航导弹上。但也有西方专家推测，俄罗斯现有 1.8 万枚核弹头，其中 2/3 为战术核弹头。巴基斯坦约有 50 枚核弹头，载体为"高里"、"沙欣"弹道导弹和 F-16 歼击机。印度有 50～100 枚核弹头，载体有国产弹道导弹、巡航导弹和各型歼击轰炸机。英国约有 200 枚核弹头，全部装备在 4 艘"三叉戟-2"型核潜艇上。法国拥有 350 枚空基和海基核弹头，载体为"幻影-2000N"歼击轰炸机和"超军旗"舰载攻击机。能够制造核武器的国家越来越多。目前，约有 40 个国家具有制造核武器的能力，并且希望拥有核武器。如此庞大数目的核武器，如果发生核灾难，将会出现什么后果将是不可想象的。

发现核大战可能带来灭绝人类的"核冬天"效应，是近年来科学研究所取得的一项引人瞩目的成果。不论天晴、天阴还是滂沱大雨，由于我们每天都和阳光打交道，自然而然地接受或强或弱的阳光照射，所以从来没有感到过阳光的宝贵。其实，人类需要太阳，就和需要空气一样。太阳是我们的生命维生素，没有太阳，我们的身体和心灵就会患病，我们的地球就会漆黑一片，死气沉沉。

至今为止，广岛、长崎暗无天日的经历在地球上再没有发生过，但我们不要以为这种情况永远不会发生。据研究，如果真的发生核大战，核恶魔就可能一手遮天，在几个月内剥夺我们重见天日的权利，从而引起影响全球生态系统的"核冬天"效应。1982年和1983年，联邦德国和美国的一些科学家就开始发表了有分量的论文和研究报告，有根有据地阐述惊世骇俗的"核冬天"理论。

"核冬天"理论的基本观点是：一场50亿吨当量的核爆炸所掀起的尘埃和引起的大火，将产生大约22500万吨的烟云。这些核烟云升空，会把地球或北半球笼罩起来，遮挡住阳光对地面的照射。

由于烟云遮盖，天昏地暗，地球上几乎没有白天，因而温度急剧下降（一般降低30℃左右），即使在夏天，也变得和冬天一样寒冷，甚至比冬天更加寒冷。江河湖泊冰封，植物因停止光合作用而枯萎，恶劣的气候和放射性沾染，使农作物颗粒无收或无法食用。核战争中即使有幸存者，也将面临饥寒交迫的境况，人们只能面对一个死寂的、流行病蔓延的、没有白天和温暖的世界，很难生存下去。一些科学家断言，如果发生大规模的核战争，很可能把北半球的现代文明彻底摧毁，甚至可能把人类拖入灭绝的可怕深渊。他们认为，大规模的核战争，对于整个地球上的生命，都将是一场灭顶之灾。

十三　人类将以何种方式灭绝？

严格说来,"核冬天"理论还只是一个推测,并没有也不可能用实验来验证。这就难免产生这样一个问题:"核冬天"理论是否有充分的根据?不过从20世纪80年代初到现在,不论是提出这一理论的科学家,还是那些深思熟虑的政治家,都越来越对"核冬天"理论坚信不移或兴趣越来越浓了。"核冬天"理论的主要依据有四个。

(1)恐龙灭绝。据研究,恐龙对地球的统治旷日持久,达到2亿年。它可能是迄今为止在地球上生活过的最有成就的动物。可是在6500万年之前的白垩纪,在一个不长的时间内,强大的恐龙却全部灭绝了。有的科学家认为,这一剧变是由小行星或彗星与地球发生碰撞引起的。一颗直径为6英里的小行星在与地球碰撞时,会把相当于它体积60倍的岩石粉末抛射到大气层中,其中的一部分——恐怕有10亿吨——会在高度为10英里或10英里以上的地方进入同温层,并滞留数年之久,逐渐蔓延至整个地球上空。这样,就会使地球失去光明,使地球上植被的光合作用不能正常进行。光合作用的中断,又会导致陆生植物、浮游生物以及以植物为食的动物出现大范围的死亡。恐龙就是在这种情况下灭绝的。

"核冬天"理论的提出者把恐龙的灭绝与"核冬天"联系起来,认为足够大的行星猛烈撞击地球,与大规模核战争发生时把大量尘埃抛向天空、遮断阳光引起全球生态系统的剧烈变化的效应是一样的。

(2)火星表面极为寒冷。1971年,以美国康奈尔大学天文学教授卡尔·萨根博士为首的一批天文学家,对"水手－9号"宇宙探测器从火星上发回的关于火星尘爆的信息进行了详细研究。他们发现,尘爆过程中有一个有趣的现象:火星上空大气层的温度很高,而火星表面却正好相反,极为寒冷。是什么原因造成这种反差呢?

经过研究所得出的结论是:火星上空大气层温度高,是由于火星上空的尘埃层吸收了大量太阳辐射的结果;火星表面的低温寒冷,则是由于火星尘埃的阻隔,使火星表面照不到阳光所致。由此可见,核尘埃达到一定的浓度和厚度,会"一手遮天"遮断阳光,造成"核冬天"。

(3)火山爆发时造成某些地区没有夏季。历史记载中最大的一次火山喷发,发生于1815年4月10日。当时烟雾直向高空腾起,并向四周弥散,遮满了天空,仿佛黑夜忽然降临。与此同时,发出巨大的响声,远在1600多公里外的居民也能听到。连续3天,在480公里范围内,仿佛白天消失了,天空一片漆黑。这次火山爆发,喷出的物质达150.5立方公里,一下子把火山削低120米。从火山倾泻下来的熔岩流,淹没了大片地区。火山喷发还产生了强大的旋风和海啸。在400公里内,堆积的火山灰厚度由近到远为90～22厘米。此次火山爆发造成12000人死亡。据专家估计,它相当于20万枚原子弹爆炸的能量。

不仅如此,这次火山爆发还在欧洲和北美造成了"无夏之年"。火山喷发形成的烟柱高达10～20英里,一直进入大气层的最高层——同温层。由小颗粒的火山灰所构成的一片巨大的烟

十三 人类将以何种方式灭绝？

云,逐渐在地球上空扩散开来,并在次年夏季飘游到欧洲、北美上空,遮断阳光,导致1816年那里的夏天消失。

(4)广岛盛夏的寒冷。据广岛核浩劫中的幸存者回忆说,原子弹爆炸之后,有一个非常奇怪的现象是:天空异常黑暗,虽然时值盛夏,却使人感到格外寒冷。这是一次小小的核爆炸在不大的范围内造成的一次"核冬天"。可以想象,大规模的核爆炸在全球范围内所造成的"核冬天",情况无疑会更加严重。

研究者从搜集到的论据中得出了三个结论:

(1)尘埃(尤其是烟尘,其中包含核爆炸时产生的烟云)假如在空中达到足够的浓度和密度,而且持续一定的时间,笼罩了地球,那么,整个地球就将处于严寒和黑暗之中。

(2)"核冬天"是一场可能发生的大规模的物种灭绝的灾变。尤其是核大战带来的"核冬天"如果发生在春季或夏季,由于日照的锐减和严寒的侵袭,不仅河流和山涧都将封冻,而且大部分庄稼和其他植物,包括树木都会遭到毁灭,许多动物也将死于饥饿和寒冷。日照水平和气温也许3个月之后可能恢复到正常,然而"核冬天"所造成的大毁灭将无法复原。

(3)人类很难经得起核大战的摧残。有人指出,即使北半球有相当多的人在核战争的杀伤下得以死里逃生,也很难想象他们怎样应付随之而来的寒冷、饥饿、电力缺乏、供水不足、污水系统堵塞中断、交通运输困难、流行病、医疗救援匮乏、几乎无处不在的核污染、战后产生的巨大心理压抑等一大堆问题。

另外,一场大规模的核战争将造成尸横遍野的恐怖景象,战后数十亿的人和动物的尸体得不到埋葬,那些耐寒的以死尸、腐肉为食的动物很可能恶性膨胀、大量繁殖。那时候,人们面临的世界,很可能是一个以老鼠、蟑螂、苍蝇为主的幸存生物的世界。

当然,"核冬天"理论所描述的细枝末节未必完全可信。这个理论所包含的某些推测,也不是没有值得商榷的地方。不过,这一理论的主要观点却是可信的,即大规模的核爆炸,无疑将对全球气候和生态环境产生极其重大的影响。

早在1953年,世界武器库中储备的核武器,就已经超过了足以引起严酷"核冬天"的限度。随后,两个超级大国拥有的核武器数更是与日俱增。有识之士对此无不忧心忡忡,反复提醒人们警惕核大战的发生。

1983年10月,一些杰出的生物学家在华盛顿集会,他们在讨论大规模核战争所带来的危险后果时所得出的一致意见是:我们不能排除这样一种可能性,即这些分散的幸存者根本不可能再繁殖人口。他们可能生存几十年或一个世纪,然后消失。换句话说,我们无法排除大规模的核战争会毁灭人类这一可能性。

当然,核战争、"核冬天"都是可以避免的,"核冬天"并不是人类的必然归宿,对原子裂变的控制,与一旦发生就将主宰人类命运的"核冬天",也并没有必然联系。然而核大战、"核冬天"的危险不能绝对排除。也许人类一时丧失了理智,就会将整个地球拖入万劫不复的深渊。

十三 人类将以何种方式灭绝？

7. 吞噬一切的人造黑洞

世界上最大的科学仪器——大型强子对撞机在瑞士正式启动的消息，引发了世界科学界的关注。近些年来好莱坞电影中提到的利用粒子碰撞原理制造"人造黑洞"吞噬地球的情节，引发了不少人的恐慌。尽管一些科学家一再表示这种担心没有任何根据，但假如你真的掉进了黑洞里，将会发生什么情况呢？答案是你的身体会被尽可能地撕成最小的碎片。

于是乎，就有两名美国科学家联名起诉欧洲核子研究中心，指控该机构犯下了毁灭地球罪。原因是欧洲核子研究中心的巨型粒子加速器一旦实施操作，可能产生黑洞或其他可能导致地球甚至是全宇宙毁灭的可怕事物。协助该项目研究的美国联邦能源部和费米国家加速器实验室等一并成为被告。在这次诉讼中，两位科学家坚持认为，欧洲核子研究中心低估了强子对撞机有可能带来的可怕后果，至少是缺乏足够的重视，一旦出现闪失，悔之晚矣。对撞机投入使用后用不了多久便可以制造出微型黑洞，它很可能像自然界的黑洞一样强悍，像吞吃鸡蛋一样吞掉地球……

起诉的结果虽然没有拖延欧洲核子研究中心的工作计划，但却使人造黑洞的风险成为全世界议论的焦点。

黑洞是结构极其紧密的天体，质量与海王星相同的一个黑洞直径还不到 2 米，而其表面的引力场强度差不多相当于海王星的 100 亿×100 亿倍，连每秒 30 万公里的光也不能逃脱它的吸力，

◆ 当物质落入黑洞,可能会堆在视界外面,形成一个扁平的盘体。摩擦力和其他力量将其加热到数百万度,也可以聚焦形成能量和物质喷射流([美]菲利普·布雷特:《地球的终结》第118页,李志涛译,中央编译出版社2009年版)
图片来源:美国宇航局/CXC/SAO

更不要说其他的物体了。这正是黑洞的神奇可怕之处。据主流物理学界认为,自然界的黑洞虽有辐射,但不湮灭,它会逐渐把周围的东西都吸引进去,变得越来越大。那么,人造微型黑洞是否也一样具有自然界黑洞的特征呢?

20世纪80年代加拿大科学家威廉·昂鲁最早提出人造黑洞的设想。他认为声波在流体中的表现与光在黑洞的表现非常相似,如果使流体的速度超过声速,那么事实上就已经在该流体中建立了一个人造黑洞。

为了能在高能质子撞击中模拟宇宙大爆炸后一万亿分之一秒内的能量和条件,藉以探求物质本质的线索和自然中新的力量和

十三 人类将以何种方式灭绝?

平衡,欧洲核子研究中心历时 14 年、斥资 80 亿美元,在位于法国和瑞士交界处的欧洲核子研究中心附近一个将近 17 英里长的圆形隧道里面,建造了被人们称之为世界最大的"黑洞工厂"的装置——大型强子对撞机(LHC)。它设计用于轰击质子使其在发生撞击之前加速到 7 万亿 eV 的能量,这为微型黑洞的诞生创造了条件。

欧洲核子研究中心的科学家解释说,他们自强子对撞机立项起,便对环境安全的影响进行了多次评估论证,从未得出可能造成严重问题的结论。而且事实也证明了人造黑洞并未吞噬地球。但也有少数科学家呼吁科学界重视瓦格纳和桑科对人造微型黑洞的质疑。他们认为物理学是最显奥妙无穷的科学,而量子物理学的特性如同"掷骰子",很多结论相反的课题仍在论证探讨之中,轻易得出的结论无不显得单薄脆弱。

由于黑洞蕴涵着巨大能量,大到足以吞噬周围的所有东西,因此,据说美国军方已经把眼睛瞄向了人造黑洞的军事用途,拨付巨款进行专题研究。他们在递交国会的秘密报告中预言,人造黑洞不仅能很快在实验室中制造出来,而且 50 年后,具有巨大能量的"黑洞炸弹"将会像 20 世纪 40 年代美国投下的原子弹一样,令世人瞠目结舌。

俄罗斯科学家亚力克山大·特罗菲蒙科认为,能吞噬万物的真正宇宙黑洞也完全可以通过实验室"制造出来":一个原子核大小的黑洞,它的能量将超过一家核工厂。如果人类有一天真的制造出黑洞炸弹,那么一颗黑洞炸弹爆炸后产生的能量,将相当

◆ 两颗中子星在相互围绕运转数十亿年后终于屈服于它们之间的引力。它们合并后,形成一个黑洞,并以一次伽马射线爆发事件宣布其诞生(达纳·贝瑞,天艺数字公司)

于无数颗原子弹同时爆炸,它至少可以造成 10 亿人死亡。据特罗菲蒙科称,制造"黑洞炸弹"的反物质被科学家们称作欧顿,一个欧顿的质量相当于一个原子的 40 倍。到那时人类的末日将会在转瞬间成为现实。

科学探索最终的目的,应该是为了造福人类。但是我们现在并不能排除一些科学狂人为了名利不顾学术道德,拼上全人类的未来进行一场豪赌。我们希望在做人造黑洞实验的科学家中,没有这样的野心家存在。对这一项目的前景,我们保持谨慎的乐观。

8. 病菌肆虐

青霉素的发现和提纯是人类历史上最伟大的发现之一。自1941年青霉素应用于临床后,相继发现了上万种抗生素,有200余种抗生素应用于临床。抗生素的广泛应用已挽救了无数生命。时至今日抗生素仍然是医生治疗感染过程中不可缺少的药品。然而随着抗生素的使用,引起人类疾病的许多细菌已经对它的对手产生了耐药性。对多种抗生素都具有耐药性的强致病细菌最为可怕,被称为超级细菌,耐甲氧西林金黄色葡萄球菌(MRSA)就是超级细菌中最为著名的恐怖分子。

1961年,杰文斯在英国首次发现了MRSA。20世纪60年代中期,MRSA相继在加拿大和欧洲等许多国家出现,70年代末期急剧增加并遍及全球,80年代后期成为全球性病源微生物,位居医院感染病源菌之首。MRSA不但对甲氧西林具有耐药性,而且对绝大多数β-内酰胺类抗生素均具有耐药性,并可对氨基糖酐类、氯霉素、林可霉素、四环素类、大环内酯类及喹诺酮类等常用抗生素产生多重耐药性。

虽然万古霉素等糖肽类抗生素对其有效,并一度成为治疗MRSA的首选药物,但20世纪90年代后期,美国、英国、德国、意大利、韩国相继出现了耐万古霉素MRSA。2002年,美国密西根州及宾夕法尼亚州先后报导了完全耐万古霉素的MRSA(VRSA)。2004年,美国疾病控制中心确证了第三株耐万古霉素MRSA。随着临床中可选的抗MRSA感染药物越来越少,

MRSA 感染已成为当前临床治疗中最为棘手的问题之一，MRSA 成为名符其实的超级细菌。

MRSA 除了具有强致病性和广泛的耐药性外，还具有另一个特点——医院内传播。冰球运动员詹姆士·沃拉克特 19 岁时膝韧带损伤，于是在伦敦圣玛丽医院接受手术。他本以为从此就会好起来，但是，MRSA 导致伤口感染，他还差点丢掉性命。5 年经历 7 次手术，沃拉克特再也不能走路了，还经常感到疼痛难忍。沃拉克特至今仍为获得医院赔偿而奋战。

毋庸置疑，抗生素使用较为集中的医院是培养超级细菌 MRSA 的温床。细菌无声地在患者、医护人员、患者间播散，并可存在于人体达数月之久。美国联邦疾病控制与预防中心曾报道，1975 年 182 所医院中 MRSA 占金黄色葡萄球菌感染总数的 2.4%，1991 年上升至 24.8%。其中尤以 500 张床以上的教学医院和中心医院为多，因为这些医院里 MRSA 感染的机会较多，耐药菌株既可由感染病人带入医院，也可因在医院内滥用抗生素而产生。

不过，到了本世纪的大门刚刚开启的时候，葡萄球菌绝不是威胁世界的唯一的超级病毒。例如，更新了体力和毒性的链球菌便再次猖獗，它们强化了所有的致命能力。A 号链球菌的消失与再现就是一个经典范例，它演示了对一种细菌表面上的胜利实际是对另一种细菌的邀请。1960 年代，A 号链球菌似乎完全消失了，我们天真地以为腥红热已经离我们远去了，但它在 1989 年再次出现，并夺去了成千上万儿童的生命。也许人们认为已经战胜了的

十三 人类将以何种方式灭绝？

"古典传染病"都会卷土重来，对此我们可能没有什么防御之术。

超级病毒惊人的扩散表明，现代交通能在几小时内把一种疾病飞速从印度尼西亚带到印第安那州。这意味着，像埃博拉或拉沙热这样不可治愈的可怕的出血热疾病，能自由地在大陆间飞来飞去，侵袭毫无防备的人们。1989年，一种埃博拉热病毒到达美国弗吉尼亚的莱斯顿，距首都华盛顿大约只有10公里。它从菲律宾起飞，取道阿姆斯特丹和纽约。幸运的是，埃博拉特殊变种的致命力量被禁锢在携带它的猴子身上，而染上此疾的少数几个人，在经过充满痛苦的恐怖日子后，幸存了下来。

更糟糕的是，低廉的成本使生物武器得到青睐，是恐怖主义组织或者削减防御预算的国家最难忽略的。为了"影响"1平方公里的土地，使用以高级炸药装备的火炮、炸弹和导弹大约需耗资2000美元，一颗核武器能以大约800美元完成此项任务，而化学武器可以便宜到600美元。然而，要达到同样效果，使用生物武器却只需1美元。

事实上恐怖分子并不是第一次使用生物武器。在一篇题为《生物武器：贫困国家的大规模杀伤武器》文章中，美国空军中将特里·梅耶写道："1984年，法国当局获得了一个惊人的发现，它显示了今日世界是多么容易受到恐怖分子的生物战威胁。巴黎警方袭击了一处疑为德国红色武装宗派的隐藏地。经搜查发现的档案显示，该组织拥有极为丰富的致命生物药剂知识。当警察搜查到浴室时，他们发现了一个装满长颈瓶的浴缸，结果发现瓶中充满了梭菌，它们可以产生肉毒杆菌毒素，那是人类所知的最危险的生物毒素之一。"

以超级病菌作为武器,最令人不安的是制造的简单易行。1988年美国疾病控制中心的卡尔·约翰逊医生在一份报告中提到这一点:"人们只需要几个月,最多几年,便能捕获由空气传播的烈性病毒基因,使它们引发流感、埃博拉热、拉沙热等等你能想到或根本意想不到的疾病。任何一个拥有几千美元设备和大学程度的生物学知识的疯子,都能成批地生产病毒,就像在公园散步一样轻松。"

另外有人还担心,随着气候变暖,两极冰川融化,几百万年内的冰层内极有可能潜伏着史前微生物,它们将随着洋流迅速地传遍全世界。很有可能的是,人类对其根本没有任何的免疫力,这不免让人忧心忡忡。

看过电影《生化危机》的人,一定对那些触目惊心的镜头有着深刻的印象。小小的超级病毒,以令人瞠目结舌的速度,将地球变成一个满是丧尸的地狱。其实我想大家都应该明白:这并不仅仅只会出现在电影里,或许明天它就会变成现实。

尾声　深蓝儿童

关于世界末日如何来临，我们还能够设想无数个不同的方式。虽然每一个都令人感到不安和恐惧，但是很可能没有一个会成为现实。不过，有一点是可以肯定的，如果知晓末日将来临，人类是不会甘于坐以待毙的，必须要做点什么。对于玛雅人的末世预言，越来越多的人将目光投在了一群孩子身上。

据古代玛雅历法记载，地球由始到终分为五个太阳纪，分别代表五次浩劫，分别为：洪水浩劫、风蛇浩劫、火雨浩劫、地震浩劫、世界末日。洪水浩劫，有人认为是《圣经》中所说的诺亚方舟；风蛇浩劫，就是世上的建筑物被风蛇吹毁；火雨浩劫中，大地遭受天降火雨之祸；地震浩劫时，地球将遭受强烈地震的灾祸。现在，这四个浩劫都已经应验，而第五个浩劫，也就是世界末日，这一天太阳和地球形成一条直线，好像箭头一样指向银河系中心。这时候将会发生所谓的"伟大变革"。上述位置将会终结世界的三维模式，地球上的人会有机会住在四维世界里。但是，机会只留给那些思维已经扩展到新境界的"深蓝儿童"。玛雅人还预言：孩子们将拯救人类。

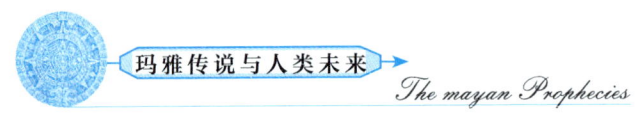

何为"深蓝儿童"?

据俄罗斯社会科学院的科学家们称,地球上现在似乎存在一种新的人种——"深蓝儿童"。他们自称有超能力,可以看到灵异现象,能预测到将要发生的事情;他们的共同特征是智力很高,直觉性强,非常敏感等;从人体能量摄影的图片中发现,代表精神力的蓝色,在他们身上特别明显,因此被称为"深蓝儿童"。

俄罗斯研究人员宣称,1994年以后出生的孩子有95%属于"深蓝孩童",这可以从他们的能量摄影图片上身体周围的蓝色光环得到证明。这些孩童的内脏器官功能已经有所改变;他们的免疫系统能力比常人强几倍,对疾病完全免疫,甚至能抗艾滋病;他们的DNA也不同,可能发生了基因变异。科学家们推测说,可能由于基因变异的关系,地球上数以千计的居民已经不再属于"旧人类",一个新的种族正在诞生,尽管这个过程进展缓慢,却实实在在地发生着。新的人类缓慢但的的确确正登上世界的舞台。

著名的神秘主义者——德伦瓦罗·梅尔希塞德认为,我们情感和精神的身体,产生了一个特殊反应,导致现代孩子的DNA突变。这种反应是我们身体发射出来的一种波状物质。新的救生信息就藏在我们行星的潜意识中。换句话说,每个人都能得到。深蓝的传播就是发生在我们眼前的惊人现象。能够意识到精神力量冲击的任何人都能跟随深蓝儿童的指引。那个孩子将领导人类救赎的古老预言就要实现了。

尾声　深蓝儿童

"深蓝儿童"的心理特征和行为模式十分独特,因此他们需要新的教育方式。你不能忽视他们的需求,否则可能会导致这种新人种智力和思想发生混乱。他们可能是开启一个新时代的先锋,因此需要我们的支持。

鲍里斯:"深蓝儿童"的典型

1997年在俄罗斯伏尔加格勒地区,一个不同寻常的小男孩诞生了。当他的母亲娜杰日达·基普里亚维夫在一个风和日丽的早晨生下他的时候,一切都显得有点怪异。母亲说:"一切发生的太快了,以至于我还没有感觉到任何疼痛,鲍里斯就出生了。当护士抱给我看的时候,这个小子正用一种妇科医生的眼神盯着我看,但我知道刚出生的婴儿是不可能集中注意力看任何事物的。"当她将鲍里斯带回家以后,发现这个孩子更加不同寻常。他几乎从来不哭,也从未生过病;8个月大的时候,他就能说出整句话,没有任何语法和发音错误;父母给他的玩具,他也能利用几何学原理正确地组装起来。

当鲍里斯两岁的时候,他开始用蓝色和紫罗兰色涂抹一些东西。心理学家检测他涂抹的图后称,他可能试图画出一种人散发光的环。还不到3岁,他就可以告诉父母一些关于宇宙的知识。母亲说:"他能说出太阳系所有行星的名字,甚至是人造卫星的名字,还能数出星系的名字和数量。起初,我发现这有点令人恐惧,我想我的儿子是不是精神有问题。但是我决定检验一下这些名字到底对不对,当我找到一些天文书籍后,我震惊地发现他所

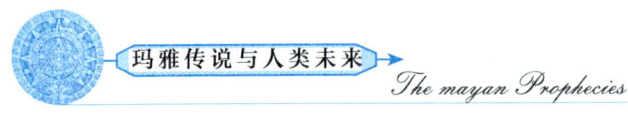

说无误。"

关于这个"儿童天文学家"的各种说法在鲍里斯的家乡迅速传播开来,他成了当地的名人。人们都很好奇,他是怎么知道这么多事情的。鲍里斯愿意告诉来访者宇宙外的文明,他说古代人类有3米多高,他还向人们预言了未来的气候变化以及全球的一些变化。每个人对小男孩讲述的东西都很感兴趣,但是没人愿意相信这些故事。为了安全起见,父母决定为他施行洗礼,他们认为这个孩子可能受到邪恶神灵的诱惑。但是不久后,鲍里斯又开始诉说人们所犯下的罪孽。他会拉住大街上一个迎面而来的人,要他戒掉毒品;告诉过往的成年男人,不要欺骗自己的妻子;这个小预言家还警告人们即将来临的灾难和疾病等等,他的这些行为令他的父母很尴尬。

娜杰日达后来注意到,儿子经常会感到难受,她甚至也能感受到儿子所受到的痛苦折磨。当库尔斯克核潜艇下沉的时候,鲍里斯全身疼痛;当发生"别斯兰人质事件"的时候,他更是痛苦不堪,那些天他甚至拒绝去学校。当被问到"别斯兰人质事件"那些天的感受时,他说感觉好像心里着火一样,因为他知道"别斯兰事件"的结果会很惨。但是对于俄罗斯的未来他感到很乐观:"这个国家的情况会慢慢改善,但是整个地球可能会在2009年和2013年遭受两次与水有关的大劫。"

2010年夏天的时候,俄罗斯社会科学院地磁和无线电研究所的科学家拍到了他身上的光环。弗拉迪斯拉夫·卢戈夫金教授说:"他有着深蓝色的能量光谱,这代表他是一个快乐而拥有高智商

尾声 深蓝儿童

的人。人脑最与众不同的能力是它可以储存人的经历、情感、思想以及一些宇宙空间信息。甚至一些个别人还能描述出宇宙空间。我认为，每个人都可以通过精神渠道与太空接触。"

卢戈夫金教授说，在特殊工具的帮助下，测出人类潜在的一些超能力不是不可能。世界各国科学家都在进行广泛的研究，试图解开超能力孩童的秘密。他说："很明显鲍里斯就是'深蓝儿童'的一个代表，他肩负着改变我们星球的特殊使命。在中国、印度、越南等国我都看到过这样的孩子。我敢确信，将来创造新文明的一定是他们！"

关于地球和人类的未来命运，一直是热门话题之一。在2016年1月英国广播公司一年一度的"里斯讲座"上，当被问及这个问题时，英国剑桥大学著名物理学家霍金说，人类面临的大多数威胁都来自科技的发展。这些威胁包括核战争、气候变化、食品安全、人口过剩、物种灭绝、流行病、海洋酸化、全球变暖以及基因工程病毒等。"我们无法阻止这一进程，也无法改变其方向，但我们必须意识到这种危险，并努力控制它们。"他认为，人类发展的技术摧毁了地球，逃离地球是人类唯一的希望，人类待在地球上的日子屈指可数，但我们还没有发展出逃离地球的能力。也许在百年后，我们可以在其他星球上建立起人类殖民地。

根据科学家的分析，如果按照当前人口增长比率，1000年之后地球人口总数大约140亿。无论人口数量还是维护地球生态的压力，未来地球不适宜人类居住是确定无疑的。伴随着科学技术的提升，人类与外星人接触的日子或许并不遥远。先进的科学技术将确保人类走向更遥远的太空，届时人类可能会发现其他适宜居住的行星和神秘的地外生命。而且未来人类的寿命将显著提高。19世纪人类的平均寿命仅有37岁，未来1000年的科学技术将会停止人类的衰老，也就是说有一天人类不再死亡。那么我们就期待着那一天吧。

"摆渡书虫"书目

书名	作者	定价
决斗	〔英〕约翰·基甸·米林根	38元
从马拉松到滑铁卢——15场世界经典战役	〔英〕爱德华·克雷西	38元
图腾与禁忌	〔奥〕弗洛伊德	36元
隐修者	〔澳〕巴里·斯通	36元
秦始皇:如何改变中国	常常	36元
曾国藩:如何改变人生	常常	32元
体罚与人性	〔英〕乔治·莱利·斯科特	36元
19-20:世纪之交的中国	〔美〕E.A.罗斯	36元
晚清河山	〔英〕乔治·N.赖特文	36元
疾病与人类文明	〔美〕亨利·欧内斯特·西格里斯特	36元
艺术的故事	〔美〕维吉尔·莫里斯·希尔耶	58元
玛雅传说与人类未来	苏晓	38元
文明的阴暗面:娼妓与西方社会	〔英〕乔治·莱利·斯科特	32元